# 동양 예술에 깃든 어울림의 멋

## 보편 예술의 조화관과 특정 예술의 풍격론

中和之美

예술철학총서 7

동양 예술에 깃든 어울림의 멋
—보편 예술의 조화관과 특정 예술의 풍격론

지은이  장궈칭(張國慶)
옮긴이  조민환 · 차민경 · 최미숙 · 황인옥
펴낸이  오정혜
펴낸곳  예문서원

편집  유미희
인쇄 및 제책  주) 상지사 P&B

초판 1쇄  2023년 12월 26일

출판등록  1993년 1월 7일(제2023-000015호)
주소  서울시 동대문구 왕산로 239, 101동 935호(청량리동)
전화  925-5914 | 팩스  929-2285
전자우편  yemoonsw@empas.com

ISBN  978-89-7646-486-6   93150
YEMOONSEOWON 101-935, 239 Wangsan-ro, Dongdaemun-Gu, Seoul, KOREA 02489
Tel) 02-925-5914 | Fax) 02-929-2285

값 29,000원

예술철학총서 7

# 동양 예술에 깃든 어울림의 멋

## 보편 예술의 조화관과 특정 예술의 풍격론

장궈칭(張國慶) 지음
조민환·차민경·최미숙·황인옥 옮김

예문서원

# 저자 서문

## 재판再版에 앞서

1995년 '파촉서사巴蜀書社'에서 출판한 이 책은 출판 이후 학계의 상당한 주목을 받았다. 특히 왕더성(王德勝)[1]이 편집을 주관하고 중국의 많은 사범대학 미학 교사들이 편집에 참여한 대학 문과 교재인 『미학원리美學原理』(人民教育出版社, 2002)는 학생들의 필독서로 선정된 바 있다. 하지만 출판 당시 천여 권만 인쇄하였기에 일찌감치 절판되어 현재 학생들이 참고하기에 매우 어려운 형편으로, 재판에 대한 요구가 끊이지 않았다.

'중화미中和美'는 본래 중화민족 정신 중의 하나로, 기원이 매우 빠르며 완전하게 잘 발전해 왔다. 그 영향력은 심오하고 광범위할 뿐만 아니라 지금도 여전히 강한 생명력과 영향력을 지닌 미학 정신이다. 따라서 '중화미'에 관한 지속적인 연구와 발굴 및 적용은 매우 중요한 작업이라 할 것이다. 필자는 이에 관한 연구를 통해 심오한 깨달음을 얻게 되었으며 필자가 경험하고 깨달은 이 지식을 독자들과 함께 공유하기를 바라는 마음으로 이 책의 재판을 줄곧 희망해 왔다.

이제 중앙편역출판사에서 재판을 수락함으로써 숙원을 이루게 되니 기쁨을 금할 수가 없다. 이번 재판 작업에서는 극히 일부의 글자가 조정되고 몇 개의 도판이 새로 추가된 것을 제외하고는 모두 예전 그대로이다. 한빙(韓氷) 선생이

---

1) *王德勝(1963~): 문학박사로, 수도사범대학 예술·미육연구원 원장, 예술학부 주임, 문학원 교수, 박사생 지도교수로 활동하고 있다.

편집을 맡아 치밀하고 책임감 있게 작업해 준 덕분에 수준이 한층 높아졌으며, 박사생 양위안(楊園)이 다양한 도판들을 제공하여 색채감을 더해 주었다. 아울러 감사드린다. 또한, 윈난(雲南)대학 중문학과 문예학성급 중점학과에서 재판에 필요한 경비를 제공해 주었다. 지면을 빌려 심심한 감사의 마음을 전한다.

2008년 12월 8일

저자 장궈칭 씀

6

# 역자 서문

1.

최근 동양철학 관련 번역서를 보면 상대적으로 순수철학보다는 동양(중국) 미학 관련 번역서가 이전에 비해 많아졌다는 것을 알 수 있다. 과거 미학이란 용어가 매우 특수한 분야에만 사용되던 때가 있었지만 이제는 '느림의 미학', '쇼핑의 미학' 등과 같은 표현에서 보듯이 우리 생활 전반에 걸쳐 사용되는 친숙한 용어가 되었다.

이번에 번역 출간한 『동양 예술에 깃든 어울림의 멋―보편 예술의 조화관과 특정 예술의 풍격론』(원제: 中和之美―普遍藝術和諧觀與特定藝術風格論)은 유가儒家가 지향하는 이상적인 미가 무엇인지를 잘 정리한 책에 해당한다. 이 책의 저자가 "중화미는 중국 고대예술이 추구하는 최고의 경지"라거나 "중화는 유가미학사 상의 핵심이자 기둥으로 그 영향이 매우 심원하다"라고 한 말들은 이러한 점을 보여 주는 대표적 언급에 속한다.

저자가 이 책을 쓴 동기는 중화미의 중요성을 인식했다고 해서 그 발생과 발전, 이론적 함의, 미학적 의미 등 여러 문제에 대해 정확하고 충분하게 인식하고 있지는 않다는 점을 밝히기 위한 것이다. 구체적으로 저자는 중화미 사용과 관련하여 적지 않은 논자들이 각기 다른 관점에서 중화를 규정하거나 한계를 명확히 했기 때문에 각 논점에 따른 시각차가 매우 클 수밖에 없었고, 이 때문에 사용한 경우마다 중화의 의미도 매우 다르게 나타났다는 점에서 중화라는 용어의 사용과 활용 양상이 매우 복잡하다고 분석하였는데, 이와 같은 분석은 옳다.

이 책은 저자가 이런 점을 중국문예사에 나타난 다양한 예술장르에 적용하여 정치하게 분석하였다는 장점이 있다.


2.

저자가 밝힌 바와 같이 '중화미中和美'는 본래 중국민족정신 중의 하나로, 기원이 매우 빠르며 완전하게 잘 발전해 왔고, 지금도 여전히 상한 생명력과 영향력을 지닌 미학 정신에 해당한다. 특히 중화미는 우아함을 숭상하는 '숭아崇雅' 지향 미학의 핵심이 된다.

유가儒家에서 '(시는) 인간의 감정을 펼치는 것이지만 예법과 의리에 맞는 정도에서 그친다'(發乎情, 止乎禮義)는 것을 강조하는 사유, '자신의 감정을 표출하더라도 기본적으로 온화하면서도 부드럽고 돈독하면서 후중한 감정 표현'(溫柔敦厚)을 강조하는 사유, '마음속에 타인에 대한 원망이 있지만 화를 내는 정도까지는 원망을 표출하지 않는 것'(怨而不怒)을 강조하는 사유 등은 실제 예술창작에 적용되는 대표적인 중화미학이다. '시는 뜻을 말한 것이다'(詩言志)라는 표현은 이런 점을 총괄한다. 이 같은 차원의 미학을 내용상으로 보면, 순수예술의 측면보다는 윤리론적 성격이 매우 강하다는 특징이 있다.

유가는 요堯·순舜·우禹·탕湯·문文·무武 등과 같은 제왕을 성인聖人으로 규정하는 이른바 '제왕의 역사가 바로 성인의 역사'라는 사유를 강조한다. 중국문화에서 성인이란 다른 것이 아니라 이 같은 중화미학을 실제 정치에 실행하는 인물에 해당한다. 이런 점에서 유가가 지향하는 중화미학은 위정자가 어떤 마음을 가지고 백성을 대하고 다스리는가 하는 점과 관련된 정치적 측면은 물론, 미래 통치자가 될 인물들의 교육적 차원에서도 중요한 의미를 지닌다.

이 같은 구체적인 예를 한중 제왕들의 서화 애호 측면에서 찾아보자. 당태

당唐太宗 이세민李世民이 후대에 '서예의 성인'(書聖)이라고 추앙받는 왕희지王羲之의 서예 세계를 '진선진미盡善盡美'라고 평한 것은 왕희지 서체에 담긴 중화미에 탄복한 것이며, 청대 강희康熙와 건륭乾隆을 비롯한 청대 역대 황제들이 조맹부趙孟頫 서체를 즐겨 쓴 이유도 조맹부가 법고法古를 지향하면서 중화미학을 실천하였기 때문이다. 주자학에 능통했던 조선의 정조正祖가 조맹부 서체를 혹애한 것도 다 이유가 있다. 회화에서는 청대 초기에 강희가 사왕四王(王時敏·王鑑·王原祁·王翬)을 존숭한 이유도 그들이 회화창작에 주자학적 사유 및 중화미를 펼쳤기 때문이다. 중화미를 실현한 서화 예술가들을 한중 제왕들이 존숭한 것은 그들의 예술창작 정신이 제왕들이 지향한 정치적 이념 및 실천과 매우 밀접한 관련이 있었기 때문이다.

절제된 감정 표현과 관련된 중화미를 강조하는 것은 타인과 함께 살면서 공존과 조화를 꾀하는 윤리적 삶을 유지하는 데 도움을 준다. '성음의 도는 정치와 통한다'(聲音之道, 與政通), '악樂은 윤리와 통하는 예술이다'(樂者, 通倫理者也)라는 『예기禮記』 「악기樂記」의 말은 이런 점을 실질적으로 보여 준다. 유가 입장에 한정하여 말한다면, 시詩·가歌·무舞의 종합예술체에 해당하는 '악樂'이 갖는 의미를 중국예술의 모든 장르에 적용해도 크게 문제가 되지 않는다.

유가사상이 특히 송대 이후 국가 지배 이데올로기로 작동한 점을 감안하면 이 같은 중화미학이 중국예술 전반에 큰 영향을 끼쳤다고 할 수 있고, 특히 500년 동안 주자학이 득세한 조선조는 더욱 말할 필요가 없다. 세계의 그 어떤 자기瓷器보다도 탁월한 아름다움을 지닌 조선의 무문無紋의 순백자純白磁는 이런 점을 상징적으로 보여 준다. 퇴계退溪 이황李滉이 '사무사思毋邪, 무불경毋不敬, 신기독愼其獨, 무자기毋自欺'라는 용어를 항상 곁에다 써 놓고 자신을 수양한 경외敬畏 추구의 삶 및 철학도 중화미학의 핵심을 보여 준다.

3.

다만 이 같은 중화미학은 주로 '옛것을 그대로 본받는다'는 이른바 '법고法古' 차원의 예술창작에 머무르는 한계점이 있다. 즉 중화미학만이 예술의 전부라고 강조하다 보면 예술가 개인의 진정성과 자유로운 성령性靈을 표현하는 것에는 부정적일 수밖에 없다는 것이다.

중국문예사를 보면, 예술가 개인의 진정성과 자유로운 성령性靈을 표현하는 작가들은 주로 노장老莊철학과 양명좌파陽明左派 사유를 자신의 예술창작의 근원으로 삼아 창작에 임한 것을 발견할 수 있다.

예를 들어 명대 대사의화풍大寫意畵風을 펼친 서위徐渭를 비롯하여 광기 가득한 작품 세계를 펼치면서 이전과 전혀 다른 회화 세계를 전개한 팔대산인八大山人, 석도石濤 등은 자신의 창신성創新性을 예술창작에 실현한 대표적인 인물들인데, 이런 작가들은 중화미학만이 진리라고 강조하는 경우에는 탄생할 수 없다는 것이다. 서예에서 광초狂草를 대표하는 당대唐代 회소懷素, 장욱張旭 등과 같은 위대한 서예가들도 마찬가지다. 이런 점에서 중국예술의 전모를 이해하려면 중화미학과 더불어 쌍벽을 이룬 광견狂狷미학에 대한 이해가 요구된다. 이 책에서 이런 점을 간단하게 언급했다면 독자들에게 중국 예술과 미학에 대한 균형 잡힌 이해를 가능하게 할 수 있지 않았을까 하는 사족을 달아본다.

또 하나 사족을 덧붙인다면, 마음(心)과 뜻(意)을 표현하는 동양 예술에서는 "(예술창작과 관련해 무엇을 표현하고자 한 것인지에 관한) 뜻이 실제 붓을 들고 운용하는 것에 앞에 있어야 한다"는 '의재필선意在筆先'을 강조한다. 이런 점은 중화와 관련된 마음의 전후 상태가 어떤 것인지와 깊은 관련이 있는데, 주희朱熹가 마음의 이발已發 시의 성찰省察뿐 아니라 인간이 어떠한 외부의 사물들과 접촉하여 모종의 생각을 일으키기 전 상태인 '미발未發' 시의 함양涵養이 반드시 필요하다는 것을 강조한 이른바 '중화신설中和新說'의 공부방법론이 실제 예술창작과 관련해 어떻게 적용될 수 있는가 하는 점을 언급했다면 더욱 좋았다고 본다.


4.

이 책은 기본적으로 차민경, 최미숙, 황인옥 세 사람이 꼼꼼하게 번역한 것을 조민환이 최종적으로 검토하는 형식을 취해 발간된 것이다. 특별한 오역이 보이지 않는 정황에서, 조민환은 세 사람이 번역한 원고를 윤문하는 정도에 그친 것이기에 이 책은 전적으로 세 사람이 힘쓴 결과물임을 밝힌다.


취한재就閒齋에서 조민환 근지謹識

# 차례

░ 일러두기

1. 이 책은 2009년 중국 중앙편역출판사中央編譯出版社에서 간행한 『중화지미中和之美』를 완역한 것으로, 본문에서는 '중화지미中和之美'를 '중화미中和美'로 표기하였다.
2. 별표(*)가 표시된 각주는 독자의 이해를 돕기 위해 옮긴이가 붙인 것이며, 인용문이 현대 중국어로 되어 있거나 외국 서적인 경우, 각주에 원문을 제시하지 않았다.
3. 본문에서 지은이의 부연 설명은 〔 〕로, 옮긴이의 부연 설명은 〈 〉로 묶어 구분하였다.
4. 서명은 『 』로, 편명이나 작품명은 「 」로 표기하였다. 단 초사楚辭, 구가九歌 등과 같이 서명인 동시에 문체 혹은 노래의 형식을 의미하는 경우, 문맥에 따라 그 표기를 달리하였다.
5. 인명이나 지명의 표기는 현대 중국어를 기준으로 표기하였다. 다만 중국 인명의 경우 현대 이전의 인물은 한자음으로 표기하였으며, 일본 인명의 경우에는 일본어 발음으로 표기하고 한자를 병기하였다.
6. 본문에서의 한자 병기는 한글과 한자의 음이 같은 경우 ( )를 생략하였으며, 그 외에는 ( ) 안에 한자를 제시하였다. 각주에서는 한글을 병기하지 않고 한자만을 제시하였다.
7. 별표(*)가 표시된 도판은 원서에 없는 것으로, 독자의 이해를 돕기 위해 옮긴이가 선정하여 넣은 것이다.

# 제1장

# '중화中和'에 관한 과거와 현재의 담론

## 1. '중화'에 관한 개관

'중화中和'는 중국의 고대 사상사 및 문화사에서 매우 중요한 하나의 범주로, 오늘날 문화·예술 분야에서 '중화미中和美'로 불린다. 중화미는 중국미학사에서 그 의미가 매우 크며 중요한 위치를 차지하는데, 최근 수십 년간의 연구를 거치며 그 중요성이 점차 확대되고 있다. 요즘 신문에서 자주 볼 수 있는 "중화미는 중국 고대예술이 추구하는 최고의 경지"라거나 "중화는 유가미학사상의 핵심이자 기둥으로 그 영향이 매우 심원하다"라는 말들은 이러한 현상을 보여주는 대표적 사례라고 할 수 있다. 그러나 그 중요성을 인식했다고 해서 발생과 발전, 이론적 함의, 미학적 의미 등 여러 문제에 대해 정확하고 충분하게 인식하고 있다는 것은 아니다.

중화미에 관한 현재의 연구 상황을 한마디로 요약하면, 연구의 취지는 점점 커지고 있는 데 반해, 그 속에 담긴 심오함은 아직도 깨닫지 못하는 실정이다. 이러한 상황은 아름다운 옥이 투박한 돌로 반쯤 덮여 있는 것에 비유할 수 있다. 그 옥은 여러 각도에서 광채를 발산하고 있지만, 아직 아름다움을 완전하게 드러내지는 못하고 있다. 이제 우리는 그 투박한 돌을 깨뜨려 아름다운 옥을 꺼내야 할 때이다. 중화 전통문화의 하나인 이 진귀한 보물이 가진 진실하고 완전하며 지극히 아름다운 자태를 많은 독자 앞에 펼쳐 보여야 한다. 아울러 오랜 역사를 가진 미학이 그에 합당한 평가를 받게 해야 하며, 더 나아가 현실적인 미학으로 재탄생시켜야 한다. 이러한 일은 분명히 의미 있는 작업이 될 것이다. 바로 이 때문에 중화미를 집중적으로 연구하는 학자들이 점점 늘고 있으며, 중화미에 내한 인식과 발굴 또한 날로 발전하고 있다.

필자는 이 책이 투박한 돌을 깨뜨려 아름다운 옥을 완전히 드러내는 데 작은 보탬이 되기를 바란다. 또한 독자들이 이 책을 통해 중화미에 대해 알게 되고, 이로써 동양의 우수한 전통문화를 이해하는 데에 도움이 되기를 기대한다. 동시에 이 책이 중화미의 연구 분야에서 자신만의 길을 모색해 나가기를 간절히 바라고 있다. 이러한 목표가 반드시 가능한 것은 아니겠지만, 진심으로 바라는 바이다.

우리가 마주할 사람들은 전문가뿐만 아니라 일반 독자도 있을 것이기에, 이 책의 첫 장에서는 이와 관련된 주요 상황을 간략히 소개하고자 한다. 주요 상황이란 고대 사상과 문화 분야에서 중화와 중화미가 어떻게 표현되었는지, 현재 학계의 중화미에 관한 연구 상황은 어떠한지, 그리고 필자가 중화미에 대해 가지고 있는 기본적인 태도와 연구 방법 등에 관한 것이다. 먼저 이 절에서는 두 가지 측면에서 중화와 중화미가 고대 사상과 문화 영역에서 어떻게 표현되었는지를 개괄하고자 한다.

우선 고대 중국에서 중화라는 용어가 어떻게 사용되었는지 살펴보자. 고대에 중화가 사용된 양상을 몇 가지로 요약하면, 첫째 연원이 깊고, 둘째 중화의 활용 범위가 넓으며, 셋째 상황이 복잡하다는 것이다.

먼저 '연원이 깊다'라는 측면에서 살펴보자. 중화라는 용어는 선진先秦시기에 처음으로 나타나는데, 특히 『순자苟子』에서는 중화가 여러 차례 언급되었다. 『순자』「악론樂論」은 공손니자公孫尼子공자의 제재가 지은 「악기樂記」와 함께 전해지고 있는데, 이들은 공통으로 '중화지기中和之紀'라는 말을 사용하고 있다. 그후 중화는 사람들에 의해 자주 사용되었으며 이천여 년 동안 끊이지 않고 회자되고 있다. 예를 들면 서한西漢의 동중서董仲舒[1]), 동한東漢의 반고班固[2]), 위진魏晉의 완적阮籍[3]), 남조南朝의 유협劉勰[4]), 당대唐代의 백거이白居易[5]), 송대宋代의 왕안석王安石[6]), 명대明代의 이몽양李夢陽[7]), 청대淸代의 유희재劉熙載[8]) 등 수많은 학자가 중화에 대해 말하였다. 그중에서도 진한秦漢시기에 중화에 관한 관심이 가장 높았으며 또한 중요하게 다루어졌다. 이 시기 유가의 중요 전적典籍인 『순자』·『예기』「중용」·『예기』「악기」·『춘추번로春秋繁露』 등에서 모두 중화를 언급하고 있다. 특히 뒤에 언급한 세 개의 경전에서는 중화를 중요하고 특색 있게 다루었다.

---

1) *董仲舒(B.C.179~B.C.104): 前漢의 정치가이자 유학자이다. 武帝 때 유교에 의한 사상 통일을 주장하여 유교를 국교화하는 데에 기초를 마련하였다. 저서에 『春秋繁露』가 있다.

2) *班固(32~92): 後漢의 역사가이다. 아버지 彪의 유지를 받아 紀傳體 역사책인 『漢書』를 편집하였다.

3) *阮籍(210~263): 三國시대 魏나라의 문인으로 竹林七賢의 한 사람이다. 노장에 심취하여 호방하고 예법에 구애받지 않았다. 작품집으로 『阮步兵集』이 있다.

4) *劉勰(465~521): 六朝시대 梁의 문예평론가이다. 주요 저서인 『文心雕龍』은 문학 이론의 평론서로, 그의 심오한 학문적 소양이 잘 드러나 있다.

5) *白居易(772~846): 中唐의 시인으로 시가 사회를 바꾸어야 한다고 생각하여 일상적인 언어와 풍자로 당시의 사회상을 반영한 시를 주로 썼다. 작품집에 『白氏文集』이 있다.

6) *王安石(1021~1086): 北宋의 문필가이자 정치가로서, 唐宋八大家의 한 명으로 꼽힌다. 북송의 6대 황제인 神宗에게 발탁되어 新法의 개혁 정책을 시행하였다.

7) *李夢陽(1475~1529): 明代의 시인으로 이름은 夢陽이다. 문장에서는 秦漢, 시에서는 盛唐으로 돌아갈 것을 주장하여 시문의 복고를 꾀하였다. 저서에는 『李空同全集』66권 등이 있다.

8) *劉熙載(1813~1881): 淸代 道光 24년(1844) 진사가 되어 國子監司業과 左中允 등을 역임했다. 천문과 算法, 字學, 韻學 등에 정통하였고, 문예를 논하는 안목에도 탁월했다. 저서로는 『四音定切』과 『說文雙聲』, 『藝槪』 등이 있다.

둘째, '활용 범위가 넓다'라는 측면이다. 중화는 일찍이 여러 분야에서 넓은 의미로 사용되었다. 예를 들어『순자』에서는 중화를 정치와 법률 등의 분야에서 사용하였고,9) 동중서董仲舒는 '천지간의 지극한 법칙'(天地間之極則)으로 여겼으며,10) 왕안석王安石은 사람의 특정한 성정(性情의 하나로 이해하였다.11) 또한 왕수인王守仁(왕양명)은 중화를 주체적인 것으로 보아 천지의 기와 상응하는 기氣로 여겼다.12) 이 밖에 중화를 활용한 예는 훨씬 더 광범위하다. 문화예술 쪽만 보더라도 중화는 음악·시문·서예 등 다양한 예술 분야에 사용되었으며, 특히 음악 이론에서 가장 빈번하게 사용되었다.

마지막으로 '상황이 복잡하다'라는 측면이다. 중화는 오랜 기간 광범위하게 사용되면서 매우 복잡한 양상이 형성되었다. 적지 않은 사람들은 중화를 사용하면서도 이에 대한 정의를 내리지 않았고 자세한 설명 없이 매우 간단한 내용만을 말하여 그 의미를 정확하게 알기가 어려웠다. 그러나 많은 사람이 중화에 대해 명확히 설명하지는 않았더라도 글에는 저자의 관점이 어렴풋이 드러나기 마련이다. 이 때문에 독자들은 저자의 글에 담긴 중화의 의미를 이해하기 위하여 추론 내지는 상상력을 발휘해야만 했다. 또 적지 않은 논자들은 각기 다른 관점에서 중화를 규정하거나 한계를 명확히 했기 때문에, 각 논점에 따른 시각차가 매우 클 수밖에 없었다. 따라서 사용한 경우마다 중화의 의미 역시 매우 다르게 나타났다. 결론적으로 말하면, 중화라는 용어의 사용과 활용 양상이 매우 복잡하다는 것이다. 이 밖에도 그러한 예가 끝이 없겠지만, 더는 거론하지

---

9)『荀子』,「致士」, "臨事接民, 而以義變應, 寬裕而多容, 恭敬而先之, 政之始也. 然後中和察斷以輔之, 政之隆也.";『荀子』,「王制」, "公平者, 職之衡也. 中和者, 聽之繩也."

10) 董仲舒,『春秋繁露』,「循天之道」, "中者, 天下之終始也, 而和者, 天地之所生成也."

11) 王安石,『臨川先生文集』, 第66,「論議·禮樂論」, "大禮性之中, 大樂性之和, 中和之情, 通乎神明."

12) *王陽明,『傳習錄』, 卷下, 297條目,「門人黃省曾錄」, "我的中和原與天地之氣相應, 候天地之氣, 協凤凰之音, 不過去驗我的氣果和否."

않겠다.

다음으로 중화라는 단
어를 사용하지는 않았지
만, 고대의 사상과 정신이
중화 또는 중화미와 밀접
한 관련이 있다는 점에 대
해 살펴보자. 고대의 많은
중요한 사상과 학설·철학

「공자성적도孔子聖蹟圖」, 명판채회견본明版彩繪絹本,
공자박물관 소장

과 미학적 개념의 범주·문화예술 관념 등을 중화와 직접 연관시킬 수는 없지
만, 그 정신의 본질은 중화·중화미와 밀접한 관계가 있다. 예를 들면 공자가
말한 유가의 '시교詩敎'13)인 온유돈후溫柔敦厚14)와 「모시서毛詩序」의 "정에서 발하
여 예의에서 그친다"15)라는 말은 각종 예술 이론과 실천 정신 속에 스며든
예술적 조화 관념이라고 할 수 있다. 두 가지 구체적인 예를 통해 살펴보자.

첫째, 공자孔子의 언행을 가장 잘 기록한 『논어論語』에는 처음부터 끝까지
중화라는 용어가 등장하지 않는다. 하지만 오늘날 대다수 연구자는 공자의
사상과 중화·중화미가 매우 관련이 깊다는 의견에 동의한다. 심지어 어떤
연구자는 "중화미학사상은 공문孔門에서 비롯되었다"라고 말하기도 한다. 둘째,
유가에서 시교온유돈후를 말할 때 중화라는 두 글자를 언급하지는 않았다. 그러
나 현대 학자들은 시교와 중화·중화미의 관계가 매우 깊다고 보고 있으며,

---

13) *詩敎: 시를 통하여 사람을 가르치는 것을 말한다. 유가에서의 시교는 주로 三經의
하나인 『詩經』에 주로 보인다.
14) *溫柔敦厚: 『禮記』「經解」의 "그 사람됨이 온유돈후한 것은 『시경』의 가르침이다"(其
爲人也溫柔敦厚, 詩敎也)에서 유래한 말이다. 즉 온유돈후는 『시경』을 배우고 익힘으
로써 얻게 되는 본질을 말한다.
15) 『詩經』, 「毛詩序」, "發乎情, 止乎禮義."

따라서 근래에도 '온유돈후한 중화미'와 같은 표현을 여러 곳에서 볼 수 있다.

　지금까지 중화와 중화미가 고대 사상과 문화 분야에서 어떻게 표현되었으며, 어떻게 사용되었는지 간략하게 살펴보았다. 동시에 중화의 복잡성에 대해서도 분명하게 살펴보았다. 이러한 여러 복잡한 상황 때문에 중화와 중화미에 관한 연구는 매우 어려운 문제였다. 하지만 이를 연구하는 선행 연구자들[현재 이 연구에 종사하고 있는 전문가들]은 바로 이러한 난제에 직면하여 훌륭한 학술적 용기와 끈기를 보여 주었다. 그들의 꾸준한 노력과 성과는 후학들이 연구를 지속할 수 있는 훌륭한 초석이 될 것이다. 이제 후학들이 새로운 연구를 시작하려고 한다면 반드시 그들이 이루어 놓은 연구 성과와 아직 해결되지 않은 부족한 부분을 충분히 인지하고, 그 속에서 가능한 한 많은 학술적 자양분을 섭취해야 한다.

　지금부터 우리는 최근 수십 년간 진행되어 온 중화미에 관한 연구 상황을 간단하게 짚어 보고자 한다.[이 책은 문예미학 분야에 중점을 두고 있으므로 아래에서는 중화미에 관해서만 논할 것이다.]


## 2. 최근 수십 년간의 중화미에 관한 연구

　최근 수십 년 동안 학자들은 중화미에 관한 방대한 연구를 활발히 진행하였다. 그 가운데 주쯔칭(朱自淸)[16]은 일찍이 이 분야에 종사하며 사람들의 주목을 받을 만한 성과를 거두었다. 그가 저술한 유명 문예서인 『시언지변詩言志辨』[17]에

---

16) *朱自淸(1898~1948): 현대 중국의 시인이자 평론가이다. 『표준과 척도』(標準與尺度, 1948) 등을 저술하여 고전문학과 신문학의 통일적인 연구법을 확립하였다.
17) 초판은 上海에 있는 開明書店에서 1947년 8월에 출판되었다.

서 논한 논단들은 당시 학술계에 지대한 영향을 미쳤다. 이 책이 출판된 후부터 문화대혁명에 이르기까지 수십 년 동안, 이와 관련한 깊이 있는 논문들이 심심찮게 발표되었지만, 본격적으로 중화미를 연구하는 기류는 형성되지 않았었다. 하지만 1979년 이래로 상황은 많이 달라졌다. 개혁개방의 봄바람을 타고 중국의 학술 사업이 본격적인 황금기를 맞게 된 것이다. 그 후 중화미에 관한 연구는 급속도로 진행되었고, 최근 십여 년 동안은 이와 관련된 글들이 큰 폭으로 증가하였다. 그들은 이 문제에 관해 깊이 연구하고 토론하여 학술적 시야를 넓혀 갔는데, 이러한 현상은 이전에 없던 성과라고 할 수 있다.

　중화미가 미학적 이슈로 떠오르면서 중화미에 관한 연구는 점차 깊이를 더해 가며 일차원에서 다차원으로 발전하였다. 이에 따라 중화미를 보는 학자들의 관점에도 여러 다른 의견이 나타나기 시작했다. 이견의 발생과 증가는 의심할 여지없이 매우 좋은 현상이다. 일치하지 않는 점이 늘어나면 사람들은 여러 각도에서 문제를 깊이 생각하게 되고, 이것이 궁극적으로는 문제 해결에 좋은 조건을 제공하기 때문이다. 현재 여러 가지 설이 비록 복잡하게 얽혀 있지만, 그것들을 잘 나누어 정리하고 세부 사항을 간략히 하여 큰 요점만을 취하고 동이점을 분별해 낸다면, 문제 해결의 실마리를 찾을 수 있을 것이다. 이에 필자는 대강의 정리 작업을 통해 여러 설을 크게 세 가지 관점으로 나누어 보았다.

　첫째, 중화미와 유가의 '시교'를 동일시하는 관점이다. 대표적으로 주쯔칭을 들 수 있는데, 그는 중화미에 관한 연구에서 학술계에 지대한 영향을 끼쳐 선구자로 불린다. 여기에서 그의 생각을 좀 더 상세하게 다루고자 한다. 주쯔칭

---

*출처: 『書經』, 「虞書·舜典」, "詩言志, 歌永言." "시는 마음속에 있는 뜻을 말한다"(詩言志)라는 舜임금의 이 말은 최초의 詩에 대한 정의이다. 이는 시가 사람의 마음속에서 밖으로 표출되는 의지나 감정 등과 구분될 수 없음을 말한다.

의 견해는 『시언지변詩言志辨』의 「시교詩教」에 집중되어 있다. 이 책에서 그는 『예기禮記』 「경해經解」의 "공자께서 말씀하시기를 그 나라에 들어가면 그 가르침이 어떠한지 알게 된다. 그 사람됨이 온유하고 돈후한 것은 『시경』의 가르침(詩教)"[18]이라는 단락을 중심으로 논리를 전개하였다. 주쯔칭은 『예기』를 한대漢代 유학자들이 전술된 바를 엮은 책이라고 보았으며, 『예기』에서 공자를 인용했다고 해서 그것이 반드시 공자의 설이라고 볼 수는 없다고 하였다. '시교詩教'는 한대에 이르러 형성·발전된 개념이다. 그 핵심은 덕德을 통한 교화, 정치적·학문적 수양이라고 할 수 있는데, 이는 공자의 문학예술에 대한 견해와 일치한다. 이 개념의 근원은 바로 공자의 유명한 논점인 "시는 의지를 흥기시킬 수 있으며, 득실을 관찰할 수 있으며, 무리 지을 수 있으며, 원망할 수 있다"[19]라고 할 수 있다. 시교의 '온유돈후'는 바로 공자의 이 논점에서 나온 것이다.

주쯔칭은 한대에 이미 예악이 『시경』과 분리되었지만, 온유돈후는 예악과 결부시켜 이해해야 한다고 하였다. 그는 공영달孔穎達[20]이 주석한 『예기정의禮記正義』 「경해」의 "악은 조화와 소통을 본체로 삼는다"(樂以和通爲體)[21]라는 문장을 예로 들면서 악의 본질이 '조화'(和)임을 강조하였다. 또 악의 본질은 중화라고 하였는데, 『예기』 「악기」에서 "악樂은 천지의 명령이고 중화지기中和之紀"[22]라

---

18) 『禮記』, 「經解」, "入其國, 其教可知也. 其爲人也溫柔敦厚, 詩教也."
    『禮記』 「經解」의 '詩教'에서 말하는 '시'란 詩이며 또한 『詩經』이다. 그러나 후세 사람들은 이러한 점을 충분히 알고 있었으면서도 시를 항상 일반적 의미의 詩歌로 이해하였다. 이것은 바로 선진시기 공자 등이 논한 시와 후세 사람들이 논한 시가 일치한다는 점으로 알 수 있다. 따라서 이 책에서는 '詩經의 가르침(教)'을 언급할 때 '詩教'로 표현하였다.
19) 『論語』, 「陽貨」, "詩, 可以興, 可以觀, 可以群, 可以怨."
20) *孔穎達(574~648): 唐나라 초기의 학자이다. 문장·천문·수학에 능통하였고, 五經 해석의 통일을 시도하여 『五經正義』 170권을 편찬하였다.
21) 孔穎達, 『禮記正義』, 「經解」, "樂, 以和通爲體."
22) 『禮記』, 「樂記」, "樂者, 天地之命, 中和之紀."

고 한 것을 예로 들 수 있다. 중화지기에서의 중中은 바로 적절하다適는 의미로,
『여씨춘추呂氏春秋』「중하기仲夏紀・적음適音」에서 "충衷은 음이 적절한 것"23)이
라고 하였다.[충衷과 중中은 서로 통한다.] 적절함適은 또한 절제節의 의미이다.
예를 들어 『여씨춘추』「맹춘기孟春紀・중기重己」에서 "그러므로 성인은 반드시
먼저 그 욕망을 적절하게 해야 한다"24)라고 하였고, 이것에 대해 고유高誘는
"적절하게 한다는 것은 절제하는 것과 같다"25)라고 주석하였다. 예禮에 관하여
주쯔칭은 절제를 강조하면서도26) 조화를 귀하다고 여겼는데27), 그가 중요하게
여긴 것은 바로 화평함平, 적절함適, 알맞음中이다.

　　이 외에 「경해」에서 '공손하고 검소하며 장엄하고 공경함'恭儉莊敬을 『예기』
의 가르침禮敎이라고 하였는데, 그는 이에 대해 공손하고 검소함恭儉은 절제
節이고 장엄하고 공경함莊敬은 경敬이라고 하였다. 공영달은 온유돈후에 대해
"『시詩』는 간언諫과 풍자諷를 완곡하게 하며, 일의 실정을 직접 가리키지 않는
다"28)고 하였다. 여기에서 간언은 군신의 일로 예禮에 속하며, 풍자는 표현상의
완곡함을 강조한 것이다. 종합하여 말하면, 임금에게 시를 바치며 온유돈후를
주로 함은 공경敬과 절제節를 나타낸 것으로, 이것이 바로 예교禮敎이자 시교詩
敎인 것이다. 위와 같은 분석을 통해 주쯔칭은 다음과 같은 유명한 논단을
제기하였다. "온유돈후는 조화和이며 친함親이고 또한 절제節이자 공경敬
이며, 적절함適이자 알맞음中이다." 이것이 유가의 시교인 온유돈후이고, 고
대의 이른바 중화 또는 중화지기中和之紀이며, 오늘날에 흔히 '중화미'라고 불리

---

23) 呂不韋, 『呂氏春秋』, 「仲夏紀・適音」, "衷, 音之適也."
24) 呂不韋, 『呂氏春秋』, 「孟春紀・重己」, "故聖人必先適欲."
25) 高誘, 『呂氏春秋注』, "適猶節也."
26) 『禮記』, 「樂記」, "禮節民心."
27) 『論語』, 「學而」, "禮之用, 和爲貴."
28) 孔穎達, 『禮記正義』, 「經解」, "詩依違諷諫, 不指切事情."

는 바로 그것이다. 주쯔칭의 이러한 결론은 매우 큰 영향력을 가진다. 오늘날의 저서에서 '유가의 온유돈후한 중화미'라는 표현이 자주 등장하는 것은 분명 주쯔칭의 이러한 연구 결론 및 그 영향과 무관하지 않을 것이다.

둘째, 화和 · 중화中和를 '대립하는 관계 간의 조화'로 보는 관점이다. 이 관점의 대표자는 위민(于民)29)으로 그의 견해는 「중국 고대 미학 사상가 개요」(中國古代美學思想家擧要)30)와 「춘추 말기 심미 의식의 발전」(春秋末期審美認識的發展)31) 그리고 그의 전문 저서인 『춘추 이전 심미 관념의 발전』(春秋前審美觀念的發展)32)에 집중되어 나타나 있다. 춘추시기 이전에 유행했던 화和 관념과 그 진보에 관한 위민의 고찰과 분석은 상당히 자세하여 큰 열정을 쏟은 것으로 보인다. 그러나 중화에 관해 명확한 정의를 내리지는 않았다. 다만 중화란 화가 일정한 역사적 단계를 거치면서 발전하여 이루어진 개념이라는 인상을 주었다.

위민은 다음과 같이 두 가지 기본적인 관점을 제시하였다. 그중 하나는 서주西周부터 춘추春秋시기까지 발전해 온 화 · 중화 사상은 서로 대립하는 관계 간의 조화를 강조한다는 것이다. 그는 화 · 중화 사상(미학적 측면에서의 '중화심미준칙')이 전국戰國시기의 자사子思33), 「악기樂記」, 순자荀子 등을 거치면서 향상 · 발전하였고 한층 더 성숙해졌다고 보았다. 또 화와 중화의 철학적 관점은 그 당시와 이후 봉건사회 전반에 걸친 심미 관념의 발전에 지대한 영향을 미쳤다고 생각하였다. 예를 들어 당시에 형성된 아름다움(美)과 선함(善), 문채(文)와 바탕(質), 즐거움(樂)과 슬픔(悲), 물질(物)과 욕망(欲), 예禮와 악樂 등의 범주와, 후대 예술미

---

29) *于民: 北京大學 철학과 교수이다. 1955년 北京大學 중문과에 입학했고, 졸업 후 교편을 잡아 철학과 미학연구실에서 일했다. 저서로는 『춘추 이전 심미 관념의 발전』(春秋前審美觀念的發展)이 있다.
30) 于民, 「中國古代美學思想家擧要」, 『美學向導』(北京大學出版社, 1982).
31) 于民, 「春秋末期審美認識的發展」, 『河北大學學報』(河北大學學報編輯部, 1983(1)).
32) 于民, 『春秋前審美觀念的發展』(中華書局, 1984).
33) *子思의 중과 중화에 관한 사상은 그가 저술한 『中庸』에 잘 나타나 있다.

학의 움직임(動)과 고요함(靜), 은
미함(隱)과 드러남(秀), 뼈(骨)와
살(肉), 살찜(肥)과 수척(瘦), 마름
(燥)과 윤택(潤), 형체(形)와 정신
(神) 등 심미 개념에 관한 인식은
모두 위에서 말하는 대립하는
관계 간의 조화를 강조하는 관

*일본 1898년 요코야마 다이칸(橫山大觀), 「굴원屈原」,
이쓰쿠시마 신사 소장

점에서 뚜렷하게 영향을 받은 것이다.

또 다른 하나는 춘추 말기부터 전국시기에 걸쳐 화和와 대립하는 '부조화'(不
和)의 철학·미학 사상이 발전했다고 보는 관점이다. 그는 서한西漢 중기에 이르
러 중화심미준칙과 대립하는 '비중화非中和'사상이 뚜렷하게 형성되어 후대의
심미·예술 발전에 깊은 영향을 미쳤다고 생각하였다. 그는 미학사상사에서
"글을 저술하여 분함을 드러낸다"(著文的舒忿)[예를 들어 「이소離騷」[34]에서 분함과 원망을
토로한 것에 대한 사마천司馬遷의 긍정], "평정을 얻지 못하면 소리를 낸다"(不平則鳴)[35],
"원망하면 음을 가리지 않는다"(怨不擇音), "글은 안정되고 화평할 수만은 없다"
(文不可安靜和平), "음이 중첩되어 왕성하면 양을 막는다"(重陰鋼陽), "격동하면 우레
가 된다"(擊而爲雷)[36] 등 모순이 격화되어 문예창작이 이루어진다고 하였다. 이는

---

34) *「離騷」: 戰國時期 楚나라 屈原의 작품으로 楚辭 가운데 으뜸으로 꼽힌다. '離騷'는
근심을 '만난다'(遭憂)는 의미로, 굴원이 반대파의 참소로 조정에서 쫓겨난 후 실망과
憂國의 정을 노래한 시이다.

35) *출처: 韓愈, 「送孟東野序」, "大凡物不得其平則鳴, 草木之無聲, 風撓之鳴,……人之於言
也, 亦然, 有不得已者而後言." "평정을 얻지 못하면 소리를 낸다"(不得其平則鳴)는 이
말은 초목이 소리가 없는 것을 바람이 흔들어 울게 하는 것과 같이 사람의 말도 그러
하여 부득이 한 것이 있은 뒤에야 말을 하게 된다는 것을 의미한다.

36) *출처: 『淮南子』, 「天文訓」, "陰陽相薄, 感而爲雷, 激而爲霆." "음양이 서로 부딪혀서
감응하면 우레가 되고 격동하면 번개가 된다"는 말로써 서로 감응하거나 격동해야
현상이 나타난다는 것이다.

모두 정도의 차이는 있겠지만 '비중화'의 미학사상을 구현한 것이다. 중국 고대 미학사상사에서 중화와 비중화의 대립과 투쟁을 중요한 흐름이라고 생각한 것이다. 이러한 위민의 연구는 독창적이면서도 비교적 체계적이었기 때문에 그의 영향력은 매우 뚜렷하였다. 그러나 그의 관점에 찬성하는 사람들도 많았 지만 반대하는 사람들도 적지 않았다.

셋째, 중화미를 하나의 예술적 변증법으로 보는 관점이다. 이를 대표할 만한 특별한 인물은 없지만 이러한 관점은 근래에 발표된 다수의 단편 논문에 산발적으로 보인다. 이 문제를 집중적으로 다룬 글로 장수용(蔣樹勇)의 「중화미 의 예술적 변증법을 논함」(論中和之美的藝術辯證法)[37]과 주언빈(朱恩彬)의 「고대 문예 이론의 중화사상에 관한 담론」(談古代文藝理論中的中和思想)[38]을 꼽을 수 있다. 또 어떤 글에서는 중국 고대 미학 사상가와 그의 저서에 관한 특정 연구에서 이러 한 관점을 드러내기도 했다. 마오스안(毛時安)의 「『예개』와 유희재의 미학사상」 (『藝概』和劉熙載的美學思想)[39]이 대표적인 예라고 할 수 있다. 최근 이와 관련된 논문에서 중화미를 예술적 변증법으로 보는 관점이 점차 늘어나는 추세이다.

이상에서 설명한 중화에 관한 온유돈후·대립하는 관계 간의 조화·예술적 변증법 등은 모두 중화에 관한 연구의 출발부터 진행되어 온 과정을 잘 보여 주고 있다. 이 세 가지 관점과 위에서 서술한 학자들의 연구는 각각 장단점을 지니고 있다. 주쯔칭은 선진시기 시(詩)·예(禮)·악(樂)을 통틀어 유가의 시교에 관한 연구를 진행하였고, 방대한 자료를 정밀하게 분석하여 온유돈후와 선진유가의 중(中)·화(和) 사상에 관한 특정 분야에서 내적 연관성을 밝혔다. 그는 최종적으로 온유돈후가 곧 중화미라는 결론을 도출해 냈다. 주쯔칭은 황무지를 일구어

---

37) 蔣樹勇, 「論中和之美的藝術辯證法」, 『文藝理論研究』(1983(4)).
38) 朱恩彬, 「談古代文藝理論中的中和思想」, 『山東師大學報』(1986(3)).
39) 毛時安, 「『藝概』和劉熙載的美學思想」, 『文藝理論研究』(1981(3)).

일가를 이루었으며, 이후 중화미 연구에 지대한 영향을 미쳤다. 이것은 대단히 어려운 일로 우리 후학들이 매우 존경할 만한 가치가 있는 일이다.[실제로 뒤의 두 가지 견해를 가진 학자들 역시 정도의 차이는 있지만, 주쯔칭의 관점에 영향을 받았다. 상세한 설명은 뒤에서 하겠다.] 그러나 주쯔칭의 연구는 시작에 불과하다. 그의 연구는 중화미가 아닌 유가의 시교에 방점이 찍혀 있어서 그 한계를 드러내지 않을 수 없었다. 예를 들어 주쯔칭은 중화미와 예술적 조화관 혹은 예술적 변증법 사이의 내적 연관성에 관해서는 관심을 기울이지 않았다. 이러한 문제는 그의 시각과 관점에서 비롯된 시대적 한계라고 할 수 있다.

세 번째 관점인 중화미를 예술적 변증법으로 보는 관점은 중화미의 고유한 본질적 특징과 가치를 새로운 측면에서 제시했다는 점에서 긍정적이라고 할 수 있지만, 부족한 점 또한 분명하다. 첫째, 연구가 체계적이지 않아 깊이 있는 탐구가 어렵다. 둘째, 참신성 또한 부족하다. 예를 들어 장수용과 주언빈의 글은 주로 중화미가 지닌 예술적 변증법의 특징을 유가 중용의 도에 관한 팡푸(龐樸)의 주요 관점40)에 근거하여 논증하였다. 이것은 하나의 철학적 관점을 미학 분야에 도입하여 예술적 미학으로 명확하게 증명한 것이다. 고대의 중요한 미학적 범주에 대해 해석했기에 두말할 나위 없이 중요한 의미가 있다고 하겠다. 그러나 장수용과 주언빈의 글은 관점 자체나 사유의 수준이 팡푸의 연구에 머무르고 있어 더 참신하다거나 진전되었다고 할 수는 없다. 셋째, 관점에 자기모순이 존재한다는 점이다. 마오스안의 글 제1절의 소제목은 「온유돈후한 중화미」이다. 그러나 그 내용에서는 중화미를 예술적 변증법으로 보았다. 이는 바로 저자가 중화미를 온유돈후와 동일시하면서도 예술적 변증법으로도

---

40) \*龐樸(1928~2015): 중국의 저명한 역사·문화·철학자이다. 대표 저서로는 『20世紀儒學通志』, 『儒家辯證法研究』, 『沉思集』 등이 있다.
팡푸의 관점과 논저는 이 책의 아래에서 또 언급되므로 여기서는 소개하지 않겠다.

인정한 것이다. 이에 따르면 '온유돈후＝중화미＝예술적 변증법'이라는 등식이 도출된다. 그러나 과연 이러한 등식이 성립할 수 있겠는가? 이 등식에서처럼 온유돈후가 예술적 변증법과 같을 수 있겠는가? 그렇게 보기에는 분명 어려움이 있다.

앞서 위민(于民)의 연구는 비교적 창의적이고 체계적이며 깊이 있다고 하였다. 학문적 시야도 넓고 관점도 합리적이어서 이러한 점은 상당히 긍정적이다. 그러나 이 관점에도 심각한 내적 모순이 존재한다. 그는 화 또는 중화를 대립하는 관계 간의 조화로 보면서도 원망(怨)이나 성냄(忿)과 같은 감정의 발현은 비중화非中和로 간주하였다. 나아가 그는 중국미학사에서 중화와 비중화가 서로 대립하고 투쟁하는 중요한 흐름이 존재한다고 여겼다. 이러한 점은 자신의 이론에 커다란 내적 모순을 낳게 하는 원인이 되었다. 일부 학자들이 위민과 같은 관점을 전개한 적이 있었는데,[41] 곧바로 인쉬(尹旭)로부터 신랄한 비판을 받았다.[42]

인쉬는 원망(怨) · 근심(憂) · 분노(憤)["평정을 얻지 못하면 소리를 낸다"(不平則鳴)와 "곤궁한 후라야 공교해진다"(窮而後工)[43] 등를 비중화로 간주하여 이것을 중화(조화)와 서로 대립되는 관계로 보는 것은 옳지 않다고 지적하였다. 비중화도 중화와 마찬가지로 예술미의 특색이나 표현 형식으로 보아야 마땅하다. 그러나 위민이 말한 것은 예술미의 구체적인 내용이 아니라, 어떤 내용에서의 표현 정도와 형식적인 문제를 다루고 있다는 것이다. 원망 · 근심 · 분노 등은 곧 예술미의

---

41) 廖得爲,「中和與非中和的審美要求」,『當代文壇』(1984(2)).
42) 尹旭,「談"中和"之美」,『美學講壇』第1輯(廣西人民出版社, 1987).
43) *출처: 歐陽脩,『歐陽文忠公文集』,「梅聖兪詩集序」, "予聞, 世謂詩人少達而多窮, 夫豈然哉.……始窮者而後工也." "곤궁한 후라야 시가 공교해진다"(窮者而後工也)는 말은 시가 사람을 곤궁하게 만드는 것이 아니라 사람이 곤궁하게 된 후라야 시가 공교해진다는 것이다. 즉 선비가 재능을 간직하고도 세상에 펼 수 없어 곤궁해진 연후라야 뛰어난 시가 나온다는 것이다.

구체적 내용이기 때문에 분명히 비중화라고 할 수 없다.

랴오더웨이(廖得爲)의 글에도 몇 가지 명확한 모순이 존재한다. 첫째, 중화가 조화라면 비중화는 부조화일 수밖에 없다. 비중화를 원망이나 분노로 간주한다면 필연적으로 '원망과 분노는 부조화'라는 결론에 이르게 된다. 그렇게 되면 중국문예사에서 울분을 토로한 수많은 명작들, 예를 들면 「이소離騷」, 『사기史記』, 이백李白의 시, 정섭鄭燮[44]의 그림 등은 모두 조화롭지 못한 작품이 된다. 어찌 이것이 모두 조화롭지 못한 작품이겠는가? 둘째, 만약 비중화가 원망이나 분노라면 그와 대립하는 중화는 당연히 즐거움(樂)이고 선함(善)이어야 하는데, 왜 중화를 조화로운 것으로만 여기는가? 셋째, 랴오더웨이

*명明 진홍수陳洪綬, 「통음독소도痛飮讀騷圖」, 상하이박물관 소장.
진홍수가 굴원의 「이소」를 읽고 있는 자신의 모습을 그린 그림이다.

는 중화와 비중화가 서로 대립하면서도 변증법적으로 통일하는 두 가지 측면이 있다고 하였다. 그러나 중화를 조화로 보고 비중화를 원망과 분노로 여긴다면 조화와 원망·분노도 또한 서로 대립하는 측면과 변증법적으로 통일하는 두 가지 측면이 되어야 한다. 그러나 그것을 설명할 수 있겠는가?

---

44) *鄭燮(1693~1765): 淸代 중기의 화가로 揚州八怪의 한 사람이다. 시는 체제에 구애받음이 없었고, 서는 古籀狂草를 잘 썼다. 行楷에 篆隸를 섞었으며, 그 사이에 화법도 넣어 해방적이고 독자적인 시풍을 창시했다.

*청淸 정섭鄭燮, 「죽석도竹石圖」, 상하이박물관 소장

상술한 바와 같이 인쉬의 비평은 위민의 관점에 정곡을 찔렀다. 그렇다면 위민의 이론에는 어떻게 이처럼 커다란 모순이 존재하게 되었는가? 원래 위민은 춘추 이전의 미학사상을 분석할 때 항상 중화를 대립하는 관계 간의 조화로 이해하였다. 그러나 그는 여러 가지 원인[원인 중의 하나로 그가 수쯔징의 관점에서 영향을 빋있을 가능성이 크다는 점을 들 수 있다.]으로 인하여 결국 중화미와 온유돈후를 같은 것으로 간주하게 되었다. 예를 들어 그는 비중화사상이 "전통적 온유돈후한 중화사상과는 조금 다르며, 심지어는 대립한다"[45]고 하였다. 원망과 성냄 등의 비중화사상이 전통적 중화사상과 다른 이유는 그것들이 "그다지 화평하지도 온유돈후하지도 않기 때문"[46]이라는 것이다. 그가 생각하는 중화는 분명히 조화이면서 동시에 온유돈후인 것이다. 이러한 점이 위에서 말한 위민 이론의 내재적 모순의 근본 원인이 된 것이다.

중화를 온유돈후로 여긴 이상, 원망과 성냄을 그것과 대립하는 비중화로 간주하였고 당연히 해석상의 어떤 문제도 발견되지 않았던 것이다. 인쉬의 설명에 따르면, 온유돈후는 원망이나 분노와 마찬가지로 예술미의 구체적 내용에 속한다. 이것들은 감정적 색채로 볼 때 대립하는 두 종류의 구체적 내용이다. 따라서 인쉬는 이들을 서로 대립하면서도 변증법적으로 통일되는 두 방면으로 보아야 마땅하다고 하였다. 위민의 관점에 따르면 '조화=중화=온유돈후'라는

---

45) 于民, 『春秋前審美觀念的發展』(中華書局, 1984), p.186.
46) 文藝美學叢書編委會, 『美學向導』(北京大學出版社, 1982), p.90.

또 다른 등식이 성립된다. 이 등식에서 가운데 항목인 '중화'의 연결을 통해 그는 결국 보편 예술의 조화 관념과 특정 예술의 요구(온유돈후)를 동일시하게 된 것이다.

여기에서의 오류는 앞에서 말한 세 번째 관점을 잘 살피지 못한 점[예술적 변증법을 결국에는 온유돈후와 동일시함], 즉 실질적으로는 완전히 같은 것으로 간주했다는 것이다. 모두 보편적인 것[보편적 의미를 지닌 예술적 조화관, 변증법]과 구체적인 것[특정한 예술적 요구, 즉 온유돈휘]을 부적절하게 혼동한 데 있다. 위민은 중화와 비중화의 구분·대립과 투쟁을 유난히 강조하였을 뿐만 아니라, 그가 가진 이론 자체의 영향도 컸기 때문에 내재된 모순이 더욱 두드러졌으며 강한 비판을 피할 수 없었다.

지금까지 최근 수십 년 동안의 중화미 연구에서 정도의 차이는 있지만 공헌한 바와 영향력 있는 세 가지 관점에 대해 간략히 논평하였다. 종합해 볼 때 두 번째와 세 번째 관점의 출현은 연구의 심화, 학술적 시야의 확대, 학술적 관점에 있어 중대한 변화·발전이 있었음을 보여 준다. 두 번째와 세 번째 관점에는 비슷한 점이 있다. 그것은 바로 두 이론 모두 중화를 보편적인 의미를 지닌 것, 즉 대립하는 관계 간의 조화 혹은 변증법적 관계로 이해한다는 것이다. 따라서 자세히 살펴보면 두 번째와 세 번째 관점은 첫 번째 관점과는 질적으로 다름을 알 수 있다. 그러나 전체적으로 볼 때 두 관점과 첫 번째 관점 사이에는 여전히 '끊을 수도 없으며 정리해도 여전히 어지러운' 내적인 관계가 존재하며, 또한 첫 번째 관점의 영향과 제약을 상당하게 받고 있다는 점을 알 수 있다.

위의 논평을 통해 깊이 생각해 볼 만한 또 하나의 현상을 발견할 수 있다. 세 가지 관점은 모두 서로 다른 측면에서 중화미가 가지고 있는 어떤 본질적 특징을 제시하였다. 그러나 이상하게도 뒤의 두 가지 관점은 첫 번째 관점을 받아들이고 축적하는 과정에서 자기 관점의 모순을 명확하게 드러냈다. 다시 말해 나누어서 보면 중화라는 범주는 몇 가지 중요한 미학적 특징(온유돈후, 예술적 조화, 예술적 변증법)을 가지고 있다. 그러나 합하여 보면, 중화가 근본적으로 이 몇 가지 특징을 동시에 가질 수는 없다는 것이다. 이것을 하나의 식물에 비유하면, 나누어 볼 때는 녹색 잎이 나오고 붉은 꽃이 피지만, 합하여 볼 때는 녹색 잎과 붉은 꽃이 이 식물에 함께 존재할 수 없는 것과 같다.

이러한 현상의 출현이 어찌 이상한 일이 아니겠는가? 이러한 현상의 출현은 한편으로는 중화미에 대한 복잡한 문제와 중화미 연구의 방대함을 다시 한 번 명확하게 보여 주었다. 그러나 다른 한편으로는 우리에게 무언가를 제시하고 있다. 그것은 더욱 합리적으로 중화미를 상세히 연구해야 하며, 그와 동시에 자신의 이론을 내적 모순에 빠뜨리지 않기 위해 반드시 새로운 사고의 방향을 모색해야 한다는 것이다.

## 3. 중화에 관한 현재의 두 가지 견해

필자는 1983년부터 1986년까지 윈난(雲南)대학교 중문과에서 고대문예미학을 전공하며 석사학위 과정을 밟았다. 이 기간에 다행스럽게도 「중용평의(中庸平議)」[47], 『침사집(沉思集)』[48], 『유가변증법연구(儒家辯證法研究)』[49]와 같은 팡푸 선생의 논저 몇 편을 읽게 되었다. 유가에서 중용과 중화는 일찍부터 많이 연구되는 주제였는데 그는 중용과 중화에 대해 새로운 견해를 제시하였다. 그는 공자가

---

47) 龐樸, 「中庸平議」, 『中國社會科學』(1980(1)).
48) 龐樸, 『沉思集』(上海人民出版社, 1982).
49) 龐樸, 『儒家辯證法研究』(中華書局, 1984).

처음으로 제창한 '중용中庸'을 각종 사회문제의
해결을 위한 유가의 일반적 사상 및 방법론의
원칙으로 여기고 연구를 진행하였다. 또한 중용
[중화]을 주로 변증법적 색채[대립 면의 상호 의존과
연계, 즉 대립하고 통일하는 측면을 강조한 것]를 띤 모순
관과 발전관으로 여겼다. 그는 상세한 분석과 귀

*「주희상朱熹像」

납을 통해 중용[중화]의 여러 표현 형식을 폭넓게
연구하였다. 또 공자의 '중용'에 대한 후대 유학자[동중서董仲舒·주희朱熹 등]들의
다른 견해를 분석하여 밝혔는데 이러한 점은 매우 새로운 의의가 있다.

더욱이 그의 이러한 연구 성과는 문화대혁명에 의한 '10년간의 대재앙'[이것
은 유학의 재앙이기도 하다.]이 끝난 후 얼마 지나지 않은 시점에 발표되었기 때문에
사람들에게 더욱 신선한 느낌을 주었다. 비록 그의 구체적인 논점과 여러 설에
대해서는 더 검토해야 할 것이 많지만, 그의 연구는 필자에게 큰 깨우침을
주었다. 중용, 특히 중화와 중화미[이것은 필자의 전공과 관련된다.]에 더 많은 관심이
있었기 때문에 필자는 이에 대해 더 깊이 있는 연구를 하게 되었다.

이 연구를 통해 다음과 같은 기초적인 결론을 얻었다. 첫째, 현재의 일반
연구자들은 중화미의 철학적 기초를 '유가의 중용의 도'라고 생각하지만, 중국
사상사에서 하나로 통일된 유가의 중용의 도란 존재하지 않는다. 예를 들어
공자의 중용은 『예기』 「중용」의 처음과 마지막 부분의 중용·중화와는 질적으
로 다르다. 둘째, 앞에서 서술한 바와 같이 현재의 연구자 대다수는 중화미를
온유돈후로 여기고 있으며, 이것을 예술적 조화관·변증법으로 이해하는 다른
연구자들 역시 이러한 영향을 많이 받았다는 것이다. 그러나 필자가 보기에
중국미학사에서 하나로 통일된 중화미는 존재하지 않는다. 예를 들어 예술적
조화관이나 변증법으로서의 중화미는 온유돈후의 중화미와는 질적으로 다르

다. 이러한 기초적인 결론에 대해 간략하게 설명하겠다.

우선 사상사로 볼 때 통일된 유가의 중용의 도가 존재하지 않는다는 문제에 관해 이야기해 보자. 예를 들어 서한西漢시기에 형성된 유가 전적典籍인『예기』「중용」에서 논하고 있는 '중용'과 '중화'에는 확연히 다른 두 가지 사상이 담겨 있다. 펑유란(馮友蘭)은『중국철학사』에서 다음과 같이 말하였다.

> 『중용』의 이치와 내용을 사세히 살펴보면 처음 부분인[50] '천명지위성天命之謂性'부터 '천지위언天地位焉 만물육언萬物育焉'까지와 마지막 부분인[51] '재하위불획호상在下位不獲乎上'부터 '무성무취의無聲無臭至矣'까지는 인간과 우주의 관계를 주로 말하였는데, 이는 맹자 철학 가운데 신비주의적 경향을 발전시킨 것으로 보인다. 그 문체는 대체로 논저체論著體로 이루어져 있다. 중간 부분인[52] '중니왈仲尼曰 군자중용君子中庸'부터 '도전정즉불궁道前定則不窮'까지는 주로 인사人事에 대해 말하였는데, 이는 공자의 학설을 발전시킨 것으로 보인다. 그 문체는 대체로 대화체로 이루어져 있다.[53]

펑유란이 사상과 문체에 이르기까지『중용』을 처음과 마지막의 두 부분, 그리고 중간 부분으로 구분한 것은 매우 안목 있고 논리적이다.『중용』의 처음과 마지막, 두 부분의 중화와 중용은 맹자의 천명天命 · 성선性善 · 반신이성反身而誠[54] 등과 같은 천인합일天人合一적 우주관과 인생관을 나타낸다. 이것은 또한 동중서의『춘추번로春秋繁露』「순천지도循天之道」의 중화 우주관과도 어느 정도 내적 연관성을 가진다.[55] 그리고『중용』의 중간 부분에서 말한 "양 끝을 잡아

---

50) *朱熹의『中庸章句』1장에 해당한다.
51) *朱熹의『中庸章句』20장 16절~33절에 해당한다.
52) *朱熹의『中庸章句』2장~20장 15절에 해당한다.
53) *馮友蘭,『中國哲學史』上冊(香港: 三聯書店, 1992), p.341.
54) *『孟子』,「盡心上」, "萬物皆備於我矣. 反身而誠, 樂莫大焉. 強恕而行, 求仁莫近焉." 만물의 이치는 모두 나에게 갖추어져 있으므로 자신을 돌이켜 성실해야 한다는 의미이다.

그 중을 쓴다"(執兩用中)56)는 문장은 공자의 중용사상을 가장 잘 종합하여 표현한 것으로써 그것은 사상과 방법론의 원칙이라고 할 수 있다.

『중용』의 처음 부분에서는 중화中和에 대해 다음과 같이 말하였다. "희로애락의 정情이 발하지 않은 상태를 중中이라 하고, 정이 발하여 모두 절도에 맞는 상태를 화和라고 한다."57) 옛 주석에 따르면, 희로애락의 감정이 발하지 않은 것은 성性이며, 이러한 감정이 발하면 정情이 된다고 하였다.58) 이때 중中은 사람에게 성性이 되며, 이것은 만물의 성으로 확대할 수 있다. 또『중용』에서는 "하늘이 명한 것을 성性"59)이라고 하였는데, 이때 사람의 성과 만물의 성은 본래 서로 같은 것이며 천명으로 똑같이 부여받은 것이다. 천명으로부터 부여받은 인간과 만물의 성性(중中)이란 인간과 만물에 있어서의 근원을 의미한다. 따라서『중용』에서는 "중中은 천하의 큰 근본이다"60)라고 하였다.

화和를 사람의 입장으로 보면, 인간의 성性이 밖으로 표출되면 정情이 되는데, 이것이 가장 적절한 상태(중절中節)가 되는 것을 말한다. 이를 확대하여 논하면, 인간과 우주만물의 '천명지성天命之性'이 밖으로 표출되어 여러 가지 구체적인 상황에서 가장 적절하게 표현되는 상태(중절中節)이다. 인간과 만물의 성정性情이 발현되어 모두 중절하게 되면 당연히 "천하만물이 함께 잘 길러져 서로 해치지 않는 상태"61)에 이를 수 있다. 따라서『중용』에서 "화和란 천하의 공통된 도이다"62)라고 하였다. 이미 중中은 인간과 만물의 가장 큰 근본(大本)이고

---

55) 유명한 역사학자 呂思勉의「蒿廬劄記」(『論學集林』, 上海教育出版社, 1987)의「中和」에 이에 대한 전문적인 검토가 있으니 참고할 만하다.
56) *『中庸章句』 6장의 "執其兩端, 用其中於民"에서 '執兩用中'을 취하여 말한 것이다.
57)『中庸章句』1장, "喜怒哀樂之未發, 謂之中, 發而皆中節, 謂之和."
58) *『中庸章句』1장, 朱子注, "喜怒哀樂, 情也. 其未發, 則性也."
59)『中庸章句』1장, "天命之謂性."
60)『中庸章句』1장, "中也者, 天下之大本也."
61)『中庸章句』30장, "萬物, 竝育而不相害."
62)『中庸章句』1장, "和也者, 天下之達道也."

화和는 인간과 만물의 성정이 발현한 공통된 도(達道)인 이상, 이러한 '대본大本'과 '달도達道'를 미루어 지극히 한다면 우주는 가장 위대한 질서를 드러낼 것이며 만물은 끊임없이 생장하게 될 것이다.[63]

여기에서의 중화中和는 분명 인성론·인생론·우주론이다.『중용』마지막 부분에서도 "성실한 것"(誠)과 "성실히 하려는 것"(誠之)[64]·"성실함으로 말미암아 밝아짐"(誠明)과 "밝힘으로 말미암아 성실해짐"(明誠)[65]·"성실하지 않으면 사물이 없게 됨"(不誠無物)[66] 등과 같은 논의, "높고 밝음을 디하고 중용을 따름"[67]에 관한 논의, "지극히 성실함"(至誠), "자기의 성을 다함"(盡性), "천지의 화육化育을 도움"[68]에 관한 논의 등은 모두 인성론·인생론·우주론을 말한다. 그 속에 제시된 구체적인 견해 역시 처음 부분의 견해와 서로 맞물려 있다. 특별히 짚고 넘어가야 할 것은, 처음 부분에서 논의한 중화가 사실은 중용이라는 점이다. 당대唐代의 경학자였던 공영달孔穎達은『중용』을 해석할 때 동한東漢의 경학자인 정현鄭玄[69]의 주석을 인용하여 "중용이라고 이름한 것은 중화의 쓰임을 기록했기 때문이다. 용庸은 쓰임(用)"[70]이라고 하였다. 이른바 중용이란 바로 실제에서 쓰이는 것을 말한다.

『중용』의 가운데 부분에서 말한 중용은 처음과 마지막 부분에서 말한 중용

---

63)『中庸章句』1장, "致中和, 天地位焉, 萬物育焉."
64)『中庸章句』20장, "誠者, 天之道也, 誠之者, 人之道也."
65)『中庸章句』21장, "自誠明, 謂之性, 自明誠, 謂之敎."
66)『中庸章句』25장, "不誠無物."
67)『中庸章句』27장, "極高明而道中庸."
68)『中庸章句』27장, "唯天下至誠, 爲能盡其性, 能盡其性則能盡人之性, 能盡人之性則能盡物之性, 能盡物之性則可以贊天地之化育."
69) *鄭玄(127~200): 後漢 말기의 대표적 유학자로 시종 在野학자로 지냈다. 訓詁學·經學의 시조로 깊은 존경을 받았으며, 경학의 今文과 古文 외에 天文·曆數에 이르기까지 광범위한 지식의 소유자였다.『禮記』「中庸」에 疏를 달았다.
70) 孔穎達,『禮記正義』,「中庸」, "名曰, 中庸者, 以其記中和之爲用也. 庸, 用也."

과는 명확한 차이가 있다. 이것을 알 수 있는 한 단락을 살펴보자. "공자께서 말씀하시기를 '순舜임금은 큰 지혜가 있는 분이시다!…… 양 끝을 잡아 그 중中을 백성에게 쓰셨으니, 이것이 순舜임금이 되신 이유이다."71) 이것은 『중용』의 작자가 공자의 입을 빌려 순임금을 찬양한 문장으로 여기에서 "양 끝을 잡아 그 중을 백성에게 쓰셨으니"라는 부분을 줄여서 '집양용중執兩用中'이라고 한다. 정현이 "용庸을 쓰임(用)"이라고 해석한 관점에 따르면 "중을 백성에게 쓴다"(用中)는 것 또한 중용의 다른 표현이 될 수 있다. '집양용중'이란 먼저 사물이나 문제의 대립적인 양 끝을 파악하고, 양 끝 사이의 '가운데 지점'을 찾아 문제 해결에 적용함으로써, 사물을 잘 파악하거나 문제를 원만히 해결하는 것을 의미한다. 여기에서 가운데 지점이란 양 끝 사이의 고정된 한 가운데를 의미하는 것이 아니라 양 끝 사이의 적합하고 합당한 지점을 말한다.[자세한 내용은 아래에서 논하겠다.] 여기에서 중요한 것은 바로 문제를 어떻게 대하고 어떻게 해결할 것인지에 관한 사상과 방법론의 원칙이라고 할 수 있다. 종합하여 말하면 『중용』에서 말한 중용·중화는 확실히 두 가지의 이론적 실체와 사상적 면모를 가지고 있다는 것이다.

시각을 달리하여 방법론의 측면에서 중용을 고찰해 보더라도 통일된 유가의 중용의 도는 여전히 존재하지 않음을 알 수 있다. 장다이녠(張岱年)72)이 중용에 관하여 주장한 내용은 다음과 같다.

양 끝 사이에서 가장 적합한 가운데 지점을 선택해 취하는 것이다. 가장 적합한 가운데 지점이란 고정된 것일까 아니면 고정되지 않은 것일까? 만약 고정

---

71) 『中庸章句』 6장, "子曰, 舜其大知也與.……執其兩端, 用其中於民, 其斯以爲舜乎."
72) *張岱年(1909~2004): 北京大學 철학과 교수이다. 주요 저작으로 『中國哲學大綱』, 『中國唯物主義思想簡史』 등이 있다.

된 가운데 지점이 있다고 생각한다면 이는 형이상학적 사유 방법이며, 가장 적합한 지점이 고정되어 있지 않다고 여긴다면 이것은 변증법적 관점이라고 할 수 있다. 공자는 '기필함(必)과 '집착함(固)에 반대하였는데,[73] 이것은 그가 생각하는 중中이 융통성 있는 것이며, 고정되지 않은 개념임을 말한다. 그러나 송대宋代의 정이程頤는 "치우치지 않는 것은 중中이고 변하지 않는 것은 용庸이다"[74]라고 하여 '용庸'을 고정되어 변하지 않는다는 의미로 해석하였다. 이것은 중용을 형이상학적 사상으로 이해한 것이다.[75]

장다이녠의 논리는 지극히 옳다고 할 수 있다. 이 관점에 따르면 공자와 맹자가 견지했던 양 끝 사이의 가운데 지점은 고정되지 않았으며 그 사상과 정신은 변증법적 색채가 매우 짙다는 것을 알 수 있다. 하지만 후대의 유학자 중에 가운데 지점을 고정된 것으로 보는 경우가 있었다. 예를 들어 한대漢代의 예학자禮學者나 송대宋代의 유학자주희朱熹 뒹들은 '중'을 '예禮'와 동일시하였다. 이렇게 가운데 지점을 고정된 것으로 사유하는 방식은 그들의 사상 속에서 형이상학적 색채를 더욱 드러나게 하였다.

중국미학사에서 통일된 중화미는 존재하지 않는다는 문제에 대해 다시 이야기해 보자. 앞서 우리는 예술적 조화·변증법·온유돈후는 각각 중화미가 지닌 이론적 특징 혹은 이론의 근본이라고 언급한 바 있다. 그러나 앞의 두 가지 관점이 온유돈후의 중화미 속에서 공존할 수 없다는 것은 이상한 현상이다. 이 현상의 근원을 살펴보다가, 필자는 전자 두 가지와 후자의 이론적 본질이 같지 않다는 것을 알게 되었다. 그러나 이들 모두는 중화와 어느 정도 연관성을 가지고 있으므로 모두 '중화미'라고 불릴 자격이 있다. 말하자면 이것은 본질이

---

73) *『論語』, 「子罕」, "子絶四, 毋意, 毋必, 毋固, 毋我."
74) *『中庸章句』, 「小序」, "子程子曰, 不偏之謂中, 不易之謂庸."
75) 張岱年, 『中國哲學史論叢』 第1輯(福建人民出版社, 1984), p.60.

다른 두 가지 이론이 하나의 개념을 공유하는 것이다. 즉 같은 미학적 개념 아래 본질이 다른 두 가지 이론이 포함된 것인데, 이것을 중국어의 동음어와 비교해 볼 수 있다. 아래의 네 가지 '별別'자를 살펴보자.76)

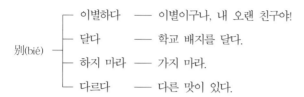

이 네 가지의 '별別'은 동음어로서 그 소리나 글씨 형태가 완전히 일치하지만, 단어의 뜻은 전혀 다르다. 만약 누군가가 그 단어의 뜻을 오로지 하나로 한다거나 혹은 그것을 하나의 일로 처리하려고 한다면 당연히 통하지 않을 것이다. 중화미도 이와 마찬가지로 그 안에 포함하고 있는 두 가지 고정불변의 이론을 하나로 통합하려고 한다면 그것들은 하나의 유형 안에서 팽팽한 싸움을 하게 될 것이다. 동음어의 예를 통해 우리는 이처럼 기이한 현상이 생기는 진정한 원인을 이해할 수 있었다. 따라서 위와 같은 현상을 결코 이상한 것으로 생각할 필요는 없다.

종합하여 말하면 필자는 고대인들의 중화미에 대한 관점[중화를 언급한 자와 중화를 언급하지 않았으나 이론의 실체는 중화와 관련이 있는 자를 포함]을 분석하여 두 가지 이론적 유형을 도출하였다. 하나는 「악기樂記」로 대표되는 변증법적 정신이 풍부한 보편적 예술·조화관으로서의 중화미이며, 다른 하나는 유가의 시교詩敎온 유돈후로 대표되는 특정한 예술 풍격론으로서의 중화미이다. 전자의 철학적

---

76) 이 예문은 黃伯榮·廖序東, 『現代漢語』(甘肅人民出版社, 1983), p.249에서 따온 것이다.

기초는 주로 선진先秦시기의 상중尚中사상中中을 숭상하는 사상·공자의 중용中庸사상 및 상화尚和사상和和를 숭상하는 사상이며, 후자의 철학적 관점은 『중용』처음 부분의 중화中和사상이다. 문학예술의 실천적 측면에서 보면 전자는 보편적 예술의 조화 관계 또는 관계 구조로 표현되며, 후자는 특정한 예술 풍격으로 표현된다. 결론적으로 말해, 이 두 유형의 중화미 사이에는 물론 어떤 내적 연관성이 있을 수도 있지만, 철학적 기초에서부터 미학 이론, 나아가 예술 실천에 이르기까지 모두 확실한 본질적 차이가 있으며, 그것을 절대로 혼동해서는 안 된다.

이상은 중화미에 관한 필자의 기초적인 결론이며 기본적 견해이다. 이 책에서 필자는 이러한 결론과 견해를 기본적인 출발점으로 삼고자 한다. 먼저 두 유형의 중화미에 대한 철학에서 시작하여 미학과 문학, 그리고 예술에 이르기까지 폭넓게 고찰할 것이다. 이어서 두 관점을 개략적으로 비교한 후 마지막으로 역사적 의의와 현실적 의미를 간략히 밝힐 것이다. 지금부터 「악기」로 대표되는 중화미에 관한 담론을 시작한다.

# 제2장

# "화실생물和實生物", "제지이미齊之以味"*
## —보편 예술의 조화관으로서의 중화미(상)

앞서 「악기」로 대표되는 중화미란 변증법적 정신이 풍부한 보편 예술의 조화관이라는 것을 설명하였다. 그 철학적 기반은 주로 선진시기의 상중尚中사상·공자의 중용中庸사상 및 상화尚和사상이며 이러한 것들의 종합체가 바로 '중화中和'사상이다. 간단히 말해 이것의 철학적 기반은 '집양용중執兩用中'을 핵심으로 하는 사상이며 변증법적 요소가 풍부한 보편적 조화관인 것이다. 이제 그 철학적 기반에 대해 구체적으로 탐구하고자 한다.

---

* * 和實生物 출처: 『國語』, 「鄭語」, "夫和實生物, 同則不繼. 以他平他謂之和, 故能豐長而物歸之. 若以同神同, 盡乃棄矣." "조화가 실현되면 만물을 낳으니, 같기만 하면 계속 이어질 수가 없다. 다른 것과 다른 것이 형평을 맞추는 것이 조화로움이므로, 이는 풍성하게 잘 성장할 수 있어서 만물이 제대로 돌아가게 된다. 만약 같은 것을 가지고 같은 것에 보태 주면, 모두 버려지게 된다." 이는 조화로움이 만물을 생장시킬 수 있음을 말한 것이다.

* 齊之以味 출처: 『春秋左氏傳』, 昭公 20年條, "和如羹焉, 水火醯醢鹽梅以烹魚肉, 燀之以薪, 宰夫和之, 齊之以味, 濟其不及, 以洩其過. 君子食之, 以平其心." "和는 국을 끓이는 것과 같아서, 물·불·식초·젓갈·소금·매실로 어육을 끓일 때, 불에 익히고 요리사가 간이 알맞게 잘 조절함으로써 맛을 내니, 간이 부족하면 〈양념을〉 첨가하고 간이 지나치면 〈물을〉 부어 조리하는 것과 같다. 군자는 이런 음식을 먹고 마음을 화평하게 한다." 和란 각기 다른 재료가 어울려 조화로운 맛을 내는 것과 같으며, 조화를 이룬 뒤에야 마음이 화평해지고 정사가 바르게 됨을 말한 것이다.

## 1. 중中과 중용中庸

중中을 숭상하는 사상은 그 유래가 매우 오래되었다. 판원란(范文瀾)[1]이 상商나라 유문遺文으로 확신한『서경書經』「반경중盤庚中」의 내용은 중中에 대해 매우 긍정적이다. 반경盤庚[2]은 도읍을 옮기기 전 신하와 백성들을 훈도訓導하여 "너희들의 마음에 중中을 베풀도록 하라"[3]고 하였다. 이 중中을 구제강(顧頡剛)[4]은 '중정中正'으로, 왕스순(王世舜)[5]은 '정도正道'로 해석하였다.[6] 이처럼 중은 매우 가치 있는 미덕이며 올바른 덕행이라고 할 수 있다.

이 밖에『상서』「입정立政」[7]과 「여형呂刑」[8] 등에서도 중과 중정의 의미를 적합함·알맞음의 의미로 사용하였다. 요컨대『상서』에 나타난 중의 근본적 의미는 '적합함(正確)[알맞음(準確)·적당함(得當)]으로 통일할 수 있다. 중을 적합함의 의미로 사용하거나 중을 숭상하는 사상은 선진시기에 흔히 볼 수 있었다. 예를 들어 가오헝(高亨)[9]은『역전易傳』의 "굳셈과 부드러움이 중을 얻었다"(剛柔得

---

1) *范文瀾(1891~1969): 浙江省 紹興 사람으로 중국의 역사학자이다. 南開大學과 北京大學에서 중국문학을 강의하였고,『文心雕龍講疏』를 저술하였다. 1929년경부터는 역사학으로 전환하여『中國通史簡編』과『中國近代史』를 편찬하였다.
2) *盤庚: 商나라 19대 왕으로, 姓은 子이고 이름은 盤庚이다. 商나라 수도를 殷墟로 옮긴 것으로 잘 알려져 있다.
3)『書經』,「商書·盤庚中」, "各設中于乃心."
4) *顧頡剛(1893~1980): 江蘇省 사람으로 중국의 사학자이다. 國故정리운동에 참가하였으며,『辨僞叢刊』을 간행하고,『古史辨』을 편집했다. 전통문화를 의심하여 우상 타파에 힘쓴 擬古派의 중심인물이었으며, 중일전쟁 중 민중계몽에 주력했다. 저서로는『三皇考』,『尙書研究講義』등이 있다.
5) *王世舜(1935~): 安徽省 사람으로 聊城大學 교수이다. 산동 고전문학회 이사자, 중국 고대 산문학회 상무이사이다.
6) 王世舜,『尙書譯註』(四川人民出版社, 1982), p.95.
7) *『書經』,「周書·立政」, "以列用中罰."
8) *『書經』,「周書·呂刑」, "啓刑書胥占, 咸庶中正."
9) *高亨(1900~1986): 吉林省 사람으로 중국의 고문헌 학자이다. 고대 문자에 대한 고증을 바탕으로『周易』을 해설하였다.

中)는 것에 대해 다음과 같이 설명하였다. "중中이란 반드시 정正이며, 정正은 반드시 중中이다. 중과 정은 실제로 같은 의미이다. 『역전』에도 사람들에게 정중正中의 도덕을 말하고 있으니 이를 실천한다면 성공할 수 있다. 그러므로 중을 얻으면 길하니 이로움의 상象이 된다고 하였다."[10] 중이 적합함이라면, 중을 숭상하는 것은 바로 적합함에 대한 숭상이자 추구이다. 이러한 사상은 그 합리성이 분명하게 드러나기 때문에, 선진시기에 비교적 광범위하게 사용되 었고 끊임없는 발전을 이루었다.

상중尙中사상을 출발점으로 하여 공자는 한 걸음 더 나아가 어떻게 하면 중을 얻을 수 있는지에 관한 일종의 사상과 방법론의 원칙으로 '중용中庸'을 제시하였다. 공자는 "중용의 덕이 지극하구나! 〈이 덕을 가진〉 백성들이 드물어 진 지 오래되었다"[11]고 하였다. 하지만 공자는 중용에 대해 명확하게 말하지 않았기 때문에 후대에 여러 견해가 생겨났다. 필자가 보기에 이 문장에서의 중은 앞에서 말한 '적합함'(正確)의 의미이며, 바로 『논어』「요왈堯曰」에서 말한 "진실로 그 중을 잡아라"[12]의 중이다. 양보쥔(楊伯峻)[13]은 이에 대해 "가장 합리 적이며 지극히 마땅하여 변하지 않는 것"이라고 하였다.[14] '용庸'은 곧 '용用'과 같으며, 이른바 "용庸은 쓰임(用)이다."[15]

또 중용이란 중을 쓰는 것이며 이것을 완전하게 표현하면 '집양용중執兩用中' 이라고 할 수 있다. 즉 사물의 대립하는 양 끝을 파악하고 양 끝 사이에서 가장 적합한 지점을 선택하여 적용하는 것을 의미한다. 예를 들어 공자는 간략

---

10) 高亨, 『周易大傳今注』(齊魯書社, 1979), p.14.
11) 『論語』, 「雍也」, "中庸之爲德也, 其至矣乎. 民鮮久矣."
12) 『論語』, 「堯曰」, "允執其中."
13) *楊伯峻(1909~1992): 湖南省 사람으로 언어학자이다. 古漢語 어법과 虛詞 연구 및 고 적의 정리와 譯註에 공헌하였다.
14) 楊伯峻, 『論語譯註』(中華書局, 1980), p.219.
15) 孔穎達, 『禮記正義』, 「中庸」, "庸, 用也."

함을 숭상하였지만 "간략함에 처하면서 행하기를 간략하게 한다면 너무 간략해진다"라고 하여 이것을 반대하였으며, "경敬16)에 처하면서 행하기를 간략하게 해야 한다"고 하였다.17) 간략하지 않으면 안 되지만 그렇다고 너무 간략해서도 안 되니, 반드시 간략하면서도 적당해야 한다. "경에 처하면서 행하기를 간략하게 하는 것"이 바로 간략하지 않음과 너무 간략함이라는 양 끝 사이의 가장 적합한 지점이 된다. 이러한 사상과 방법론의 원칙은 공자의 제창으로 추앙되었고 곳곳에서 적극적으로 실천되기에 이르렀다.

하지만 공자는 이것을 명확하게 '집양용중'이라는 말로 결론지은 적은 없다. 이것은 『예기』 「중용」의 "양 끝을 잡아 그 중中을 백성에게 쓴다"18)라는 문장에서 나온 것으로, 중용에 대한 정확한 요약이며 상세한 설명이라고 할 수 있다. '집양용중'은 바로 여기에서 취한 것이다. '집양용중'은 사상적 원칙이며 방법론의 원칙이다. 그렇다면 중은 양 끝 사이에서 어디를 말하는가? 앞에서 중의 의미를 '적합함'이라고 하였으므로 중은 양쪽 끝 사이에서 가장 적합한 지점이 된다. 여기에서 가장 적합한 지점은 반드시 양 끝 사이의 정중앙이나 고정된 지점일 필요는 없다. 구체적인 상황의 변화나 차이에 따라 양 끝 사이에서 위치가 변화하거나 이동할 수 있다.

이러한 상황에서는 다음과 같은 경우도 가장 적합한 지점이 된다. 예를 들어 공자가 주장한 '물러나지도 않고 나아가지도 않음'과 '또한 물러나고 또한 나아가는' 올바른 처세 태도 또한 적합한 지점이 될 수 있다. 나아가려고 하지

---

16) *敬: 유학에서 자신을 수양하고 학문할 때 지켜야 하는 마음가짐과 관련된 기본적 규범이다. 성리학에서는 일반적으로 '主一無適'으로 해석하는데, 항상 정신을 한가지로 집중하고 마음을 하나로 하면서 삼가고 조심한다는 뜻으로 誠과 더불어 정신적 수양의 방법으로 사용되는 용어이다.

17) 『論語』, 「雍也」, "仲弓曰, 居敬而行簡, 以臨其民, 不亦可乎. 居簡而行簡, 無乃大簡乎. 子曰, 雍之言然."

18) 『禮記』, 「中庸」, "執其兩端, 用其中於民."

*명明 구영仇英, 「오죽서당도梧竹書堂圖」 부분, 상하이박물관 소장.
관직에서 물러나 여유롭게 책을 읽고 자연을 즐기는 은일의 삶을 엿볼 수 있는
그림이다.

않을 때 나아가게 하고 남보다 뛰어나기 때문에 물러나게 한 것 또한 적합한 지점이 될 수 있다.[19] 이때 가운데 지점은 어느 한쪽으로 크게 치우칠 수도 있다. 예를 들어 "선善을 보면 미치지 못할 듯이 하고, 불선不善을 보면 끓는 물을 더듬듯이 한다"[20]는 문장에서 중은 선과 불선 사이에서 분명히 어느 한쪽으로 향하게 되며 다른 한쪽에서는 멀어지게 된다. 그렇다면 이처럼 복잡하게 변화하는 상황에서 어떻게 하면 집양용중을 잘 할 수 있는가? 공자의 사상 및 유가의 여러 전적에서는 이와 관련된 몇 가지 경우를 발견할 수 있다.

우선, 의義에 관해 이야기해 보자. 공자는 "군자는 천하의 일에 있어 오로지

---

19) 『論語』「先進」에는 공자와 그의 제자인 公西華의 대화 내용이 다음과 같이 실려 있다. "求는 물러나므로 나아가게 한 것이요, 由는 다른 사람 몫까지 하려고 하여 물러나게 한 것이다."(求也退, 故進之, 由也兼人, 故退之.) 공자의 뜻을 살펴보면 제자인 염구염 위는 평소 일을 할 때 자주 물러나 위축되었기 때문에 그에게는 나아가도록 격려한 것이고, 다른 제자인 유자로는 평소에 용감하게 앞으로 나아가 혼자서 두 사람의 일을 겸할 수 있을 것처럼 행동하였기 때문에 그에게는 억제하여 물러나게 한 것이다.
20) 『論語』, 「季氏」, "見善如不及, 見不善如探湯."

주장함도 없으며 그렇게 하지 않는다는 것도 없으니, 의를 따를 뿐이다(義之與比)"[21]라고 하였다. 이 말에서 '의義'는 마땅함이고 '비比'는 따름이며 '의지여비義之與比'는 바로 의를 따르는 것이다. 결국, 모든 일에서 절대적으로 정해진 기준이나 규정은 없다. 반드시 그렇게 해야 한다면 그렇게 하고, 그것이 가장 적합한 방법이라면 그것을 따라야 한다. 이것이 사물에서 중中적함의 여부를 판단하는 보편적 기준이며 이러한 보편적 기준은 모든 범위에 적용된다.

공자는 부귀를 얻는 것에 반대하지는 않았지만, "의롭지 않은 부귀는 나에게 있어 뜬구름 같다"[22]라고 하여 자신의 생각을 명확하게 밝혔다. 맹자는 공자보다 의義를 한층 더 높였으며 항상 의를 강조하여 말하였다. "사는 것을 버리고 의를 취한다"[23], "대인은…… 오직 의가 있는 대로 한다"[24]라는 것에서도 알 수 있듯이, 그는 의에 관한 여러 시각을 제시하였다. 맹자가 말한 의義에 대한 중요한 의미 중 하나는 바로 '마땅함'(宜)이다.

중을 얻기 위해서는 보편적 기준뿐만 아니라 특정한 상황에서의 구체적 기준도 필요하다. 그렇지 않으면 특정 상황에 직면했을 때 양 끝 사이에서 중이 어디인지, 중이 된다면 그것이 왜 중이 되는지 알 수 없을 것이다. 공자는 예禮·인仁·선善·현명(賢)·믿음(信)·지혜(智)·정직(直) 등 구체적 기준을 제시하였는데, 이러한 기준은 각각 다르게 적용될 수 있다. 다시 말해 모든 일에서 중을 구하려면 반드시 구체적 기준이 있어야 하며, 각기 다른 사물과 여러 다른 상황에 따라 중의 구체적 기준도 달라져야 한다는 것이다. 어떠한 구체적 기준도 모든 사물에 적용될 수 없으며, 어떠한 기준으로도 각기 다른 상황에서 그것이 중인지 아닌지를 판단할 수 없다.

---

21) 『論語』, 「里仁」, "君子之於天下也, 無適也, 無莫也, 義之與比."
22) 『論語』, 「述而」, "不義而富且貴, 於我如浮雲."
23) 『孟子』, 「告子上」, "舍生而取義."
24) 『孟子』, 「離婁上」, "大人者,……惟義所在."

이번에는 '시중時中'에 대해 이야기해 보자. 시중에서 중요한 것은 변화하는 시대와 환경, 다양한 관계 속에서 그것이 처한 시간 그리고 그것이 처한 상황에서 중이란 과연 무엇인지에 대해 궁리하고 파악하는 것이다. 그것은 중을 잡고 중을 쓰는 보편적 기준으로서, 중은 때에 따라 변하며 때에 맞게 중을 써야 한다는 것을 강조한다. 이것은 분명히 역사적 변증 정신을 가진다. "백성을 부리기를 때에 맞게 한다"[25]라는 문장을 예로 들어보자. 공자는 시時에 관하여 깨달은 바를 언급하지 않았으며 그것을 철학적 개념으로도 사용하지 않았음을 알 수 있다. 하지만 공자의 시중사상은 매우 분명하였다.

> 베로 면류관을 만드는 것이 본래의 예禮인데, 지금은 생사生絲로 만드니 검소하다. 나는 지금 사람들의 풍속을 따르겠다. 당堂 아래에서 절하는 것이 본래의 예인데, 지금은 당 위에서 절을 하니 교만하다. 나는 비록 지금 사람들과 어긋나더라도 당 아래에서 절하는 것을 따르겠다.[26]

즉 과거의 예는 오늘날 사람들에 의해 변화하게 되는데, 잘 고쳐져서 그 방법이 오늘날의 상황에 적합하다면 그것에 따른다. 그러나 그것이 잘못 고쳐져서 오늘날의 상황에 적합하지 않고 원래의 예가 옳다면, 적합하지 않은 예에 반대하고 과거의 예를 견지해 나간다는 것이다. 이를 통해 공자의 시중 정신이 매우 명료하다는 것을 알 수 있다. 다음은 이론적으로 잘 드러내지 않았던 공자의 시중 정신을 명확하게 요약하여 보여 주는 『예기』「중용」의 문장이다.

공자께서는 '군자는 중용을 한다.…… 군자가 중용을 함은 군자이면서 때에

---

25) 『論語』, 「學而」, "使民以時."
26) 『論語』, 「子罕」, "麻冕, 禮也, 今也純, 儉, 吾從衆. 拜下, 禮也, 今拜乎上, 泰也. 雖違衆, 吾從下."

맞게 하기 때문'이라고 하셨다.[27]

공자가 비록 시중이라는 두 글자를 명확하게 언급하지는 않았지만, 시중 정신의 근본이 그에 의해 제창되었다는 것은 틀림없는 사실이다. 시중은 유가의 다른 사상가와 전적에서도 뚜렷하게 나타나는데, 맹자가 공자를 일컬어 "성인으로서 시중을 행하신 분이시다"[28]라고 한 것을 그 예로 들 수 있다. 또한 "벼슬할 만하면 벼슬하고, 그만둘 만하면 그만두며, 오래 머물 만하면 오래 머물고, 빨리 떠날 만하면 빨리 떠난 것은 공자이시니,…… 내가 원하는 것은 공자를 배우는 것"[29]이라고 하였고, 순자 역시 "때에 따라 굽히고 펴고 한다"[30]라고 하였다. 『주역』에서는 이러한 표현을 더 많이 볼 수 있다.

해는 중천에 있으면 기울고 달은 차면 이지러지니, 천지의 차고 비는 것도 때에 따라 사그라지고 불어난다.[31]

강함을 덜어 유함에 더해 줌이 때가 있으니, 덜고 더하며 채우고 비움을 때와 함께해야 한다.[32]

때가 그쳐야 할 경우는 그치고 때가 가야 할 경우는 가서, 움직임과 고요함이 때를 잃지 않으니 그 도가 광명하다.[33]

---

27) 『禮記』, 「中庸」, "仲尼曰, 君子中庸,……君子之中庸也, 君子而時中."
28) 『孟子』, 「萬章下」, "聖之時者也."
29) 『孟子』, 「公孫丑上」, "可以仕則仕, 可以止則止, 可以久則久, 可以速則速, 孔子也.……乃所願, 則學孔子也."
30) 『荀子』, 「不苟」, "與時屈伸."
31) 『周易』, 豊卦 「彖傳」, "日中則昃, 月盈則食, 天地盈虛, 與時消息."
32) 『周易』, 損卦 「彖傳」, "損剛益柔有時, 損益盈虛, 與時偕行."
33) 『周易』, 艮卦 「彖傳」, "時止則止, 時行則行, 動靜不失其時, 其道光明."

'몽괘蒙卦는 형통하다'라는 것은 형통함으로써 행하는 것이니, 때를 얻었고 중
도에 맞기 때문이다.[34]

　『역전』의 이러한 표현들은 자연으로부터 사회현상에 이르기까지 시중과
관련된 광범위한 문제를 연구한 것으로, 여기에는 보다 명확한 철학적 의미가
내포되어 있다. 요컨대 시간·환경·조건은 변하지 않더라도 대상 자체가 변하
면 대상과 주체의 구체적 관계도 변화하기 때문에, 둘 사이에서의 중 또한
그에 따라 반드시 변화하기 마련이라는 것이다. 중요한 것은 이 모든 변화를
그저 바라만 볼 것이 아니라, 변화하는 상황 속에서 해결해야 할 문제를 때와
장소 그리고 특수한 상황 등을 고려하여 "양 끝을 들어서"[35] 최종적으로 그때·
그 장소·그 상황에 맞는 중을 실현해야 한다. 이것이 바로 유가의 시중 관념이
우리에게 요구하는 것이다.
　마지막으로 '권도'(權)에 대해 살펴보자. 『서경書經』「주서周書·여형呂刑」에
서 권도에 대해 거론하였지만, 정작 권도를 강조하고 중시한 것은 단연 공자와
맹자가 먼저이다. 공자는 "함께 설 수는 있어도 함께 권도權道를 행할 수는
없다"[36]라고 하였다. 즉 예를 주로 하여 서고 예를 잘 아는 사람이라고 해도
반드시 권도를 잘 행한다고 볼 수는 없다는 것으로, 권도의 중요성을 알 수
있는 대목이다. 맹자는 권도를 행하는 것에 대해 "자막子莫은 중을 잡았으니,
중을 잡는 것이 〈도에〉 가깝다고 하더라도 중을 잡고 저울질하지 않으면 한쪽
을 잡은 것과 같다. 한쪽을 잡는 것을 싫어하는 까닭은 도를 해치기 때문이니
하나를 들어 백 가지를 그만두는 것"[37]이라고 하였다. 중은 본래 추상적인

---

34) 『周易』, 蒙卦「彖傳」, "蒙亨, 以亨行, 時中也."
35) 『論語』,「子罕」, "我叩其兩端而竭焉."
36) 『論語』,「子罕」, "可與立, 未可與權."
37) 『孟子』,「盡心上」, "子莫, 執中, 執中, 爲近之, 執中無權, 猶執一也. 所惡執一者, 爲其賊

개념이지만 구체화되면 사람과 관련된 모든 곳에 나타나며, 사람들의 시각에 따라 각각 다르게 보이지만 가장 적합한 지점이 되는 것이다.

따라서 중을 잡아야 한다는 것을 아는 것만으로는 부족하다. 한순간의 중이 모든 상황에서의 절대적 중이 될 수 없다는 것을 분명하게 알아야 한다. 어떤 문제에 봉착했을 때 권도라는 저울로 가늠하여 그때·그 상황·그 사물에서의 중을 구해야 한다. 만약 권을 통해 변화하지 못하고 한순간의 중을 모든 상황에서의 중이라고 고집한다면, 반드시 하나를 들고 백 가지를 폐하게 되어 끝내 중을 잡을 수 없을 것이다. 예를 들어 맹자는 "제수娣嫂가 물에 빠졌는데도 구하지 않는다면 이는 승냥이와 같다. 남녀 간에 주고받기를 친히 하지 않음은 예禮이고, 제수가 물에 빠졌을 때 손으로 구하는 것은 권도(權)이다"[38]라고 하였다.

여기에서 남녀 간에 물건을 직접 건네주지 않는 것은 당시 예禮의 규정에 속한다.[39] 그러나 맹자는 제수가 물에 빠진 상황에서 만약 이 규정을 고집하여 손을 내밀지 않는다면 이는 승냥이가 되는 것과 같으므로, 손으로 제수를 구하는 것이 옳은 처사라고 하였다. 즉 특수한 상황에서는 예를 지키는 것이 승냥이와 같을 수도 있다. 이때에는 예를 어겨야 중이 된다. 여기에서 우리는 때와 상황이 다를 경우 그에 적합한 중이 있으며, 이때에는 반드시 권도로써 대처해야 한다는 것을 알 수 있다. 권도에는 분명 '저울로 가늠함'과 '시의적절한 임기응변'이라는 뜻이 있으며, 이것은 의義 또는 시중時中과 비슷한 의미이다. 또 권도는 모든 사물이 중에 부합하는지에 대한 구체적인 판단과정이기도 하다.

---

道也, 擧一而廢百也."

38) 『孟子』, 「離婁上」, "嫂溺不援, 是豺狼也. 男女授受不親, 禮也. 嫂溺援之以手者, 權也."
39) *그 당시 예의 규정은 『禮記』 「內則」과 「坊記」에서 찾을 수 있다. 『禮記』, 「內則」, "男不言內, 女不言外, 非祭非喪, 不相授器."(남자는 안의 일을 말하지 않고, 여자는 밖의 일을 말하지 않으며, 제사와 상사가 아니면 서로 그릇을 주고받지 않는다.); 『禮記』, 「坊記」, "男女授受不親."(남녀는 주고받기를 친밀하게 직접 하지 않는다.)

위에서 말한 여러 요소가 유기적으로 결합
하여 중용(양 끝을 잡아 그 중을 쓴다(執兩用中))이라
는 완전한 사상과 방법론의 원칙이 탄생하였
다. 이러한 원칙의 주요 내용과 특징을 간단히
말하면, 중에 대한 추구와 선택이 그것의 목적
이 된다는 것이다. 중은 대립 요인이나 대립하
는 관계 간의 가장 적합한 지점 또는 최선의
지점이며, 이것은 고정되어 불변하는 것이 아

「공자상孔子像」

니다. 따라서 반드시 대립하는 양극단의 요인에 대한 파악이 전제되어야 중을
얻을 수 있다. 중을 가늠할 때는 반드시 하나의 보편적 기준이 필요한데, 그것이
바로 '의義'이다.["의를 따를 뿐이다."(義之與比)⁴⁰⁾] 또한, 모든 사물이 중을 얻으려면
하나의 구체적 기준이 필요하며, 각기 다른 사물 혹은 사물의 서로 다른 시각에
따라 중의 구체적 기준도 달라져야 한다. 시중은 중을 파악하는 역사 변증법적
원칙이며, 권도는 위에서 언급한 요소들을 종합하여 중과 중이 아닌 것을 저울
질하여 판단하는 구체적인 방법이며 조작 과정이라고 할 수 있다.

이처럼 완벽한 사상 또는 방법론의 원칙을 '적합성의 원칙'이라고 불러도
무방할 것이다. 아울러 중은 「악기樂記」로 대표되는 중화미의 철학적 토대 중
하나가 된다는 점을 밝혀 두고자 한다. 그러나 이것은 단지 이 원칙의 주요
정신 중의 하나일 뿐, 세부 사항 전부를 의미하지는 않는다.

---

40) 『論語』, 「里仁」, "子曰, 君子之於天下也, 無適也, 無莫也, 義之與比."

## 2. 화和

선진시기 사상가들의 '화和'에 대한 다양한 견해는 대략 두 가지로 나눌 수 있다. 먼저 서주西周시기부터 춘추 말까지 오행五行 관념을 가졌던 사상가들의 화和에 대한 견해이다.

화는 조화를 이룬 가장 아름다운 상태이다. 주구州鳩41)는 음악에 대해 언급하면서 "소리가 응하여 서로 안정되는 것이 화和"42)라고 하였으며, 이에 대해 리쩌허우(李澤厚)와 류강지(劉綱紀)는 "각각의 소리가 서로 호응하고 화합하는 것이 화"43)라고 하였다. 주구는 같은 단락에서 오성五聲 가운데 가장 낮고 굵은 소리인 궁宮을 주음主音으로 여기고, 높고 가는 소리인 우羽를 세음細音으로 여겨, "세음이 주음을 지나치면 바른 소리(正聲)를 해치게 된다"44)고 하였다. 만약 한 곡의 음악에서 세음의 비중이 주음보다 크면 이는 바른 소리를 해치게 되므로 허용될 수 없음을 말한 것이다. 이는 각각의 음들이 음악 속에서 조화롭게 존재해야 하며, 음악 구조의 질서가 무너지거나 주객이 전도되는 것에 반대함을 의미한다. 즉 주음과 세음이 적절히 조화를 이루어야 함을 강조한 것이다. 한마디로 말하면 주음과 세음이 공존하면서 각자 맡은 바의 역할을 다하며 서로 화합하고 감응하여 조화롭고 질서정연한 상태를 이루는 것이 바로 음악의

---

41) *州鳩: 周나라 景王(B.C.544~B.C.520) 때의 樂官이다. 음악의 본체는 본래 하늘의 六氣와 땅의 五行 그리고 민간 풍속과 밀접한 관련이 있다고 보았는데, 이런 관념들은 후대의 음악미학사상에 지대한 영향을 주었다.

42) 『國語』, 「周語下」, "聲應相保曰和."
이 절은 西周시기와 춘추 말 사상가들이 음악에 대해 논한 것을 인용한 것으로, 『左傳』과 『國語』에 모두 보인다. 吉聯抗의 『春秋戰國音樂史料』(上海文藝出版社, 1980)와 문화부 예술연구원 음악연구소의 『中國古代樂論選輯』(人民音樂出版社, 1981)에서 찾아볼 수 있으므로, 더는 일일이 출전을 밝히지 않겠다.

43) 李澤厚, 『中國美學史』第1卷(中國社會科學出版社, 1984), p.91.

44) 『國語』, 「周語下」, "細過其主妨於正."

'화'인 것이다.

주구는 또 "세음細音이나 대음大音이 범위를 넘지 않는 것을 평平"[45]이라고
하였는데, 이때의 평平 역시 화和에 가깝다. 주구가 말한 화和는 보편적 의미의
조화로운 상태이며 가장 아름다운 상태이다. 자연계로 말하면 "만물이 조화를
이루어 아름다운 음악이 되는 것"[46]이며, 정사政事로 말하면 "소리가 화평하게
되면 오래가고, 오래되어 편안하면 화합하고, 화합하여 밝으면 음악이 하나의
장章을 이루고, 장章을 이루어 반복하면 즐거우니 정치가 이루어지는 것"[47]이
다. 이처럼 조화로운 상태는 높이 추앙되었다.

화和는 하나의 체계 속에서 각각 다르거나 대립하는 요소 간의 동태적 관계
혹은 관계 구조를 말한다. 안영晏嬰[48]은 "화和는 국을 끓이는 것과 같다. 물·
불·식초·젓갈·소금·매실로 어육을 끓일 때 불에 익히고 요리사가 간이 알
맞게 잘 조절하여 맛을 내고, 간이 부족하면 〈양념을〉 첨가하고 간이 지나치면
〈물을〉 부어 조리하는 것과 같다"[49]고 하였다. 오미五味[50]로 구성된 요리 체계
에서 모든 요소는 각각 자기의 본래 위치나 상태로부터 출발하여, 일정한 기준
에 따라 특정한 기준점으로 이동한다. 이때 부족하거나 지나친 것을 더하거나
덜어 냄으로써, 기준점 주위에서 하나의 새로운 유기적 통일체가 형성되는
것이다. 이러한 유기적 통일체가 바로 조화의 총체이며, 그것은 기존의 요소에
서 취한 것도 있고 그렇지 않은 것도 있다.

---

45) 『國語』, 「周語下」, "細大不踰曰平."
46) 『春秋左氏傳』, 昭公 21年條, "泠州鳩曰,……物和則嘉成."
47) 『國語』, 「周語下」, "伶州鳩對曰,……龢平則久, 久固則純, 純明則終, 終復則樂, 所以成政也."
48) *晏嬰(B.C.578~B.C.500): 春秋시기 齊나라의 명재상으로, 군주에게 기탄없이 간언한
   것으로 유명하다.
49) 『春秋左氏傳』, 昭公 20年條, "和如羹焉, 水火醯醢鹽梅以烹魚肉, 燀之以薪, 宰夫和之, 齊
   之以味. 濟其不及, 以洩其過."
50) *五味: 甘味, 鹹味, 辛味, 酸味, 苦味를 말한다.

한漢, 「송산동왕공宋山東王公·악무樂舞·포주화
상庖厨畫像」

안영晏嬰은 "소리도 맛과 같아서 일기一氣51)·이체二體52)·삼류三類53)·사물四物54)·오성五聲55)·육률六律56)·칠음七音57)·팔풍八風58)·구가九歌59)가 합하여 음악을 이룬다. 또 맑음과 탁함(淸濁)·큼과 작음(大小)·긺과 짧음(長短)·급함과 느림(疾徐)·슬픔과 즐거움(哀樂)·강함과 부드러움(剛柔)·더딤과 빠름(遲速)·높음과 낮음(高下)·나감과 들어옴(出入)·세밀함과 성김(周疏)이 어울려 조화를 이룬다"60)고 하였다. 모든 체계 속에는 각각 다르거나

---

51) *一氣: 사람은 기운으로 인해 생존하며, 움직임은 모두 기운에서 유래한다. 絃樂을 연주하고 石磬을 치는 데 기운을 쓰지 않음이 없으니 기운은 바로 음악의 근본이다. 그러므로 일기를 가장 먼저 말하였다.
52) *二體: 문왕의 춤文舞과 무왕의 춤武舞를 말한다.
53) *三類: 『시경』의 風·雅·頌을 말한다.
54) *四物: 사방에서 생산한 물건들을 섞어서 만든 악기이다.
55) *五聲: 宮·商·角·徵·羽를 말한다.
56) *六律: 黃鐘·太簇·姑洗·蕤賓·夷則·無射를 말한다. 陽聲은 律이 되고, 陰聲은 呂가 되는데 이는 열두 달의 氣候이다.
57) *七音: 宮·商·角·徵·羽·變宮·變徵를 말한다. 周나라 武王이 商나라 紂王을 정벌한 기간이 午日로부터 子日까지 모두 7일이었다. 이로 인해 무왕은 7로 그 수를 합하고, 律로 그 소리를 조화시켜 칠음이라고 하였다.
58) *八風: 여덟 가지 제작 재료인 金·石·絲·竹·匏·土·革·木으로 악기를 만들어 내는 소리를 八音이라고 한다. 이에 대응되는 여덟 가지 바람을 八風이라고 한다. 正西는 兌라 하니 金이고 閶闔風이 된다. 西北은 乾이라 하니 石이고 不周風이 된다. 正北은 坎이라 하니 革이고 廣莫風이 된다. 東北은 艮이라 하니 匏이고 融風이 된다. 正東은 震이라 하니 竹이고 明庶風이 된다. 東南은 巽이라 하니 木이고 淸明風이 된다. 正南은 離라 하니 絲이고 景風이 된다. 西南은 坤이라 하니 土이고 凉風이 된다.
59) *九歌: 아홉 가지 功德을 노래함이다. 九功이란 육부(六府, 水·火·金·木·土·穀)와 삼사(三事, 正德·利用·厚生)이다.
60) 『春秋左氏傳』, 昭公 20年條, "聲亦如味, 一氣二體三類四物五聲六律七音八風九歌, 以相

대립하는 요소들이 있다. 그 요소들이 서로 도와서 이루어 주기도 하고 서로 대립하면서 보완해 주기도 하며 융화하고 스며들어 조화로운 체계가 만들어져 살아 숨 쉬는 유기적 통일체가 형성된다. 바로 이러한 의미에서 "조화가 실현되면 만물을 낳는다"[61]라는 사백史伯의 견해는 매우 합리적이고 심오하다고 할 수 있다. 조화는 실로 만물을 번성하게 하고 끊임없이 생성하게 하는 내적 근거가 되는 것이다.

화和는 체계와 체계가 동태적으로 기계적 조화를 이루는 대응 관계로, 화를 추구하는 것은 주체의 강한 목적성과 분리될 수 없다. 주구는 음악·자연계·인간사회는 서로 다른 체계들이 하나의 동태적 조화 관계를 이루는데, 이는 기계적 조화를 이루는 대응 관계가 된다고 하였다. 그는 "쇠는 주조하고 돌은 갈며 실과 나무는 이어 매고 박(匏)과 대나무는 구멍을 뚫어 악기를 만들며 북으로 조절하여 연주하니 마침내 팔풍八風에 순응한다[악의 조화]. 이에 기운은 적체되는 음陰이 없으며 또한 흩어지는 양陽이 없고, 음양이 차례지어서 비와 바람이 때로 이르게 되고 아름다움이 생기며 복이 많아지니[자연계의 조화], 백성들은 화합하여 이롭게 되고[백성 간의 조화], 물건은 비축되며 음악이 이루어져서 상하가 피폐하지 않게 된다[정사政事에서의 조화]. 이 때문에 악이 바르게 된다"[62]고 하였다. 이렇게 음악에서의 조화가 자연계의 조화로, 그리고 인류사회의 조화로 확장된다는 견해는 신비로운 색채가 짙은 데다가, 기계론적인 결함 또한

---

成也, 清濁小大短長疾徐哀樂剛柔遲速高下出入周疏, 以相濟也."

61) 韋昭는 史伯의 '和實生物'에 대해 "和란 可와 否가 서로 구제하는 것"이라고 주석하였다. 또한, "다른 것을 다른 것으로 고르게 하는 것이 和"(以他平他謂之和)라고 한 사백의 문장에 대해, "음양이 상생하고 다른 맛이 서로 조화를 이루는 것"이라고 주석하였다. 이것은 위소가 『國語』「鄭語」를 주석한 것에 보인다.

62) 『國語』,「周語下」, "如是而鑄之金, 磨之石, 繫之絲木, 越之匏竹, 節之鼓而行之, 以遂八風. 於是乎氣無滯陰, 亦無散陽, 陰陽序次, 風雨時至, 嘉生繁祉, 人民龢利, 物備而樂成, 上下不罷. 故曰樂正."

매우 뚜렷하다.

하지만 이러한 시각은 당시 사람들의 강력한 요구를 반영하고 있다는 점에서 주목할 만하다. 인심의 조화, 정사의 조화, 사회의 조화는 통치를 오랫동안 공고하게 유지할 수 있었기 때문에 당시 통치자들이 추구하는 목적이었고, 자연계의 조화는 이러한 목적과 밀접한 필요조건이었다. 이러한 측면에서 볼 때 화和는 대중들의 요구에 잘 부합한다. 이로써 사람들이 가장 중요하게 생각한 것은 음악 자체의 화가 아니라 음악이 주는 '사회적 효과로서의 화'라는 것을 알 수 있다. 이러한 견해에는 바람직한 점이 있다. 서로 다른 체계들이 내적으로 일관된 영향 관계를 갖게 하여, 조화로운 예술이 만들어 내는 화평하고 아름다운 사회적 효과를 높이고 긍정하며 추구해 나간다는 것이다.

공자로 대표되는 유가의 화和사상은 선진시기 화를 숭상하는 사상 중의 하나이다. 화에 대한 유가의 시각은 상술한 서주西周나 춘추 말기 사상가들의 견해와 연관이 있으면서도 또한 구별된다. 공자는 "군자는 화합하지만 부화뇌동하지 않으며, 소인은 부화뇌동하지만 화합하지 않는다"[63]라고 하였다. 군자의 '화和'는 각각 다른 견해를 기반으로 하여 조화를 이루려는 것이고, 소인의 '동同'은 각자의 이익을 쟁취하기 위해 동조하는 것이다. '각각 다름'은 화의 전제가 되며 다름이 없다면 화도 없다. 만약 각각 다름이 상호 간의 교류가 없는 상태에서 서로를 방해한다면, 화를 이룰 수 없음이 분명하다.

공자는 사백史伯과 안영晏嬰이 제시한 화와 동에 대한 관념으로써 군자와 소인의 차이를 명확하게 설명하였다. 화和는 사람과 사람 간의 관계이며 또한 군자의 개체 인격이다. '화실생물和實生物'의 관점에서 보면 화는 우호적이고 조화로운 인간관계를 오랫동안 지속시켜 쉽게 무너지지 않게 할 뿐만 아니라,

---

63) 『論語』, 「子路」, "君子, 和而不同, 小人, 同而不和."

군자의 개체 인격이 오래
도록 빛을 발하게 하는 내
재적 근거가 된다. 『논어』
「술이」에는 "공자께서는
남과 함께 노래를 불러 잘
하거든 반드시 다시 부르
게 하시고, 그 뒤에 따라 부
르셨다"[64]라는 말이 있다.

•「공자성적도孔子聖蹟圖」, 명판채회견본明版彩繪絹本,
공자박물관 소장

여기에서의 화는 사람과 사람 간의 정감이 음악을 매개체로 하여 소통하고
상호 교류한다. 신비주의적 색채가 농후했던 화가 비로소 사람들의 직접적인
일상의 만남 가운데로 들어와 친근한 인간미를 물씬 풍기게 된 것이다.

　공자가 화和를 직접적으로 자주 언급하지는 않았지만, 화에 관해 수준 높은
견해를 가지고 있었다. 그의 화에 관한 견해는 중용사상에서 많은 영향을 받았
는데, 이것은 다음 절 '중화'에서 좀 더 자세하게 논의할 예정이다. 『주역』
그중에서도 특히 전국시기나 진秦·한漢시대 즈음에 생겨난 『역전』에는 화를
숭상하는 사상이 두드러지게 나타난다. 예를 들어 『주역』 건괘乾卦 「단전彖傳」에
서는 "건도乾道가 변하여 화함에 각각 성명性命을 바루니, 대화大和를 온전히
보전하여 이에 이롭고 바르다"[65]라고 하였다. 다음은 이에 대한 가오형(高亨)의
해석이다.

　　태화太和=大和는 사계절이 모두 봄이라는 의미가 아니다. 봄은 따뜻하고 여
　　름은 덥고 가을은 시원하고 겨울은 추워, 사계절의 기운이 모두 조화를 이룬

64) 『論語』, 「述而」, "子與人歌而善, 必使反之, 而後和之."
65) 『周易』, 乾卦 「象傳」, "乾道變化, 各正性命, 保合大和, 乃利貞."

*원元 주덕윤朱德潤, 「혼륜도渾淪圖」, 상하이박물관 소장.
이 그림에 있는 주덕윤의 혼륜도찬渾淪圖贊의 머리에는 "혼륜이라는 것은 모나지 않으면서 둥글고, 둥글지 않으면서 모난 것이다"(渾淪者, 不方而圓, 不圓而方)라고 하여 천하만물의 원시상태가 한쪽으로 치우친 것이 아니라 혼연일체되고 불가분적임을 표현하고 있다.

상태를 말한다. 이는 자연법칙을 벗어난 혹서, 혹한, 태풍, 장마, 오랜 가뭄, 때 이른 서리 등이 없는, 즉 특별한 자연재해가 없는 상태이다. 하늘은 태화 의 상태를 온전히 보전하여 만물을 널리 이롭게 하니, 이것이 바로 하늘의 바른 도가 된다.[66]

대화大和는 분명히 우주에서의 가장 위대한 조화이다. 조화를 이루기 위해 서 한편으로는 만사와 만물[서로 다르거나 대립하는 사물 및 대립하는 부분]이 운행하는 가운데 서로 연결되고 교류하며 침투하고 전환되어야 한다. 『역전』에서는 이러 한 표현을 자주 볼 수 있다. "한 번은 음이 되고 한 번은 양이 되는 것이 도이 다"[67], "군셈과 부드러움이 서로 갈리며 팔괘가 서로 섞인다"[68], "군셈과 부드 러움이 서로 미루어 변화를 낳는다"[69], "음과 양이 덕을 합한다"[70] 등을 예로 들 수 있다.

---

66) 高亨, 『周易大傳今注』(齊魯書社, 1979).
67) 『周易』, 「繫辭上」, "一陰一陽之謂道."
68) 『周易』, 「繫辭上」, "剛柔相摩, 八卦相盪."
69) 『周易』, 「繫辭上」, "剛柔相推, 而生變化."
70) 『周易』, 「繫辭下」, "陰陽合德."

다른 한편으로는 이러한 운행 과정 속에서 만사와 만물은 자신의 내적 본질을 지속적으로 유지해야 한다. 예를 들어 『역전』에서의 "건도가 변하여 화함에 각각 성명을 바룬다", "굳셈과 부드러움은 근본을 세우는 것이다"71), "굳셈과 부드러움에 체體가 있다"72)라는 말이 있다. 요컨대 우주에서의 가장 위대한 조화는 만사와 만물이 각각 그 성명性命의 바름을 유지하면서 끊임없이 서로 침투하고 변화하는 운행 과정 속에서 이루어진다는 것이다.

『주역』의 조화관과 안영·공자의 화에 관한 견해에는 명백한 차이가 있다. 안영과 공자가 말한 화는 시종일관 주체의 목적성, 특히 정치적 목적에서 벗어나지 않는다. 그들이 논한 화는 주로 대상과 주체의 조화에 초점을 맞추었고, 사물 간의 관계나 상태의 일반적인 조화에 대해서는 말하지 않았다. 화는 최상의 상태로서 사람에게는 최선의 상태가 된다. 조화를 이루기 위해서는 반드시 사람들이 보기에 바람직한 요소가 있어야 하는데, 만약 바람직한 것이 전혀 없다면 그것은 당연히 제외되어야 한다. 예를 들어 앞에서 인용한 '적체되는 음'(滯陰)이나 '흩어지는 양'(散陽)은 주구의 관점에서 보면 조화를 이룰 수 없는 요소들이다.73) 이 때문에 안영과 공자는 먼저 만사와 만물에서 좋은 요소와 나쁜 요소를 감별鑑別하여 취사取捨하였고, 그런 다음에 바람직한 요소 간의 다양한 연결 관계 및 취사와 전환 관계, 그리고 인간에게 있어서 최선의 상태가 무엇인지를 연구하였다.

혹자는 그들이 만사와 만물 간의 보편적인 연결 관계와 전환 현상을 먼저 살피고, 인간에게 필요한 목적성 측면에서 좋은 요소가 나쁜 요소로 전환되는

---

71) 『周易』, 「繫辭下」, "剛柔者, 立本者也."
72) 『周易』, 「繫辭下」, "剛柔有體."
73) **'적체되는 음'(滯陰)은 여름에 서리와 우박이 오게 하고, '흩어지는 양'(散陽)은 陽이 잠복되지 않아서, 겨울에 얼음이 얼지 않고 오얏나무와 매화나무에 열매가 맺히게 되니, 이는 바람직한 요소가 아니다.

것을 방지하기 위해 만물을 감별하여 취사하였으며, 거기에서 바람직한 요소들의 관계와 상태를 연구한 것이라고 하였다. 그들이 말한 화는 실제로 바람직한 요소 간의 관계와 상태만을 반영하고 있다. 어쩌면 이러한 화는 순수철학이 아닌 정치학과 윤리학에 기초한 철학이라고 할 수 있을지도 모른다.

그러나 『주역』의 조화관 역시 주체의 목적성과 무관하지 않으며 인간을 이롭고 바르게 하는 관점이다. 다만 『주역』은 음양과 같은 상대적 요소들이 대립·연결·침투·전환하는 과정과 이에 따른 대립 요소 간의 가장 보편적이고 일반적인 조화와 관계 구조를 추상적으로 다루고 있다. 분명히 『주역』의 조화관은 안영·공자의 조화관과 맥을 같이하고 있지만, 매우 추상적이고 보편적인 의미를 지닌다. 즉 『주역』은 상당히 철학화된 보편적 조화관이라고 할 수 있다.

화和사상은 안영에서 공자, 그리고 『주역』에 이르기까지 많은 발전 과정을 거쳐 왔다. 이를 종합해 보면, 선진시기의 화를 숭상하는 사상은 다음과 같은 이론적 특징을 가진다. 서로 다른 다수만사·만물와 대립하는 둘음양·강유 등이 서로 연결되고 교류하여 서로 더해 주고 덜어 내며 변화하고 생성하는 운행 과정을 통해, 궁극적으로 최상의 조화로운 통일체가 만들어진다. 이때 조화가 이루어진 것인가에 대한 판단이나 화를 숭상하여 추구하려는 사상은 인간의 강한 목적성과 분리될 수 없다. 하나의 구체적인 사물예를 들면 소리나 맛에서 조화를 추구해야 할 뿐만 아니라, 서로 다른 사물예를 들면 음악이나 사람 간에도 조화가 이루어져야 하며, 더 나아가 우주만물이 추구하는 가장 위대하고 조화로운 경지인 '보합대화保合大和'에 도달해야 한다.

이렇게 화를 숭상하는 사상의 주요 정신은 「악기樂記」로 대표되는 중화미의 또 다른 철학적 토대가 되었다.

## 3. 중화中和

앞서 서술한 내용을 통해 중中 · 중용中庸과 화和는 비슷한 면이 있으면서도 또한 명확한 차이가 있음을 알 수 있었다. 비슷하면 서로를 이루어 줄 수 있고, 다르면 서로에게 도움이 되기 마련이다. 이 둘은 서로 발전하는 과정에서 결합을 이루었고 마침내 새로운 사상적 범주인 중화中和가 탄생하였다. 중화는 본래 철학적 범주이지만, 처음부터 주로 예술음악에 적용되어 예술 이론으로 표현되는 경우가 많았기에 미학적 범주에 속하기도 한다. 그러므로 앞으로 철학적 범주로서의 중화에 주로 초점을 두어 논술하겠지만 때로는 미학의 영역도 포함할 것이다.

사상과 방법론의 원칙으로서의 중 · 중용은 조화관으로서의 화와 큰 차이가 있는 것 같지만, 실제로는 매우 비슷하여 상통하는 부분이 많다. 둘은 모두 주체 및 그 명확한 목적성과 불가분의 관계에 있다. 또 정치학이나 광의廣義의 대책학[74]적인 색채가 짙으며, 변증 정신 또한 뚜렷하다. 이 두 이론의 주안점이나 본질적 특징에는 원래 상당한 차이가 있다. 예를 들면, 중과 중용이 사물 간의 가장 적합한 지점을 추구함으로써 일련의 사상과 방법론의 원칙을 형성했다면, 화는 사물 간의 다양한 관계를 항상 주시하며 세밀하게 분석하여 조화로운 관계 구조나 상태를 추구하였다.

그러나 이러한 차이점에도 불구하고 중 · 중용과 화는 서로 추종하는 경향이 뚜렷하다. 중과 중용도 화와 마찬가지로 사물 간의 관계를 고려하지 않을 수 없으며, 이러한 관계[여러 종류의 대립하는 둘]를 살핀 후에야 비로소 가장 적합한

---

74) 대책론은 일종의 수학적 방법으로 게임 이론이라도 불린다. 여기서는 이 개념을 차용하여 '廣義'를 붙임으로써, 사람이 모든 문제에 직면했을 때 항상 최상의 방법이나 관계 형태와 책략을 찾아 문제를 원만하게 해결하도록 한다.

지점을 판단하게 되어 취사선택을 할 수 있게 된다. 화 역시 가장 적합함을 추구하려는 성질을 가진다. 조화 자체가 바로 조화롭지 못함에 대한 부정이다. 중·중용과 화는 유사점과 차이점이 있고 서로 추종하는 관계에 있기에 결합이 불가피하였고, 그 결과 중화라는 새로운 사상적 범주가 자연스럽게 등장하였다.

중화 이론은 안영晏嬰 등에 의해 처음 형성되었고, 화에 대한 논의 속에 중의 기준을 도입하기 시작했다는 특징을 갖는다. 서주西周 말 사백이 논한 화에 대해, 위민은 "모순되는 관계 간의 전화轉化를 아직 언급하지 않았으며, 그 전화의 정도와 중에 대해서도 언급하지 않았다"[75)고 하였다. 즉 사백이 논한 화에는 중화의 진정한 이론적 특성이 아직 드러나지 않았다는 것이다.

춘추 말기에 이르러 상황은 매우 달라졌다. 화를 논하는 대다수 사상가들이 화에 내포된 가장 적합한 지점과 화의 내재적 근거 및 그 기준에 주목하게 된 것이다. 그중에서도 가장 주목할 만한 것은 이미 앞에서 서술한 안영의 "화는 국을 끓이는 것과 같다"(和如羹焉)라는 유명한 문구이다. 그 문장 가운데 "간이 알맞도록 조미료를 잘 조절하여 맛을 낸다"(齊之以味)라는 말은 여러 가지 맛이 서로 어우러져 알맞게 조절된 맛이 바로 표준의 맛이며, 오미五味를 더해 주고 덜어 내어 취합함으로써 이 표준의 맛을 중심으로 그 둘레에 새로운 기준의 조화통일체를 형성하게 되는 것이다.

이때 기준이 없는 오미五味의 조화란, 과정의 측면으로 보면 단지 맹목적인 배척이나 결합이 될 것이며, 도달한 상태의 측면으로 보면 혼란하고 무질서한 관계일 뿐이다. 안영은 또한 "소리 역시 맛을 내는 것과 같다"(聲亦如味)고 하였다. 음악의 체계는 요리의 체계와 유사하다. 그 안의 모든 요소가 조화를 이루기 위해서는 반드시 하나의 기준이 있어야 한다. "화는 국을 끓이는 것과 같다"(和

---

75) 于民, 『春秋前審美觀念的發展』(中華書局, 1984), p.169.

如羹), "소리 역시 맛을 내는 것과 같다"(聲亦如味)라는 문장을 통해 알 수 있듯이, 안영이 말한 요리나 음악은 모두 화의 본질적 특성을 설명하기 위한 일종의 비유나 예시에 불과하다.

안영의 입장에서는 모든 요소의 화에 반드시 적합한 내적 기준이 있어야 한다. 이러한 기준이 있어야 모든 요소 간에 서로 더해 주고 덜어 내고 스며들어 이루어지는 과정이 알맞게 진행되어 마침내 조화로운 최상의 경지에 이르게 될 것이다. 이 견해가 가지는 보편적 의미는 확실하다. 화는 요리나 음악 체계와 같은 서로 다른 구체적 조화체 속에서 구현될 수 있지만, 그 어떠한 구체적 조화체와도 영원히 일치할 수 없다는 것이다.

이 밖에 동시대 다른 사상가들은 화和의 구체적 기준을 또 다른 측면에서 언급하였다. 예를 들면 정鄭나라 자산子産은 음악을 포함한 모든 사물의 근본 기준으로 '예禮'를 제시하였으며, 단목공單穆公은 음악의 형식 가운데 '도度'와 '절節'의 중요성을 강조하였다. 주구州鳩는 "가는 음은 억누르고 큰 음은 능멸하여 귀로 들어서 변별할 수 없는 것은 조화라고 할 수 없다"[76]고 하였으며, 단목공은 "귀가 화합함을 살피는 것은 청탁淸濁에 있다.…… 악이 귀로 듣는 것에 지나지 않아서,…… 만약 악을 듣고 놀란다면,…… 근심이 이보다 더 심할 수 없다. 귀와 눈은 마음의 핵심 기틀(樞機)이다. 그러므로 반드시 화합하는 소리를 들어야 하고 바른 것을 보아야 한다"[77]고 하였다.

이러한 견해는 음악에서의 화가 반드시 주체의 생리적, 심리적 요인과 수용 능력에 근거해야 한다는 점을 강조한 것이다. 일반적 의미의 모든 화에는 반드시 적합한 내적 기준이 있어야 한다는 것을 인식시키면서도, 서로 다른 측면의

---

76) 『國語』, 「周語下」, "細抑大陵, 不容於耳, 非和也."
77) 『國語』, 「周語下」, "耳之察和也, 在淸濁之間,……夫樂, 不過以聽耳,……若聽樂而震,……患莫甚焉. 夫耳目, 心之樞機也. 故必聽和而視正."

화를 언급할 때는 화의 구체적 기준을 여러 가지로 제시하였다. 이는 이론적 측면이나 실천적 측면에서 중中의 중심 사상이 이미 화和사상에 어느 정도 스며들어 중화中和 이론의 모태가 형성된 것임을 보여 준다.

중화 이론은 공자에 의해 더욱 발전하였으며, 예중의 구체적 기준 중 하나和와 화가 더욱 밀접하게 연관되는 양상을 보인다. 『논어』 「학이」에서 "예의 쓰임은 화를 귀하게 여긴다"[78]라고 하였는데, 여기에서의 화는 소통과 화합을 의미한다. 예의 본질은 근본이 바로 서는 것에 있고 차이를 구별하는 것으로, 곧 존비귀천尊卑貴賤을 구별하는 것에 있다. 예는 사람들을 일정한 사회적 지위에 따라 안정되고 편안한 삶을 살게 하여 각각 서로의 본분을 넘지 않게 한다. 또 사회 각 계층 간의 위계를 분명하게 구분하여 질서정연하게 한다. 그래서 "예를 배우지 않으면 〈자신이 설 마땅한 자리에〉 바로 설 수 없다"[79]라고 한 것이다.

그러나 예가 쓰일 때는 오히려 화를 중요하게 여겨야 한다. 즉 사회적으로 다른 위치에 있는 사람들을 화합하게 하여 서로 어울려 조화를 이루게 하는 것이 중요하다. 이것이 바로 화의 중요한 정신이다. 예의 본질이 '바로 서는 것'(立)[80]에 있지만, 오로지 바로 서는 것만을 논하는 것은 옳지 않다. 이렇게 되면 사회 전체가 정서적 소통이 없는 상태가 되어 화합을 이룰 수 없기 때문이다.

따라서 예를 쓸 때 화를 중요하게 여겨야 한다. 화로써 부족한 부분(교류와 조화가 없는 상태)은 보완해 주고 지나친 부분(인심의 괴리)은 덜어 내야 한다. 예는

---

78) 『論語』, 「學而」, "禮之用, 和爲貴."
79) 『論語』, 「季氏」, "不學禮, 無以立."
80) *『論語』 「季氏」의 '不學禮, 無以立'에 대해 주희가 말하기를 "예를 배우면 〈자신이 행해야 할 구체적인 행동과 관련된 하나하나의 행동거지인〉 품절에 자세하고 밝아지며 덕성이 굳고 단단해져서 능히 바로 설 수 있다"(品節詳明, 而德性堅定, 故能立)라고 하였다. 품절에 자세하고 밝으면 의리에 정밀해지기 때문에 미혹시킬 수 없으며, 덕성이 굳고 단단해지면 굳게 지켜서 흔들리지 않기 때문에 바로 설 수 있는 것이다.

바로 서는 것을 주로 하되, 화로 보완하여 서로 상부상조해야 하기에 하나라도 없어서는 안 된다. 이는 '바로 서면서도 조화로워야 한다'(立而和)라는 말로 표현할 수 있는데, 바로 팡푸(龐樸)가 말한 'A而B'[81]의 형식이다. 이것은 분명 화라는 정신이 중이라는 육체에 깃든 것으로, 나중에 나온 "예가 지나치면 도리어 사이가 멀어진다"[82]라는 말과 깊은 관계가 있다.

화가 예의 본질인 바로 서는 것의 부족함을 보완해 줄 수는 있지만, 만약에 화만을 중요하게 여긴다면 또 다른 실수를 낳게 될 것이다. 즉 원칙 없이 의기투합하게 되면 "부화뇌동하면서 화합하지 않아"[83] 진정한 화를 잃게 된다. 공자는 어떠한 올바른 성향이라도 한계를 넘어서서 올바르지 않은 것으로 변질되는 것을 용납하지 않았다. 따라서 「학이」에서 "화를 알아서 화만 하고 예로써 절제하지 않는다면 이 또한 행할 수 없다"[84]라고 하였다. 이것은 공자가 말한 "예악으로써 절제하기를 좋아한다"[85]라는 말과 밀접하게 관련된다.

"예악으로써 절제하기를 좋아한다"는 말은 한편으로는 만사와 만물이 모두 예악으로 절제되어야 비로소 즐겁다는 것이다. 그러나 다른 한편으로 생각해 보면 지나친 절제는 좋지 않다. 따라서 예악의 절제 작용 자체도 시행되는 과정에서 절제가 뒤따라야 비로소 즐거움이 된다는 것이다. "예로써 바로 서고 악으로써 조화롭게 한다"(禮立樂和)라는 것은 예와 악의 본질적인 표현으로, 이로써 만물을 절제할 수 있다. "예로써 조화롭게 하고 악으로써 절제한다"라는

---

81) 龐樸는 「中庸平議」(『中國社會科學』, 1980년 제1호)의 글과 「儒家辯證法研究」라는 글에서 유가의 중용(중화)사상을 4가지 형식으로 개괄하였다. 그중 'A而B'의 형식은 A가 主가 되고 B는 從이 되는 것을 말한다. 이때 A와 B는 상부상조하기 때문에 하나라도 없어서는 안 된다.
82) 『禮記』, 「樂記」, "禮勝則離."
83) 『論語』, 「子路」, "同而不和."
84) 『論語』, 「學而」, "知和而和, 不以禮節之, 亦不可行也."
85) 『論語』, 「季氏」, "樂節禮樂."

말은 예와 악이 서로 보완하고 서로 절제해야 한다는 것이며, 또한 스스로 보완하고 스스로 절제해야 한다는 의미이다. 즉 자신을 바르게 하여 스스로가 바르게 되면 이로써 만물을 바르게 함에 이르게 된다. 분명 예로써 화를 절제하는 것은, 중의 핵심 사상이 화의 정수精髓로 스며든 것과 같으며, 이후 『예기』 「중용」의 중간 단락에서 말한 "조화를 이루되 〈정도를 넘어서〉 휩쓸리지 않는다"[86]는 말은 이러한 공자의 사상을 이론적으로 개괄한 것이라고 할 수 있다.

우리는 안영 등이 중에 대한 견해기 부족하여 중과 화를 밀접하게 결부시키지 못하였고 따라서 이들이 최상으로 여겼던 것은 '화' 혹은 초보적 수준의 '중화'였음을 알 수 있었다. 반면, 공자의 화和사상은 어디에나 적용할 수 있는 절대적인 좋은 상태가 아니며 상황이 변함에 따라 질적인 변화가 일어나, 이로 인해 가장 적합한 절제를 하는 것이다. 예의 본질인 바로 서는 것과 쓰임인 조화·발전과 절제·이성과 감정 등이 모두 완전하고 유기적인 통일체를 이루어 새로운 관계 구조를 형성하게 된다. 공자가 제시한 최선의 관계 형태가 바로 진정한 의미의 중화인 것이다.

공자의 중화 이론은 구체적이며 다양하게 표현되는데, "우아하게 문식한 외관(文)과 질박한 본바탕(質)이 적절히 조화를 이룬 뒤에야 군자라고 할 수 있다"[87]라는 말이 그 대표적인 예이다. '문질빈빈文質彬彬'을 중의 관점에서 보면 둘[본바탕이 아름다운 외관을 이기는 것과 아름다운 외관이 본바탕을 이기는 것[88]] 사이의 가장 적합한 지점이 중이다. 이것을 화의 관점에서 보면 아름다운 외관과 본바탕이라는 두 요소가 최상의 관계 구조를 형성한 것이다. 이때 중과 화는 따로 분리할 수 없으며 완전하게 하나가 된다.

---

86) 『禮記』, 「中庸」, "和而不流."
87) 『論語』, 「雍也」, "文質彬彬, 然後君子."
88) 『論語』, 「雍也」, "質勝文則野, 文勝質則史."

또 일찍이 공자는 "『시경』 「관저關雎」는 즐거우면서도 지나치지 않고 슬프면서도 조화로움을 해치지 않는다"[89]고 하였다. 이 문장을 나누어 살펴보면 즐거움은 바름이고 지나침은 중이 아니며, 슬픔은 바름이고 화를 해치는 것은 중을 잃은 것이다. 이때 바름은 마땅히 취해야 하며, 중이 아닌 것은 버려야 한다. 이를 전체적으로 보면 슬픔과 즐거움의 감정[서로 교류하여 스며들고, 받아들이고 덜어 내어 변화하는 과정]은 정상적인 것으로 여겨 긍정하지만, 그것들이 각자의 한계를 뛰어넘어 질적으로 나쁜 변화[지나침과 조화를 해치는 상태로 나아가는 변화를 일으키는 것에는 반대한다. 이는 사실상 슬픔과 즐거움의 중화 상태에 대한 긍정이다. "문질빈빈文質彬彬"과 "낙이불음樂而不淫, 애이불상哀而不傷"은 중화사상을 반영하는 대표적인 예로서, 이것은 훗날 중국미학사에서 중요한 미학적 원칙이 되었다. 이로써 공자가 중화라는 말을 직접 사용하지는 않았으나 중과 화의 주요 사상은 서로 영향을 주고받으며 밀접한 관계가 되었고, 이것이 중화 이론으로 발전했다는 것을 알 수 있었다.

또한 적합성 원칙의 중요한 유기적 구성 요소 중 하나인 '시중時中' 역시 화와 명확하게 결합하였다. 『역전』의 "큰 조화를 온전히 보전하고 합한다"[90], "움직임과 고요함이 때를 잃지 않으니, 그 도가 광명하다"[91]라는 문장을 예로 들어보자. 천지우주의 위대한 조화는 만물이 각각 때(時)와 알맞음(中)을 적절하게 얻었는지의 여부와 밀접하게 관련됨을 알 수 있다. "구름이 가고 비가 내려 만물이 형체를 갖춘다"[92]라는 말과 같이, 만약 모든 만물이 각각 적절한 때와 바름(正)을 얻는다면 위대한 조화가 이루어진다. 하지만 그와 반대가 되면 위대한 조화는 이루어지지 않는다. 이는 만물이 시중 정신에 의해 움직이고 멈추어

---

89) 『論語』, 「八佾」, "關雎, 樂而不淫, 哀而不傷."
90) 『周易』, 乾卦 「象傳」, "保合大和."
91) 『周易』, 艮卦 「象傳」, "動靜不失其時, 其道光明."
92) 『周易』, 乾卦 「象傳」, "雲行雨施, 品物流形."

야만이 위대한 조화가 가능하다는 것이다. 분명, 시중은 통일체 내에서 전체적인 조화를 이루게 하는 내적 조절 기제가 된다.

중화 이론은 이미 공자에 의해 이론적 기초가 무르익었으나, 중화라는 개념이 정식으로 제기된 것은 그보다 늦은 순자荀子에 이르러서이다. 하지만 순자가 여러 차례 중화를 언급하면서도 상세한 설명을 하지 않았기에 그의 말만으로는 정확한 뜻을 알기 어렵다. 우선 순자는 자사子思와 맹자의 학문을 크게 비판하며 성악설을 견지했으며, 『중용』 첫 번째 단락의 중화를 맹자의 '천명天命' · '성선性善' · '반신이성反身而誠'93) 등의 사상과 밀접한 관련이 있는 것으로 여겼다. 따라서 순자의 중화와 『중용』 첫 번째 단락의 중화는 확실히 다름을 알 수 있다. 두 번째로 순자의 「악론樂論」과 『예기』 「악기」의 문장은 서로 같은 부분이 많고 사상 또한 통하는 점이 있으며, 공통적으로 '중화지기中和之紀'를 표방한다.94) 이러한 점으로 보면 「악론」의 중화의 원리와 이 글에서 논한 중화사상은 무관할 수 없다.

세 번째로 비록 순자의 학설이 순수한 공자의 학문과는 다르다고 하지만 그 자신은 공자의 학설을 계승한다고 자처하였으며, 공자와 자궁子弓95)을 추앙하였다. 「악론」 가운데 일부 예악사상은 공자의 예악사상과 분명히 통하는 점이 있다. 따라서 순자가 말하는 중화는 공자의 중화사상, 그리고 이 글에서 논한 중화사상과도 관련이 있다. 이 세 가지를 종합해 볼 때, 순자의 중화와 이 글에서 논한 중화는 대체로 같은 사상이라고 해도 과언이 아니다.

---

93) *『孟子』, 「盡心上」, "萬物皆備於我矣. 反身而誠." 만물의 이치는 모두 나에게 갖추어져 있으므로 '자신을 돌이켜 성실해야 한다'(反身而誠)는 의미이다.

94) *출처: 『禮記』, 「樂記」, "樂者, 天地之命, 中和之紀."; 『荀子』, 「樂論」, "故樂者, 天下之大齊也, 中和之紀也."

95) *순자가 높인 子弓이 누구인지에 대해서는 다양한 학설이 있다. 순자는 『荀子』 「非十二子」에서 여러 차례 자궁을 언급하는데, 이 자궁이 공자의 제자인 仲弓이란 설을 비롯하여 馯子弘, 子貢이란 설도 있다.

이처럼 대체로 완전해진 이론의 내적 함의에 새로운 이론의 개념을 더해, 중화사상은 한층 더 성숙하고 완벽해졌다. 그러나 철학적으로 볼 때 이 글에서 논한 선진시기의 중화 이론은 전체적으로 결함을 드러내고 있다. 어떠한 전적典籍에서도 그 이론의 내적 함의와 개념을 명확하고 완전하게 유기적으로 결합하지 못했다는 것이다. 이러한 점은 후대에 중화사상을 이해하는 데 큰 어려움으로 작용하였다.

이제 우리는 중화 이론의 발생과 발전 그리고 이론적 특징을 간단하게 도출해 볼 수 있게 되었다. 중화는 선진시기의 상중尙中사상·공자의 중용사상·선진시기의 상화尙和사상이 결합하여 이루어진 것이다. 중과 화는 둘 사이의 유사점, 차이점 및 상호 추종하는 관계 속에서 발생하고 발전하였으며, 이로 인해 중화 이론 역시 발생·발전하여 이론적 기초가 형성되었다.

중화 이론은 춘추시기 말에 안영 등에 의해 구체화되기 시작했고, 공자에 이르러 이론적 체계가 갖추어졌으며, 순자가 제시한 이론 개념이 더해지면서 한층 더 발전하였다. 그 이론의 주요 특징은 화라는 정신이 중이라는 육체에 깃든 것이며, 중의 핵심 사상이 화의 정수精髓로 스며든 것이라고 할 수 있다. 화和는 중화의 주도적인 측면으로, 중화를 하나의 보편적인 조화관으로 만든다. 또 통일체 내의 다르고 상반된 여러 요소를 대립·연결하고 서로 돕고 덜어내게 하며 전화하고 생성하게 하는 운동 과정이며, 이로 인하여 형성된 여러 다른 요소들 사이의 조화로운 관계 구조, 혹자가 말하는 통일체 전체의 조화로운 상태를 강조하고 긍정하게 한다.

중녀적합성의 원칙은 중화의 내재적 정신으로, 중화로 하여금 적합함을 추구하게 한다. 또 동태動態적인 조화 과정에서 반드시 중을 기준으로 삼도록 하며, 정태靜態적인 조화 관계에서도 반드시 중을 내재적 근거로 삼도록 요구한다. 중과 중용은 본래 유가의 변증법이며 화에도 역시 변증법적 요소가 풍부하다.

더욱이 중과 화 둘은 일종의 변증법적 관계이기 때문에, 중화는 실로 변증법적 조화관이라 할 수 있다.

이 밖에 주체의 목적성을 특별히 강조하고 이를 통해 문제를 바라보는 것은 중과 화의 공통된 특징이다. 또한, 대상의 중中·화和 여부는 대상과 인간이 가지는 긍정적 혹은 부정적 가치와 밀접하게 관련된다. 따라서 중과 화의 측면에서 내리는 모든 판단은 일종의 가치 판단이라고 할 수 있다. 이러한 중과 화의 결합체인 중화 역시 그로 인해 가치론적 색채를 띤다. 대상의 중화中和 여부 또한 인간의 긍정적·부정적 가치와 밀접하게 관련되며 주체 자신의 목적에 따른 가치 판단이 중요한 것이다.

이상의 내용을 종합해 보면, 중화는 적합성의 원칙을 내재적 정신으로 하는 변증법적·가치론적 색채를 띤 보편적 조화관이다. 중화는 선진시기의 상중尙中 사상·공자의 중용中庸 사상적합성의 원칙의 주요 정신을 철학적 기반의 유기적 구성체의 하나로 여기고, 선진시기 상화尙和 사상의 주요 정신을 철학적 기반의 또 다른 유기적 구성체로 삼았다. 이로써 중과 화의 결합체인 중화 이론은 완벽한 철학적 기반을 형성하게 된 것이다. 바로 이러한 까닭에 「악기」로 대표되는 중화미와 같은 보편 예술의 조화관이 중국미학사에서 발생·발전하고 나아가 더욱 성숙하게 된 것이다. 그리고 마침내 중국의 전통 심미 관념으로 확고하게 자리 잡았으며, 중화민족의 심미심리 구조에서 중요하고 긍정적인 의미가 풍부한 유기적 요소가 되었다.

# 제3장

## "악樂은 천지의 조화이다"*
### ―보편 예술의 조화관으로서의 중화미(중)

　　앞 장에서 「악기」로 대표되는 중화미의 철학적 기초에 대해 논하였다. 일반적으로 필자가 이해하고 있는 「악기」로 대표되는 중화미는 대체로 그 철학적 기초와 비슷한 이론적 특징을 가지고 있지만, 주로 예술이나 미학의 영역 안에서 표현될 뿐이었다. 이 장에서는 먼저 「악기」 이전의 중화미에 대해 간략히 살펴본 후, 「악기」의 중화미사상을 집중적으로 탐구하고, 마지막으로 중화미의 미학적 특징에 대해 종합하고 개괄할 것이다.

## 1. 「악기」 이전의 중화미 이론

　　우리는 앞 장에서 「악기」 이전의 중화미에 대해 충분히 논하였다. 예를 들어 안영·주구·단목공 등이 화를 논할 때 그 기준으로 중을 도입하였으며, 중화 이론은 그들에 의해 최초로 형성되었음을 밝혔다. 주목할 점은 그들의

---

* 『禮記』, 「樂記」, "樂者, 天地之和也."

중화사상은 대부분 악樂 이론의 형식을 빌려 표현되었다는 것이다. 또 중화 이론이 공자에 의해 크게 발전하였으며, 아울러 그 기초가 성숙하였음을 살펴보았다. 여기에서 중요한 점은 공자의 중화사상이 「관저關雎」시의 평론을 통해 전형적으로 표출되었다는 것이다.[1] 이러한 악樂 이론이나 시가詩歌의 평론 형식으로 표출된 중화사상은 중화미 이론의 구체적 표현이라고 할 수 있다. 여기에서는 「악기」 이전의 중화미 이론에 관해 간단하게 두 가지만 더 거론하려고 한다.

공자에 의해 발전된 중화 · 중화미 사상은 곧 지대한 영향을 미쳤다. 『춘추좌씨전』 양공襄公 29년조에 실려 있는 오吳나라 공자 계찰季札[2]의 송頌[3]에 대한 유명한 평론[4]이 바로 명확한 예이다. 계찰은 송에 대해 다음과 같이 말하였다.

> 지극하구나! 곧으면서도 오만하지 않았고, 굽히되 굴복하지 않았으며, 친근하되 핍박하지 않았고, 소원하되 사이가 벌어지지 않았으며, 옮겨 다녔으되 음탕에 이르지 않았고, 반복하되 싫어하지 않았으며, 슬퍼하되 근심하지 않았고, 즐거워하되 주색에 빠지지 않았으며, 사용하여도 부족하지 않았고, 마음이 광대하되 스스로 드러내지 않았으며, 은혜를 베풀되 허비하지 않았고, 취하기는 하되 탐하지 않았으며, 조용히 거처하되 정체하지 않았고, 행하되 방탕하지 않았다. 오성五聲이 어울리고 팔풍八風이 조화로웠으며, 박자에 법도

---

1) *공자는 『論語』 「八佾」에서 關雎 시에 대해 "즐거우면서도 지나치지 않고 슬프면서도 조화로움을 해치지 않는다"(關雎, 樂而不淫, 哀而不傷)고 평론하였다.
2) *季札: 吳王 壽夢(B.C.585~B.C.561 재위)의 네 아들 중 막내이다. 형제 중 가장 현명하여 수몽이 일찍이 그를 후계자로 지명했으나, 세 형을 위해 사양하여 받지 않았다. 비록 왕위에는 오르지 않았지만 세 형을 보좌하며 오나라의 부강을 이끌었다.
3) *頌: 『詩經』에 나오는 작품을 그 문체에 따라 분류한 명칭 중 하나로, 종묘의 제사 때에 선조의 공덕을 찬탄하여 신에게 고하는 노래를 지칭한다.
4) 계찰이 악을 관찰했을 당시 공자는 아직 어렸고, 안영 등도 화 · 중화의 견해를 말하지 않았으며, 중화사상 역시 아직 이론적 실마리를 드러내지 못했다. 따라서 계찰 역시 유가사상과 중화사상에 관해 뚜렷한 견해를 갖추기 어려웠을 것이다. 아마도 계찰의 평론은 戰國시대 『春秋左氏傳』 편찬자의 사상이 반영된 것으로 보인다.

가 있고 악기의 연주에 차례가 있으니 성대한 덕은 모두 똑같다.[5]

『시경』송頌은 바람직한 요소 14가지를 모두 받아들였으며, '지나치다'[질적 변화]고 여겨지는 14가지의 바람직하지 않은 요소는 제거하였다. 또 바람직한 요소들을 둘씩 짝지어 부족한 부분을 보완하여 악곡 전체에 내재된 절도와 질서로써 전체적인 조화를 이루게 하였다. 계찰의 평론은 언어의 형식에서부터 사상의 본질에 이르기까지 공자의 "낙이불음樂而不淫, 애이불상哀而不傷"과 일치하는데, 특히 후자에 대해 더 상세히 평론하였다.

다음은 이와 관련한 맹자의 사상을 간략히 논하고자 한다. 맹자의 화和에 관한 사상은 비교적 적은 편이다. 하지만 그가 특별히 강조한 '여민동락與民同樂'[6]은 군신·백성 간에 정감의 교류와 화합을 중시하면서도 예술로 사람들을 화합하게 하여 태평한 세상에 이르게 하는 특수한 기능을 가진다. 이는 선진시기에 화를 숭상했던 사상과도 통한다. 맹자의 훌륭한 점은 그의 뛰어난 시중時中 정신과 '여민동락'을 유기적으로 결합한 데 있다. 제齊나라 선왕宣王은 자신이 선왕先王의 음악이 아닌 세속의 음악을 좋아하는 것에 대해 부끄럽게 여겼다. 이에 대해 맹자는 "지금의 음악이 옛 선왕의 음악과 같습니다"라며 제나라 선왕을 깨우쳤다.[7]

주희는 『맹자집주孟子集註』에서 범씨范氏[8]의 주석을 인용하여 "실제로 지금

---

5) 『春秋左氏傳』, 襄公 29年條, "至矣哉. 直而不倨, 曲而不屈, 邇而不偪, 遠而不攜, 遷而不淫, 復而不厭, 哀而不愁, 樂而不荒, 用而不匱, 廣而不宣, 施而不費, 取而不貪, 處而不底, 行而不流. 五聲和, 八風平, 節有度, 守有序, 盛德之所同也."

6) *與民同樂: 왕이 백성들과 더불어 즐거움을 함께 나눈다는 뜻이다. 맹자는 仁義와 德으로써 다스리는 王道정치를 주창하였는데, 그 바탕에는 백성을 정치적 행위의 주체로 보는 民本사상이 깔려 있었다. 이 때문에 맹자는 전국시대 왕들과의 대화에서 여러 차례 이에 대해 말하였다.

7) 『孟子』, 「梁惠王下」, "王變乎色曰, 寡人非能好先王之樂也, 直好世俗之樂耳. 曰,……今之樂, 由古之樂也."

「맹자상孟子像」

음악과 옛 음악이 어찌 같을 수 있겠는가. 다만 백성과 함께 즐거워한다는 뜻은 예나 지금이나 다름이 없을 뿐"9)이라고 하였다. 또 양씨楊氏10)의 주석을 인용하여 "음악은 조화를 위주로 하는데 사람들이 왕의 북소리와 피리소리를 듣고 얼굴을 찡그린다면, 비록 황제黃帝의 음악(咸)·제곡帝嚳의 음악(英)·순舜임금의 음악(韶)·탕湯왕의 음악(濩)을 연주한다고 하더라도 정치에 도움이 되지 않을 것이다. 그러므로 맹자가 제나라 선왕에게 이것을 말하여 우선 그 근본을 바로잡았을 뿐"11)이라고 하였다. 이 두 가지 주석으로 맹자의 뜻을 알 수 있다. 맹자는 백성들의 마음을 즐겁게 하여 단결시키고 화합하는 것을 음악의 본질과 주요 기능으로 삼은 것이다.

이것은 선진시기 다른 사상가들의 견해와도 일치한다. 다만 화和를 시중時中 정신과 확실하게 결합한 것은 맹자가 처음이다. 시대의 변화 속에서 음악의 본질과 기능은 불변하는 것이지만, 구체적인 역사의 내용과 예술의 형식 등은 때에 따라 변화한다. 이러한 불변과 변화는 부정적인 것이 아니라 긍정적이다. 이처럼 맹자는 처음으로 시중과 화여민동락를 미학의 영역과 결합하였다.

결론적으로 말해 중화 이론의 발전과 함께 중화의 심미審美 관념은 선진시기

---

8) *范氏: 북송의 范祖禹를 말한다. 자는 淳甫 또는 夢得이다. 仁宗 嘉祐 8년(1063)에 進士가 되었다. 司馬光 밑에서 『資治通鑑』을 편수했고 책이 완성되자 秘書省正字에 임명되었다. 젊어서 二程(程顥와 程頤)을 사사했으며 사마광의 학문을 추종했다.

9) 『孟子集註』, 「梁惠王下」, "其實, 今樂, 古樂, 何可同也. 但與民同樂之意, 則無古今之異耳."

10) *楊氏: 북송 말의 유학자 楊時(1053~1135)로 二程의 도학을 전하여 洛學(二程)학파의 大宗이 되었다. 낙학에서는 朱熹·張栻·呂祖謙 등 뛰어난 학자가 많이 배출되었다.

11) 『孟子集註』, 「梁惠王下」, "樂以和爲主, 使人聞鍾鼓管絃之音, 而疾首蹙頞, 則雖奏以咸英韶濩, 無補於治也. 故孟子告齊王以此, 姑正其本而已."

에 상당히 발전하였으며, 이것은 중화미가 「악기」에서 이론적 기초를 완성하기 위한 훌륭한 토대가 되었다. 궁극적으로는 중화미가 중국의 심미 심리 구조에서 중요한 유기적 구성 요소가 될 수 있는 토대를 최초로 마련한 것이라고 할 수 있다.

## 2. 「악기」에서 논한 중화미

중화미는 「악기」[12]의 논지論旨 중 하나이다. 중화미라는 미학적 범주는 「악기」에 이르러 그 기초가 완성되었다.

「악기」의 사상은 비교적 복잡하여 음양오행과 유가 여러 학파子思·思·맹자孟子·순자荀子학파 등의 사상을 포함하고 있다. 하지만 전반적으로 보면, 「악기」에서 논한 중화미와 그 모든 사상은 공자로 대표되는 유가사상 가운데 공자와 『주역』에서 받은 영향이 가장 크다. 이러한 영향은 구체적 사상과 내용에 표현되었을 뿐만 아니라, 사유 방식이나 문제를 바라보는 관점·태도 및 방법에도 명확하게 드러나 있다. 「악기」에는 매우 심각한 내재적 모순이 존재한다.

한편으로는 유가의 전통적인 관점에 따라 정치학의 실용적 공리주의 관점

---

12) 「악기」는 중국 고대의 비교적 체계적인 음악·미학 저작이다. 작자와 성립된 연대에 대해서는 정설이 없다. 郭沫若는 「악기」의 작자가 公孫尼子라고 하였는데, 당대 많은 학자가 이 설에 찬성하였다. 공손니자를 공자의 제자 또는 공자의 再傳제자라 본다면 「악기」가 만들어진 연대가 더 빨라야 한다. 때문에 공손니자의 작품이 아니라고 보는 학자도 적지 않다. 葉朗의 『中國美學史大綱』(上海人民出版社, 1985), 149쪽에 있는 견해를 참고할 만하다. "「악기」의 내용을 보고 필자는 「악기」를 漢代 사람들이 엮었다고 생각하였다. 「악기」가 한대에 편찬되었다고 해서 완전히 한나라 사람들만의 사상을 반영한 것은 아니다. 「악기」에는 한대 사람들의 사상도 일부 반영되었으나 주요 내용은 戰國 말기 이전 사상으로 보인다. 그러므로 「악기」의 미학은 기본적으로 先秦 미학의 범주에 속한다고 할 것이다."

에서 모든 구체적인 문제를 분석한다. 그러나 다른 한편으로는 철학화된 『주역』의 관점을 받아들여 철학적 관점에서 수많은 자연과 사회현상에 대해 가장 일반적인 분석을 한다는 것이다. 이렇게 「악기」는 서로 연결되고, 위배 혹은 이반 되었다가 다시 결합하는 두 가지 사상적 힘을 가지게 되었다. 광활하고 심오한 철학사상은 구체적인 문제에 관해 하나하나 탐구하는 옛 방식에서 시작하여 그것을 뛰어넘고자 하지만, 정치학의 목적과 관점이 내부에서 견제하지 않는 경우가 없다. 따라서 그 사상이 진정으로 범속을 초월하여 순수철학의 신성한 전당에 들어서는 것을 어렵게 한다. 철학이라는 날개가 정치학의 울타리를 완전히 뚫고 자유롭게 끝없이 날아오르게 하는 것이 아니라, 철학이라는 달리는 준마에 정치학의 고삐를 매어 철학을 정치학의 주요 목적에 이용하였다.

정치학적 체계와 철학적 체계의 연계와 대립, 상반되면서도 서로 이루어 주려는 특성은 「악기」의 독특하고 완전한 사유의 틀이 된다. 예를 들어 공자는 간략함을 숭상하였고 「악기」역시 간이簡易함을 숭상하였지만, 두 사상의 내용과 형식은 다르다. 공자가 "경敬에 거하며 간이함을 행한다"13)라고 한 것은 그의 정치학과 인생철학에서 비롯된 것이다. 반면에 「악기」의 "위대한 악은 반드시 쉽고, 위대한 예는 반드시 간략하다"14)는 것은 비교적 깊은 철학사상을 배경으로 한 것이다.

『주역』「계사전繫辭傳」에는 "건乾은 간이한 것으로써 주관하고 곤坤은 간략함으로써 능하니, 간이하면 주관하기 쉽고 간략하면 따르기 쉬우며, 간이하게 주관하면 친함이 있고 간략하게 따르면 공功이 있으며, 친함이 있으면 오래할 수 있고 공이 있으면 크게 할 수 있다.…… 간이하고 간략함에 천하의 이치가 얻어진다"15)라고 하였다. "간이하고 간략하기에 오래 할 수 있고 크게 할 수

---

13) 『論語』,「雍也」, "居敬而行簡."
14) 『禮記』,「樂記」, "大樂必易, 大禮必簡."

있다"라는 『주역』의 철학사상은 「악기」의 사상과 밀접하게 관련된다.

그러나 「악기」에서 간략함을 추구하는 궁극적인 목적은 예악이 오래도록 전해져 큰 효과를 거두고 인심을 조화롭게 함으로써 사회를 잘 다스리는 데에 있으며, 최종적으로는 유가사상의 제약을 받도록 하는 데에 있다. 이러한 「악기」의 심각한 내재적 모순 혹은 독특한 사유에 대해서는 아직 아무도 지적하지 않은 것 같다. 본서에서 이에 대해 간략하게나마 서술한 이유는 「악기」에서 논하는 중화미를 정확하게 인식하는 데에 도움을 줄 수 있기 때문이다.

「악기」의 중화미에 대한 시각은 화和에 관한 많은 문장과 주석 그리고 「악기」에서 화를 추앙하는 내용을 통해 알 수 있다. "위대한 악은 천지와 조화를 함께하고,…… 조화를 이루기에 만물이 본성을 잃지 않는다"[16], "악은 천지의 조화이다.…… 조화를 이루기에 만물이 모두 따라서 변화한다"[17]라는 것이 대표적이다. 천지의 모든 만물은 반드시 조화를 귀하게 여겨 조화를 이루어야만, 만물이 풍성히 자라나고 끊임없이 생성될 수 있다. 이러한 사상은 『주역』 건괘乾卦 「단전彖傳」의 '보합대화保合大和'사상과 밀접하게 관련된다. 그렇다면 천지의 조화(天地之和)는 과연 어떤 모습이며, '만물화생萬物化生'의 근거인 화和의 실체는 도대체 무엇인가? 이에 대해 「악기」에서는 다음과 같이 상세히 설명하였다.

> 땅의 기운은 위로 오르고 하늘의 기운은 아래로 내려오며, 음양은 서로 부딪치고 천지의 기운이 서로 섞여, 우레와 천둥으로 고동치며 바람과 비로 북돋우며, 사계절에 따라 움직이고 해와 달에 의해 따뜻하게 되어, 만물의 화육과

---

15) 『周易』, 「繫辭上」, "乾以易知, 坤以簡能, 易則易知, 簡則易從, 易知則有親, 易從則有功, 有親則可久, 有功則可大.……易簡而天下之理得矣."
16) 『禮記』, 「樂記」, "大樂與天地同和,……和故百物不失."
17) 『禮記』, 「樂記」, "樂者, 天地之和也.……和故百物皆化."

제3장 "악樂은 천지의 조화이다" 77

생장이 일어난다. 이와 같이 악樂은 천지의 조화이다.[18]

　이 문장은『주역』「계사」의 "강유剛柔가 서로 부딪치고 팔괘가 서로 섞인다"[19]는 것에서 연유하여 이것을 취사·수정하고 묘사한 것으로, 퇴고해 볼 만한 가치가 있다. 여기에는 다음과 같은 내용이 담겨 있다.

　첫째, 우주의 만사와 만물은 대립·운동과 상호작용을 하고 있다는 점이다. 천기天氣와 지기地氣·음양陰陽과 강유剛柔는 서로 대립하다가도 도리어 각자 대립하는 방향으로 운동·전화轉化하여 서로 보완하고 섞이게 된다. 둘째, 풍격[20]의 시각에서 보면 만물이 서로 부딪치고 섞이는 과정에서 모든 정상적인 풍격들이 존재하며 아울러 운동에 참여할 정당한 권리를 가진다는 점이다. 셋째, 일정한 시공간 내에서 하나의 요인이 주도적인 역할을 하는 것을 허용한다는 것이다. 풍격으로 예를 들면 천둥과 우레의 고동침, 바람과 비의 북돋움, 여름의 절정 등은 매우 웅장하고 건장한 풍골風骨을 나타낸다. 한편 봄날의 온화함, 가을 달의 청명함 등은 맑고 아름다운 정신을 드러낸다. 일시적 상황에서 조화를 이루기 위한 요소 가운데 어느 하나가 주도적인 역할을 하는 것은 정상적이면서도 꼭 필요한 현상이다. 넷째, 만물이 발전하는 일정 단계에서 볼 때, 다수 또는 둘 사이에서 하나의 극단으로 치우치는 현상이 일어날 수도 있다는 것이다. 전체의 시간과 공간을 한계로 할 때 이러한 현상은 전체 범위의 조화를 이루기 위해 꼭 필요한 요소이기 때문이다. 봄에는 꽃이 피고 가을에는 달이 밝으며 여름에는 비가 오고 겨울에는 눈이 내린다. 이처럼 사계절이 갈마들며

---

18)『禮記』,「樂記」, "地氣上齊, 天氣下降. 陰陽相摩, 天地相蕩, 鼓之以雷霆, 奮之以風雨, 動之以四時, 煖之以日月, 而百化興焉. 如此則樂者天地之和也."
19)『周易』,「繫辭上」, "剛柔相摩, 八卦相盪."
20) *일반적으로 風格이란 물질적·정신적 창조물에서 보이는 면모나 모습을 의미한다. 이는 어느 時代·民族·流派 또는 개인의 문예 작품에 표현된 주요한 사상적·예술적 특징을 포함한다. 여기에서는 자연의 운행으로 만물이 드러내는 모습을 의미한다.

각각의 경치가 달라지면서 마침내 일 년이라는 전체 범위의 조화를 이루게 된다. 만약 하나의 계절이 다른 세 계절과 특별히 다른 점이 없다면, 비록 모든 것이 꽃다운 봄, 훈훈한 바람의 온화함과 같을지라도 일 년이라는 큰 범위에서 보면 이것은 조화를 잃은 것이 된다. 다른 세 계절이 없다면 봄도 자취를 감출 것이며, 일 년이 없어진다면 어떻게 일 년의 조화를 논할 수 있겠는가?

「악기」의 "사계절에 따라 움직인다"라는 말은 바로 일 년 전체의 조화를 추구한 것임이 확실하다. 이렇게 만물을 화육하고 생장시키는 조화는 시공간과 만물을 가득 채우는 가장 보편적인 조화 관계이며, 천지우주에 충만한 위대한 조화 관계라고 할 수 있다. 또한 "악樂은 천지의 조화"라는 말은 「악기」의 저자가 악樂이야말로 가장 보편적인 조화 관계를 구현하는 것으로 인식하고 있음을 보여 준다.

이러한 조화 관념에 기초하여 음악예술의 풍격 문제를 살펴보면, 「악기」는 여러 각도에서 음양강유陰陽剛柔에 대한 다양한 예술 풍격을 광범위하게 포용하고 있다. 예를 들어 「악기」에서는 다음과 같이 말하였다.

크면서도 조화롭고 느리면서 평이하며 문식文飾이 많고 간략한 가락의 음들이 연주되면, 백성들은 안심하고 즐거워한다. 거칠고 사나우며 맹렬하게 처음을 일으키고 진동하며 끝마치고 크고 성내는 음들이 연주되면, 백성들은 강직하고 굳세다. 반듯하고 곧으며 굳세고 바르며 장엄하고 성실한 음들이 연주되면, 백성들은 엄숙하고 공손하다. 관대하고 너그러우며 옥처럼 매끄럽게 빛이 나고 순조롭게 이루어지며 조화롭게 움직이는 음들이 연주되면, 백성들이 자애롭다.[21]

「악기」에서 백성들의 안심과 즐거움(康樂)·굳셈과 강직함(剛毅)·엄숙함과 공손함(肅敬)·자상함과 사랑스러움(慈愛)은 모두 선한 것이다. 이 때문에 백성을 교화시켜 건전한 성정을 함양할 수 있는 음악과 그 음악이 보여 주는 다양한 예술 풍격을 모두 극찬한 것이다.

유가의 정치·윤리학적 측면에서 보더라도 「악기」에는 다양한 음악예술 풍격을 두루 중시할 만한 충분한 이유가 있다. "악은 천지의 조화이다", "조화를 이루기에 만물이 본성을 잃지 않는다"라는 것에서 드러난 보편적 조화 관념은 바로 「악기」가 다양한 음악예술 풍격을 중시한다는 철학적 근거가 된다.

어떤 연구자는 「악기」가 주로 '화유和柔[조화롭고 부드러움]'의 예술 풍격을 추구한다고 하였다. 이러한 주장에는 이유가 있겠지만, 한번 의논해 볼 가치가 있다. 실제로 「악기」에서는 음유陰柔[화유和柔]를 포함의 풍격을 중시하면서도, 동시에 양강陽剛의 풍격 또한 매우 숭상한다. 앞에서 말한 "우레와 천둥으로 고동친다"라는 문장 외에, 악무樂舞와 악기樂器에 대한 구체적인 평가에서도 양강을 숭상하는 성향은 뚜렷하게 드러난다. 예를 들어 「악기」에서는 일찍이 공자의 말을 빌려 무악武樂[22]을 찬양하였는데, 그 중 "손발을 세차게 놀려서 뛰기를 맹렬히 하는 것은 태공太公의 전의戰意를 나타낸다"[23]라고 하였다. 이에 대해 공영달孔穎

---

21) 『禮記』, 「樂記」, "嘽諧, 慢易, 繁文, 簡節之音作, 而民康樂. 粗厲, 猛起, 奮末, 廣賁之音作, 而民剛毅. 廉直, 勁正, 莊誠之音作, 而民肅敬. 寬裕, 肉好, 順成, 和動之音作, 而民慈愛."
22) *武樂: 周나라 武王을 주제로 한 舞樂이다. 이 내용은 무왕이 그의 軍師인 太公望과 함께 紂王을 정벌하러 가는 상황을 묘사한 것이다.
23) 『禮記』, 「樂記」, "發揚蹈厲, 大公之志也."

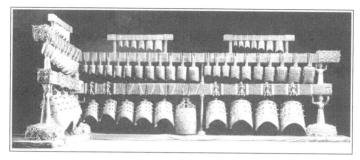

達은 소疏에서 "무악의 춤에서 손발을 세차게 놀려서 뛰기를 맹렬히 하는 것은 태공의 위무威武를 떨치는 뜻을 형상한 것[24]"이라고 하였다. 또 「악기」에서는 금종金鐘 소리의 특징을 다음과 같이 말하였다.

> 종소리가 쩌렁쩌렁 울리니, 쩌렁쩌렁 울려서 호령하고, 호령하여 융성한 기
> 운을 세우고, 융성한 기운을 통해 무위武威를 세운다.[25]

공영달은 이에 대하여, "금종의 소리가 쩌렁쩌렁 울린다.…… '갱鏗'은 쩌렁 쩌렁 울리는 굳세고 강한 소리이다. 그러므로 이를 통해 호령의 기상을 세울 수 있다.…… 융성한 기운이 충만함을 이른다. 만약 호령에 위엄이 있으면 군사 가 용감해지고 씩씩한 기상이 충만하다.…… 씩씩한 기상이 충만하기에 무사武 事를 이룰 수 있다"[26]라고 하였다.

이 밖에도 다양한 악기를 평론할 때 종에 대한 평론으로 시작하는 것은

---

24) 孔穎達, 『禮記正義』, 「樂記」, "言武樂之舞, 發揚蹈厲, 象大公威武鷹揚之志也."
25) 『禮記』, 「樂記」, "鍾聲鏗, 鏗以立號, 號以立橫, 橫以立武."
26) 孔穎達, 『禮記正義』, 「樂記」, "言金鍾之聲, 鏗鏗然也.……言鏗是堅剛, 故可以興立號令
也.……謂橫氣充滿也. 若號令威嚴, 則軍士勇敢而壯氣充滿.……言壯氣充滿, 所以武事可
立也."

순전히 우연일까? 아니면 양강의 기질을 가진 악기에 대한 각별한 관심일까? 결국, 무악과 금종에 대한 이러한 평가는 웅장한 자태와 기개가 장대한 산하와 같은 양강미에 대한 찬사일 것이다.

「악기」에서 음유의 풍격을 중시함과 동시에 양강의 풍격 또한 숭상하는 데에는 깊은 철학적 배경이 있다. 첫째, 건乾과 양강을 숭상하는 『주역』에서 영향을 받은 것이다. 「악기」의 "악은 하늘에서 근원하여 만들어지고, 예는 땅을 바탕으로 제정되었다"27)라는 예악의 기원에 관한 내용이나 『역전』의 "하늘은 높고 땅은 낮다"28)와 같은 사상을 「악기」에서 한층 더 강조한 것이 바로 그 예이다. 비록 「악기」에서 땅에 속하는 예와 음유가 실제로 낮다는 뜻은 아니지만, "하늘이 높다"라는 문장도 단순한 의미는 아니다. 이것은 하늘에 속하는 악과 양강을 모두 숭상한다는 의미이다. 둘째, 「악기」에서 양강의 풍격을 숭상하는 것은 보편적 조화관과도 밀접한 관련이 있다. 단지 음유만이 중시되고 대대對待하는 양강이 없다는 것은 요소들 사이의 대립과 연결·교류와 상호 침투·전화轉化하여 융합하는 운동 과정과 일반적인 조화 관계를 강조하는 「악기」의 조화관에서 보면 결코 용납될 수 없는 일이다. 따라서 「악기」에서 음양강유陰陽剛柔의 수많은 예술 풍격이 모두 중시되는 것은 매우 당연한 일이다.

「악기」의 중화미에 대한 관점은 「악기」에서 중中을 매우 강하게 추구하는 현상에서도 알 수 있다. "위대한 예는 천지와 더불어 절도를 함께한다"29)는 것은 천지의 만물은 반드시 절제되어야 하며, 멋대로 부적절한 상황으로 나아가서는 안 됨을 의미한다. 또 좋아하고 싫어하는 사람의 감정 또한 절제가 없어서는 안 되며, 반드시 인도人道의 바름을 추구해야 한다.30) "이 때문에 선왕先王이

---

27) 『禮記』, 「樂記」, "樂由天作, 禮以地制."
28) 『周易』, 「繫辭上」, "天尊地卑."
29) 『禮記』, 「樂記」, "大禮與天地同節."
30) *좋아하고 싫어함(好惡)의 감정이 명확해야만 是非正邪를 구분할 수 있어 천하의 질

예악을 제정하여 사람을 절제하도록 하였다."[31] 예악의 임무가 이처럼 막중하더라도 예와 악이 제멋대로 발전할 수는 없으며 절제하는 기능 또한 절제를 받아야 한다는 것이다. "악이 지나치면 방탕한 데로 흐르고"[32], "예가 지나치면 도리어 사이가 멀어지기"[33] 때문이다.

「악기」 전체에서는 예악이 한쪽으로 치우치는 것에 반대한다. 이는 둘의 결합이 반드시 똑같은 분량으로 균등해야 함을 말하는 것이 아니라, 한쪽이 상대방을 완전히 떠나 질적인 변화를 일으켜 부적절한 상황으로 발전하는 것에 반대하는 것이다. 이는 상대에 대해 대립과 보충·절제를 주장함으로써 자기와 상대방이 적절한 한계를 넘지 못하도록 한다. 적절한 한계를 넘어서는 것 역시 나쁜 질적 변화로, 「악기」에서는 그것이 천지의 법칙이나 천지의 대의大義라고 할지라도 단호히 반대한다. 즉 "악은 하늘에서 근원하여 만들어지고, 예는 땅을 바탕으로 제정되었다. 예의 제정이 지나치면

*송宋 휘종徽宗, 「청금도聽琴圖」, 베이징 고궁박물원 소장.
거문고를 좋아하는 휘종 자신이 신하들(채경蔡京 등)을 관객으로 앉혀 놓고 연주하는 그림이다.

서가 확립된다.
31) 『禮記』, 「樂記」, "故先王之制禮樂, 人爲之節."
32) 『禮記』, 「樂記」, "樂勝則流."
33) 『禮記』, 「樂記」, "禮勝則離."

어지러워지고, 악의 제작이 지나치면 포악해진다"[34]는 것이다.

이처럼 중中을 추구하는 사상은 「악기」의 모든 부분에 스며들어 있다. 예를 들어 "악은 즐거움이다"[35]라는 문장에서 보면 악이란 본래 사람을 즐겁게 해야 한다. 그러나 만약 "즐겁되 편안하지 못하다"[36]면 마땅히 비난받아야 할 지나친 악이 된다. 또 사람을 편안하게 하는 느리고 평온한 악에 대해 반대하는 것은 아니지만, 만약 "지나치게 느슨하여 절도가 없다"[37]면 마땅히 금지해야 하는 좋지 않은 악으로 변질된 것이나. 여기에서 모순으로 보이는 또 하나의 현상을 언급하고자 한다.

「악기」는 전문적인 음악 이론 서적이지만 오히려 예를 더 부각시킨다. 그뿐만 아니라 예악을 함께 거론할 경우, 실제로 악보다 예를 우위에 두었다. 사실 이러한 현상은 당연한 것으로 이는 「악기」에서 중中을 강하게 추구하는 현상 때문이다. 「악기」에서는 "악을 알면 거의 예에 가깝다"[38]라고 하였다. 이것은 공자가 말한 "악이다, 악이다, 말하지만 그것이 종과 북을 말하는 것이겠는가?"[39]의 다른 표현이며, 악에서는 예가 가장 근본이 된다는 것을 말한다.

그렇다면 예의 본질은 무엇인가? 공자는 "예이다, 예이다, 말하지만 그것이 옥玉과 비단帛을 말하는 것이겠는가?"[40] 라고 하였다. 「악기」에서는 이에 대해 "중정하며 사악함이 없는 것이 예의 본질이다"[41]라고 분명하게 말하였다. 즉 중정무사中正無邪한 예가 조화를 주로 하는 악의 심층 구조로 들어가서 악의

---

34) 『禮記』, 「樂記」, "樂由天作, 禮以地制. 過制則亂, 過作則暴."
35) 『禮記』, 「樂記」, "樂者, 樂也."
36) 『禮記』, 「樂記」, "樂而不安."
37) 『禮記』, 「樂記」, "慢易而犯節."
38) 『禮記』, 「樂記」, "知樂則幾於禮矣."
39) 『論語』, 「陽貨」, "樂云樂云, 鍾鼓云乎哉."
40) 『論語』, 「陽貨」, "禮云禮云, 玉帛云乎哉."
41) 『禮記』, 「樂記」, "中正無邪, 禮之質也."

주요 본질이 되었고, 예에 대한 추구는 악에 대한 추구의 중요한 목적과 내적 근거가 된 것이다. 비록 예가 중이 아니라 중의 구체적 표현일 뿐이지만, 예에 대한 추구는 결국 어느 측면에서는 중에 대한 추구가 된다. 또 악이 비록 화는 아니지만, 악은 본질적으로 화를 주로 한다. "악을 알면 거의 예에 가깝다"라는 말에서 중요한 점은 「악기」에서의 중이 화의 철학적 근거와 내재적 정신이 되었다는 것이다.

앞에서 우리는 「악기」에는 보편적 조화 관념과 중을 강하게 추구하는 정신이 있음을 분명하게 살펴보았다. 「악기」에서 중과 화는 두 봉우리가 대치하거나 두 물줄기가 갈라져 흐르는 것이 아니라, 서로 긴밀히 결합하고 융합하여 하나를 이룬다. 다음 문장은 「악기」에서 중과 화가 섞여, 하나가 되는 것을 강조하고 있다.

> 이 때문에 선왕은 악을 제정할 때 사람의 성정에 근본을 두었고 음률의 도수度數[42]를 상고하여 예의로써 절제하였으며, 천지의 조화로운 생기에 합하도록 하여 오상五常[43]의 행실을 인도하였다. 양은 흩어지지 않게 하고 음은 밀폐되지 않게 하며 굳센 기운은 노여워하지 않게 하고 유순한 기운은 두려워하지 않게 하였다. 음·양·강·유가 안에서 막힘없이 통하고 밖으로 발산되어 모두 그 자리를 편안히 여겨 서로 빼앗지 않게 하였다.[44]

문장의 앞뒤 문맥으로 볼 때 여기에서 말한 것은 악樂이다. 이러한 악은 음양강유의 기운을 모두 포용하여 악곡 속에서 교류하고 통하게 한다.[악의 풍격으로서의 화] 또 도수度數에 부합하고[악의 형식으로서의 중] 예의로써 절제하여[악의

---

42) *度數: 十二律이 위아래로 파생되며 덜고 더하는 법칙을 말한다.
43) *五常: 仁義禮智信을 말한다.
44) 『禮記』, 「樂記」, "是故先王本之情性, 稽之度數, 制之禮義, 合生氣之和, 道五常之行. 使之陽而不散, 陰而不密, 剛氣不怒, 柔氣不懾, 四暢交於中而發作於外, 皆安其位而不相奪也."

이론으로서의 줌 그것이 나빠지지 않도록 하는 질적 변화, 즉 부정적인 풍격으로 가지 않도록 함으로써 여러 바람직한 풍격을 정상적으로 유지하도록 한다.[악의 풍격으로서의 줌 이는 분명 중의 정신을 구현하고 있는 것으로써 조화로운 관계구조의 악이며 진정한 '중화의 악'이라고 할 수 있다. 「악기」에서는 일찍이 이상적인 악을 형상화하여 다음과 같이 훌륭하게 묘사하였다.

> 지극한 덕의 광채를 떨치고 시계절의 조화로운 기운을 움직여서 만물의 이치를 드러낸다. 이 때문에 악樂의 맑고 밝음은 하늘을 형상하고, 넓고 큼은 땅을 형상하며, 끝과 시작은 사계절을 형상하고, 주선周旋함은 바람과 비를 형상한다. 오색五色이 무늬를 이루어 문란하지 않으며, 팔풍八風이 율력律曆에 따라 간사하지 않으며, 모든 법도가 도수에 맞아 일정함이 있으니, 크고 작은 음이 서로 이루어 주고 끝과 시작이 서로 생겨나게 하며 선창과 화답·청음과 탁음이 갈마들며 서로의 법칙(經)이 된다.[45]

이러한 이상적인 악은 숭고한 도덕의 빛을 발하며 사계절의 조화로운 기운을 움직여서 만물의 심오한 이치를 드러낸다. 그 색조는 청명하고 기상은 매우 광활하며 선율은 오가며 변화하여 마치 비바람처럼 소용돌이친다. 이러한 악의 전체 형식은 색채가 풍부하여 이것들이 섞여 문채를 이루며 음률에 맞고 합당한 도수를 얻어 내적 규칙성을 가진다.

따라서 여러 가지 대립 요인[예를 들어 작고 큼, 끝과 시작 등]이 서로 보완하며 상생한다. 양강의 맑은 기운은 상승하고 음유의 탁한 기운은 하강하며, 각종 예술 풍격으로서의 음꼴(音型)·악곡의 소절(樂句)이나 단락(樂段)들이 여기에서

---

45) 『禮記』, 「樂記」, "奮至德之光, 動四氣之和, 以著萬物之理. 是故淸明象天, 廣大象地, 終始象四時, 周還象風雨, 五色成文而不亂, 八風從律而不姦, 百度得數而有常, 小大相成, 終始相生, 倡和淸濁, 迭相爲經."

일어나면 저기에서 호응하고, 저쪽에서 울리면 이쪽에서 화답하여, 전체 악곡의 진행 단계에 따라 주도적 위치를 번갈아 차지하게 된다. 「악기」에서 말한 이러한 이상적인 악이야말로 진정한 조화의 악이며 중화의 악인 것이다.

이 외에, 앞 장에서 주구州鳩와 공맹孔孟은 모두 화和와 조화로운 악이 사람들 사이에서 일어나는 교류의 조화 작용과 다양한 사회·정치적 효과를 중시하였으며, 이는 구체적으로 그들의 중화 정신을 반영하고 있다고 논하였다. 그런 점에서 「악기」는 주구와 공자 문인들의 의견과도 일치한다.

악으로써 백성의 소리를 조화롭게 한다.[46)

악의 문채文采가 같아지면 위아래가 화합한다.[47)

따라서 악이 종묘에서 연주되어 군신 상하가 함께 들으면 화합하여 공경하지 않는 이가 없고, 족장族長[48)과 향리鄕里에서 연주되어 장유長幼가 함께 들으면 화합하여 순종하지 않는 이가 없으며, 집안에서 연주되어 부자 형제가 함께 들으면 화합하여 친애하지 않는 이가 없다.[49)

이처럼 악은 사회적으로 큰 역할을 할 수 있다. "화순함이 안에 쌓이면 영화로움이 밖으로 드러나는 것이니, 오직 음악은 거짓으로 할 수 없기"[50) 때문이다. 악은 성명性命의 정감이 그대로 드러난 것으로 주체의 정감이 흘러나

---

46) 『禮記』, 「樂記」, "樂和民聲."
47) 『禮記』, 「樂記」, "樂文同, 則上下和矣."
48) *族과 長은 모두 鄕黨에 속한 하위 행정단위를 말한다.([淸] 朱彬 撰, 『禮記訓纂』, "王氏引之曰, 族長, 皆鄕黨之屬.")
49) 『禮記』, 「樂記」, "是故樂在宗廟之中, 君臣上下同聽之, 則莫不和敬, 在族長鄕里之中, 長幼同聽之, 則莫不和順, 在閨門之內, 父子兄弟同聽之, 則莫不和親."
50) 『禮記』, 「樂記」, "和順積中而英華發外, 唯樂不可以爲僞."

와 "베풀어져서"[51] 대상에게 전달되고, 대상의 정감적 호응을 이끌어 항상 그 정감을 싣고 되돌아온다.["선창과 화답에는 호응이 있다."[52]] 그리하여 악은 사람의 감정을 싣고 흐름과 운행이 오가며 모두가 조화로운 경지에 이르게 된다.

이러한 화는 운행 과정에서 악의 특수한 예술적 기능과 사회적 효과를 드러낸다. 주목할 점은 중절中節에 관한 사상 역시 화의 이러한 측면을 파고들었다는 것이다. 「악기」에서는 다음과 같이 말하였다.

> 예는 줄어드는 것을 주장하고 악은 가득 차는 것을 주장한다. 예는 줄이되
> 나아가야 하므로 나아감을 아름다움으로 여기고, 악은 가득 차면 되돌아와야
> 하므로 돌아옴을 아름다움으로 여긴다. 예가 줄어들기만 하고 나아가지 않는
> 다면 사그라질 것이고, 악이 가득 차기만 하고 돌아오지 않는다면 방탕해질
> 것이다.[53]

악에만 국한하여 그 근본 목적을 살펴보면, 사람들로 하여금 "인도人道의 바름을 회복하게 하여"[54] 사회 전체가 조화롭고 아름다운 경지에 이르게 하는 것이다. 이를 위해 악은 반드시 화의 훌륭한 예술적 기능을 충분히 전개하고 발휘해 나가야 한다. 이 때문에 '가득 참'(盈)을 주장한다. 그러나 충분히 발휘되어야 한다는 것만을 주장하고 절제가 없다면, 악은 방탕한 데로 흘러가서 돌아오지 못하고 결국 그 반대 방향으로 가기 때문에 반드시 '가득 차면 돌아와야'(盈而反) 한다. 가장 적절한 한도 내에서 충분히 발전하여 '인도의 올바름을 회복하는' 좋은 사회적 효과에 도달하는 것이 바로 「악기」의 "악은 가득 차면 돌아와야

---

51) 『禮記』, 「樂記」, "樂也者, 施也."
52) 『禮記』, 「樂記」, "倡和有應."
53) 『禮記』, 「樂記」, "禮主其減, 樂主其盈. 禮減而進, 以進爲文, 樂盈而反, 以反爲文. 禮減而不進則銷, 樂盈而不反則放."
54) 『禮記』, 「樂記」, "反人道之正."

한다"(樂盈而反)라는 말의 진정한 의미일 것이다. 이는 바로 중의 정신이 화의 모든 영역에 스며들었음을 말한다.

「악기」에서는 중화미를 논하며 시중時中 정신을 강조하였다. 「악기」에서는 '시時'를 많이 말하였는데, 그 속에는 시중 정신이 두드러지며 이것은 예악의 계승 발전관에 먼저 표현되었다.

> 예와 악의 실정은 똑같기에 현명한 왕들은 서로 그 본질을 따랐다. 그러므로 당시의 일은 때와 부합하였으며 명분은 공功과 함께하였다.[55]

위에서 "예와 악의 실정이 똑같다"라는 말은 두 가지로 이해할 수 있다. 첫째, 예는 공경함(禮敬)·악은 조화로움(樂和)이라는 것과 같이 둘의 표현은 다르지만, "다스림을 지극히 한다는 측면에서는 똑같다."[56] 둘째, 예와 악이 가지고 있는 실정(情)은 옛날이나 지금이나 서로 통한다. 예악의 특성과 사회적 기능은 고금을 막론하고 변하지 않기 때문에 "현명한 왕들은 서로 그 본질을 따랐다"라고 한 것이다. 그렇다고 예악의 구체적인 내용과 형식까지 그대로 답습한 것은 아니다. 공영달은 "당시의 일은 때와 부합하였다"라는 문장의 소疏에서 "성인의 일은 마땅한 때와 부합하였다. 예를 들어 요순堯舜이 임금의 자리를 선양하는 일은 순하고 온화한 때와 함께하였고, 탕무湯武의 전쟁은 각박하고 냉혹한 때와 함께했다"[57]고 하였다. 성인의 일은 때에 따라 다르게 나타나지만, 그 상황에 적합하다는 점에서는 모두 칭송할 만하다. 「악기」에서는 "오제五帝는 때가 달라서 서로 그 악을 따르지 않았고, 삼왕三王은 세대가 달라서 서로 예를 인습하지

---

55) 『禮記』, 「樂記」, "禮樂之情同, 故明王以相沿也. 故事與時竝, 名與功偕."
56) 孔穎達, 『禮記正義』, 「樂記」, "致治是同."
57) 孔穎達, 『禮記正義』, 「樂記」, "聖人所爲之事, 與所當時而竝行. 若堯舜損讓之事, 與淳和 之時而竝行. 湯武干戈之事, 與澆薄之時而竝行."

않았다"58)라고 하였다.

이처럼 때와 세대에 따라 예악은 필연적으로 변한다. "현명한 왕들은 서로 그 본질을 따랐다"라는 문장과 연계해 볼 때 '변한다'라는 것은 당연히 예악의 구체적인 내용과 형식의 변화이다. "현명한 왕들은 서로 그 본질을 따랐다"라는 문장이 '계승'에 치중한 것이라면, "그 악을 따르지 않았고 그 예를 인습하지 않았다"라는 문장은 발전적 '변화'를 강조한 것이다. 둘을 합하여 보면 시대가 달라짐에 따라 예악은 변화 속에 불변하는 것이 있고 불변하는 가운데 변화가 있다. 또한, 그 본질과 기능은 대체로 안정적이며 일관성을 가지지만, 그 구체적인 내용과 표현 형식은 많은 적응성과 변역성變易性을 가지고 있다. 이는 분명히 변증법적 색채를 띤 문예 계승 발전관으로, 그 가운데에는 시중 정신의 풍채가 빛을 발하고 있다. 시중 정신은 천지와 더불어 조화로움을 함께하는 위대한 악 역시 스스로의 통제 아래 놓이게 한다.

「악기」의 시중 정신은 예술의 동태적 조화관에도 스며들어 있다. 「악기」에서 이상적으로 여겨지는 악은 "끝나면서 다시 시작하는 것(終始)은 사계절을 상징한다"59), "크고 작은 음들이 서로 이루어주고, 끝과 시작이 순환하여 서로 생겨나게 한다"60), "선창과 화답·청음과 탁음이 서로 갈마들어 규칙이 된다"61)라는 말들을 통해 알 수 있다. 「악기」의 저자는 악의 전체 진행 과정에서 시간대별로 서로 다른 구체적 풍격이 번갈아 가며 위주가 되면서 악이 전체적으로 조화를 이룰 수 있다고 본 것이다. 서로 다른 구체적 시간대에 어떤 특정한 풍격을 위주로 할 것인지 결정하기 위해서는 반드시 그 상황에 맞는 중과 전체 상황에서의 중을 함께 고려해야 한다. 이 점은 앞에서 언급한 "사계절에 따라

---

58) 『禮記』, 「樂記」, "五帝殊時, 不相沿樂, 三王異世, 不相襲禮."
59) 『禮記』, 「樂記」, "終始象四時."
60) 『禮記』, 「樂記」, "小大相成, 終始相生."
61) 『禮記』, 「樂記」, "倡和淸濁, 迭相爲經."

움직인다"[62]라는 일 년 전체에 대한 조화와 사계절의 변화에 대한 분석, 그리고 이 책 제4장 제5절의 분석을 참고할 만하다.

이렇듯 시중 정신과 중화미는 「악기」에서 더욱 긴밀하게 유기적으로 결합하였다. 이는 '계승'과 '발전'의 원칙이며, 동시에 예술의 동태적 조화 과정에 내재된 정신 가운데 하나라 할 수 있다.

「악기」의 소수 논의 가운데 한 가지를 지적하면, 마치 중화미에 관련된 논의를 하는 것 같지만 사실은 그 반대 현상을 논하고 있다는 점이다. 예를 들어, 음악의 오성五聲궁宮·상商·각角·치徵·우羽 즉 1·2·3·5·6[63]은 각각 임금·신하·백성·일·사물에 비유되는데, 이때 오성은 서로 침범하는 것[64]을 절대로 허용하지 않으며, 반드시 고정된 질서 속에 있을 것을 요구한다. 이처럼 단순한 기계적 비유나 고정된 한계는 예술의 형식을 고착시키고 예술의 내용을 억눌러 예술 전체를 충분히 말살시킬 수 있다. 「악기」에서 변증법적 정신이라고는 조금도 없는 이러한 찌꺼기는 사실 중화미와 아무런 관련이 없다.

「악기」에서 논한 중화미는 몇 가지 뚜렷한 특징을 보인다. 첫째, 중화라는 개념을 제시하여 그것을 중화 이론의 내용과 명확하게 결합하였다. 중화 이론은 공자 때에 발전하였지만 그 개념은 비교적 늦게 제시되었다. 일찍이 순자의 「악론」, 『예기』 「중용」의 첫 단락, 그리고 「악기」는 모두 중화 이론을 언급하였다. 다만 『중용』 첫 단락의 중화는 이 글에서 논하는 중화의 의미와 유사하지 않으므로 논외로 한다. 순자의 「악론」과 「악기」는 성립 시기의 선후 관계에 이견이 있어 아직까지 정설이 없다. 그러나 한 가지 분명한 것은 「악기」에서 밝힌 중화에 관한 연구는 범위·깊이·이론의 정확도 면에서 모두 「악론」을

---

62) 『禮記』, 「樂記」, "動之以四時."

63) 오성의 궁·상·각·치·우는 피타고라스 음률에서 1(도)·2(레)·3(미)·5(솔)·6(라)과 일치한다.

64) *출처: 『禮記』, 「樂記」, "五者皆亂, 迭相陵."

훨씬 능가한다는 것이다. 즉 그들이 공통으로 칭송한 '중화지기中和之紀'란 무엇인가에 대해 「악론」은 명확하게 설명하지 못하였으나 「악기」에서는 이것을 충분히 밝혀냈다. 이렇게 「악기」는 중화 이론의 적절한 개념을 찾아내어 처음으로 중화 이론과 그에 상응하는 개념을 명확하게 유기적으로 결합하였다.

둘째, 「악기」는 전체적으로 중화미를 주요 논지로 삼아 중화 이론을 적용하여 예술을 논하였으며 처음으로 중화의 순수미학적 면모가 드러나도록 하였다. 「악기」 이전에는 중화미를 주요 논지로 하는 장편의 글은 없었고, 중화는 모두 일종의 철학 이론이었으며 동시에 하나의 측면만을 표현하는 미학 이론이었다.

셋째, 「악기」는 일찍이 중화미의 관점에서 수많은 예술의 미학적 문제에 대해 보다 광범위하고 깊이 있는 연구를 진행하였다. 예를 들어 다양한 예술 풍격의 특징 및 그 합리적 존재와 상호 관계에 대하여 여러 시각에서 구체적으로 고찰하였을 뿐만 아니라, 미학의 개괄적 연구를 고도로 진행하여 형상화하였으며 정교하게 묘사하였다. 예술학과 예술철학의 결합이라는 완벽성과 중요성으로 볼 때, 그것은 분명 전례 없는 높은 수준에 도달한 것이라고 할 수 있다.

넷째, 「악기」는 중과 중용 그리고 화 이론의 내용과 특징을 예술 이론에 포괄적으로 결합하였다. 그리고 그것을 전체적으로 풍부한 내용과 체계적인 구조를 갖춘 이론으로 표현함으로써, 적합성의 원칙과 보편적 조화관을 전면적이고 유기적으로 결합하였다. 예를 들어 공자 때 이미 있었던 시중 관념을 맹자는 한 걸음 더 나아가 음악예술과 연결하였다. 그러나 맹자는 화에 대한 이해가 부족했기 때문에, 예술적 시각에서의 시중과 화의 결합("지금 악이 옛악과 같다.")[65]은 기초적인 수준이었다. 마침내 「악기」에 이르러 시중과 화는 예술 속에서 긴밀하고 뚜렷하게 결합하였으며, 시중 정신은 드디어 중화미의 유기적

---

65)『孟子集註』,「梁惠王下」, "范氏曰,……今樂猶古樂."

구성체가 된 것이다. 위의 네 가지 특징을 근거로 할 때 중화미는 이미 「악기」에서 그 이론적 기초가 완성되었다고 할 수 있다.


## 3. 중화미의 미학적 특징

종합하여 말하면 중화미는 일종의 보편적 조화 관계·관계 형태 혹은 구조이다. 그 심층에는 선명하고 뚜렷한 이성 정신이 중과 중용의 정수精髓를 응집하고 있으며, 그 표층은 보편적이고 조화로운 관계 구조로서 화의 정신을 가득 담고 있다. 중에 화라는 정수가 들어가고 화가 중이라는 육체에 깃들어, 미학의 영역에서 표현된 것이 바로 중화미이다. 중과 중용은 본래 공자로 대표되는 유가 변증법의 일종이며, 화는 조화관 외에도 변증법적 요인이 풍부한 사상이다. 이 때문에 중화미는 예술 변증법·예술 조화관·변증법적 예술 조화관이라고 할 수 있다. 한마디로 말해, 중화미는 적합성의 원칙을 내적 정신으로 하는 보편 예술의 조화관인 것이다. 지금부터는 중화미의 미학적 특징에 대해 구체적으로 논하고자 한다.


### 1) 가치론적 미학의 색채를 띠다

중화미는 결국 대상과 주체 간의 다양한 가치[물론 심미적 가치 포함]를 풍부하게 담고 있는 조화로운 관계이자 관계 형태 혹은 구조이다. 문제를 대할 때 주체의 목적성을 부각하는 관점은 본래 중과 화의 공통된 특징이다. 중은 악惡을 버리고 선善을 취하는 것을 중요시하며, 화는 바람직한 요소 간에 최상의 조화로운 관계를 취하는 것과 바람직하지 않은 요소를 사전에 제거하는 것을 중요시한다. 이처럼 중과 화의 입장에서 판단하는 것은 일종의 가치 판단이라고 할 수 있다. 사람이 대상을 평가하여 취하고 버리는 것은 바로 대상이 사람에게 준 바름과 부정의 가치로 인해 결정된다. 이처럼 중화미는 가치론적 색채를 띤다.

중화는 사물이 적합한 한계를 뛰어넘어 나쁜 질적 변화를 일으키는 것에 반대하는데, 여기에서의 질적 변화는 가치론적 의미이다. 이러한 질적 변화는 사물 본연의 성질에서의 질적 변화와 완벽하게 일치하지는 않는다. 때때로 대상 본연의 속성에는 질적 변화가 없었지만, 중화의 가치관에서 보아 질적 변화가 일어났다고 여기는 현상을 볼 수 있다. 예를 들어 적체된 음(滯陰)과 흩어진 양(散陽) · 혹독한 추위와 더위 · 태풍과 장마의 경우 그 본질은 여전히 음양陰陽 · 한서寒暑 · 풍우風雨이다. 그러나 이것을 중화의 가치관에서 보면, 후자에서 전자에 이르기까지 모두 선하고 이로운 것에서 악하고 해로운 것으로의 질적 변화가 이미 생긴 것이다.

또 때로는 대상 본연의 속성에는 질적 변화가 이미 생겼지만, 중화의 가치관에서 보면 아직 질적 변화가 일어나지 않았다고 여기는 경우도 있다. 예를 들어 즐거움에서 생겨나 슬픔에 이르거나 혹은 슬픔에서 생겨나 즐거움에 이르는 것, 사람의 감정 중에 적극적이고 긍정적인 것에서 생겨나 소극적이고 부정적인 것으로 변하는 것, 혹은 이와 반대로 후자에서 전자로 변하는 것은 모두 질적 변화이다. 그러나 중화의 가치관에서 보면 아직 질적 변화가 일어나지 않았다고 여기는데, 이는 슬픔과 즐거움이 모두 예술로 표현하기에 적합한 사람의 정상적인 감정이기 때문이다. 그러나 때로는 대상 본연의 질적 변화와 중화의 가치관에서 보는 질적 변화가 일치하기도 한다. 예를 들어, "굳세되 포학함이 없다"[66]에서 굳셈과 포학함은 본질이 다른 것으로, 굳셈은 선한 것이고 포학함은 악한 것이라는 사실은 의심할 여지가 없다.

결론적으로 말하면 중화는 일반적으로 전화轉化에 반대하는 것이 아니라, 선함·좋음·적합함 등이 악함·나쁨·잘못됨 등으로 전화하거나 혹은 질적 변화를 일으키는 것에 반대하는 것이다. 이러한 사상을 정치적 관점에서 보면, 그들이 유지하고자 하는 대상의 성질이 다르므로 추구하는 것과 부정하는 것의 구분이 생기게 된다. 한편 철학적 관점에서 보면 어느 정도 정치학화·윤리학화 된 순수하지 못한 철학이라고 할 수 있다. 그러나 도리어 이것이 진정한 미학이다.

미의 창조와 감상은 항상 대상의 합규율성과 합목적성을 떠날 수 없으며, 주체로서의 사람과 그 심미 의식과도 불가분의 관계에 있게 된다. 사람의 심미는 언제나 가능한 한 위대한 미와 선의 긍정적 가치를 추구하고 부정적인 측면은 피하려고 한다. 예를 들어 추한 것을 창조하고 감상할 때도 여전히 추한 것을 아름다움으로 여기려는 의도를 갖는다. 즉 바람직하다고 여겨지는 모든 예술적 요소와 그 사이의 각종 결합 관계를 연구하여 최상의 상태를 추구하려고 한다. 미와 선을 추구하는 동시에 모든 부정적 요소를 제거하며, 예술작품이 적합한 한계를 뛰어넘어 나쁜 질적 변화를 일으키는 것을 막으려고 한다. 이것이 바로 예술 미학의 합리적 원칙이며, 중화미의 중요한 이론적 특징이라고 할 수 있다.

## 2) 적합성의 원칙을 내적 정신으로 삼다

### (1) 중에 대한 단호한 추구

공자의 중용사상과 선진先秦시기 상중尙中사상에서의 중中은 중앙이 아닌 '적합[정확]'을 의미한다. 즉 대립하는 요소 혹은 대립 면 사이에서 중은 고정된

---

66) 『書經』, 「虞書·舜典」, "剛而無虐."

한가운데가 아니라 가장 적합한 유동적인 지점이다. 그것은 구체적 상황에 따라 양 끝 사이에서 임의의 위치에 있을 수도 있고 중앙에 있거나 양 끝 사이를 가득 채울 수도 있으며 한쪽 끝에 치우칠 수도 있다.

중화미 역시 이러한 정신을 구현하고 있다. 예를 들어 "낙이불음樂而不淫, 애이불상哀而不傷"이라는 문장에서, 만약 지나침(淫)과 조화로움을 해치는(傷) 상태를 양 끝으로 본다면 양 끝 사이 가운데에 놓인 즐거움부터 슬픔까지의 모든 감정이 중에 속할 것이고, 만약 즐거움과 슬픔을 양 끝으로 본다면 양 끝의 사이는 모두 중에 속한다. 설령 중이 양 끝 사이에서 한쪽 끝에 있더라도 중화미는 그것을 긍정할 것이며 또한 그것을 추구할 것이다. 예를 들어 "악은 가득 차면 돌아온다"(樂盈而反)라고 하였는데, 이는 악이 적합한 한계 내에서 충분히 펼쳐져야 하며 아울러 극단에 도달해야 함을 강조한 것이다.

「악기」에서는 무왕의 악(武樂)을 언급할 때, 악무의 "춤사위가 매우 빠르지만 지나치게 급하지 않으며, 악의 도가 지극히 그윽하지만 감추지 않는다"[67]라고 칭송하였다. 이는 '매우 빠름'(奮疾)과 공존하며 서로 보완해 주는 관계인 '지극히 그윽함'(極幽)에 대해 긍정한 것으로, 중화미 역시 극단을 추구하고 있음을 보여 준다. 이러한 극단이야말로 진정한 아름다움이며 적합함이다. 비록 선진시기 중화와 관련한 논변에서 이러한 '極A而不B'[68] 형식이 매우 드물게 보이지만 그 출현은 결코 우연이 아니다. "양 끝을 잡아 그 중을 쓴다"[69], "의를 따를 뿐이다"[70], "오직 의가 있는 대로 하는 것이다"[71] 등은 모두 때에

---

67) 『禮記』, 「樂記」, "奮疾而不拔, 極幽而不隱."
68) 龐樸는 『中庸平議』에서 유가 중용의 사유 형식을 'A而B', 'A而不A', '不A不B', '亦A亦B'의 네 가지로 개괄하였는데, 여기에서 거론한 '極A而不B'[龐樸의 표현 방식으로는 '極A而不A'에 해당한다.] 형식은 말하지 않았다. 사실 이러한 사유 형식은 후대의 문예 이론[예를 들면 唐 皎然의 『詩式』]에 영향을 끼쳤다.
69) 『禮記』, 「中庸」, "執其兩端, 用其中於民."
70) 『論語』, 「里仁」, "義之與比."

맞게 중을 쓴다는 것이다. 요컨대 유가의 모든 적합성의 원칙은 바로 중화미가 '극단'에 대한 아름다움을 추구하는 강한 원동력이 된다는 것을 보여 준다.

### (2) 예술적 조화의 보편적 기준과 구체적 기준

선진시기의 사상가들이 제시했던 보편적 의미의 중에 관한 기준들, 예를 들어 안영晏嬰의 "간이 알맞도록 조미료를 잘 조절하여 맛을 낸다"(齊之以味)에서의 여러 맛을 잘 조절한 맛(味), 맹자의 의義 그리고 「악기」의 "위대한 예는 천지와 더불어 절도를 함께한다"(與天地同節)에서의 위대한 예(大禮)는 모두 예술적 조화에서 보편적 기준들이다. 이 밖에도 선진시기 사상가들이 제시한 많은 구체적 기준 역시 예술적 조화의 구체적 기준이라고 할 수 있다.

이러한 기준들은 윤리도덕적 측면에서는 예禮이고, 정감적 측면에서는 "낙이불음樂而不淫, 애이불상哀而不傷"이며, 사람의 생리·심리적 측면에서는 마음·귀·눈의 수용 능력이다. 또 음악예술의 형식적 측면에서는 절節·도度·율律·수數 등이고, 예술의 풍격적 측면에서는 "양은 흩어지지 않게 하고 음은 밀폐되지 않게 하는"[72] 것이며, 사회·정치의 효과적 측면에서는 사람들을 화합하게 하여 태평한 세상에 이르게 하는 것이다. 이러한 다양한 기준들은 예술 각각의 구체적 측면 더 나아가 전체적인 조화 여부와도 긴밀하고 직접적인 관계가 있다. 이것은 보편적 기준 외에 중화미가 예술의 다른 측면에서 구체적으로 드러날 때, 각각의 구체적 조화 관계의 적합성과 최적성을 보장하기 위해 특정한 구체적 기준을 그 내적 근거로 삼아야 한다는 것을 말한다.

---

71) 『孟子』, 「離婁下」, "惟義所在."
72) 『禮記』, 「樂記」, "使之陽而不散, 陰而不密."

## 3) 보편적 조화관

### (1) 변증법적 정신이 풍부한 동태적 조화 과정

중화의 상태에 들어가려는 다양한 요소들은 서로 다른 다수이든 대립하는 양쪽이든 모두 상호 의존적이다. 뿐만 아니라, 적합성의 원칙이라는 내적 제약 아래 서로 더하고 덜어 내고, 서로 스며들고 융화하며, 전화하고 생성하는 운동 과정을 거친다. 이는 이전에 인용한 안영 등의 이론에서 이미 살펴보았다. 여기에서는 이러한 운동 과정이 조화롭고 질서정연하지만 단순하거나 변화가 없는 것이 아니라는 점을 강조하고자 한다. 즉 이 과정에 관여하는 다양한 요소들은 더하고 덜어 내고 스며들어 이루어지지만, 이것이 일정한 방식으로 진행되는 것은 아니다.

만약 이것이 최상의 조화라는 요구에 부응하려면 어떤 한 가지 격식에 구애되어서는 안 된다. 예를 들어 「악기」에서는 이상적이고 조화로운 악에는 마땅히 하나의 특징이 있어야 한다고 하였는데, 바로 "끝과 시작은 사계절을 형상한다"(終始象四時)라는 것이다. 해와 달, 바람과 비, 어둠과 밝음은 자연의 사계절이 함께 누리는 것이지만, 그 구체적인 결합 형태는 때에 따라 다르며 이것은 계속 유행하고 변화한다. 그리고 마침내 일 년 전체의 동태적 조화 과정을 이루게 된다.

음악예술은 사계절과 같이 자신의 운동 과정에서 "선창과 화답·청음과 탁음이 서로 갈마들어 규칙을 이룰" 뿐만 아니라, 진행 순서에 따라 다른 주도적 풍격을 드러내어 "크고 작은 음들이 서로 이루어 주고, 끝과 시작이 순환하여 서로 생겨나게 하는" 것이다. 이러한 변화 속에서 서로 다른 주도적 풍격에 의해 하나의 동태적 조화 과정이 이루어진다. 이는 바로 변화무쌍하면서도 질서 있는 다양한 요소들의 조화로운 운동 과정이 하나의 조화체·조화 체계를 형성한 것이다.

## (2) 가용성의 원칙에 부합하는 정태적 조화 관계 구조

지금부터 논할 정태적靜態的 조화 관계 구조는 보편적 조화관의 또 다른 측면이다. 앞에서 강조한 것이 조화 체계의 생성 과정이었다면 지금부터는 조화 체계의 정태적 용량容量과 내부 관계의 특징을 강조하고자 한다. 필자는 논술의 편의를 위해 '가용성可容性의 원칙'을 제시하여 이것의 특징을 설명하고 자 한다. 이 원칙은 하나의 조화체, 특히 조화 체계가 가능한 한 많은 양을 허용해야 하고 많은 요인을 최대한 포용할 수 있어야 함을 말한다. 동시에 이러한 포용은 매우 강한 원칙성의 제약을 받을 뿐만 아니라 선택성과 배타성을 가지고 있다.

예를 들어 우리는 「악기」에서 우주는 음양이라는 두 기운이 서로 부딪치고 섞여서 "만물의 화육과 생장이 일어난다"(百化興焉)는 우주의 위대한 조화에 관 한 견해를 얻을 수 있었다. 음양 두 기운을 예술의 형식에서는 음유陰柔와 양강陽 剛이라는 양대 예술 풍격으로 표현할 수 있다. 음과 양은 또한 구체적 풍격의 구성 요소이다. 이것들은 서로 섞이고 도와 조화를 이루어 무궁무진한 구체적 풍격의 형태를 이루게 되는데, 이것을 예술적 풍격에서의 '우주대조화宇宙大調和' 라고 할 수 있다. 언뜻 보기에는 모든 풍격의 형태가 이 큰 체계의 구성 요소로 서 합리적으로 존재할 수 있을 것처럼 보인다. 그러나 일단 실제로 예술의 영역에 들어가면 사변적思辨的으로나 존재할 법한 큰 체계는 적합성의 원칙에 의해 강한 제약을 받게 되고 이 원칙에 위배되는 구체적 풍격들은 모두 제외된 다. 따라서 이른바 '풍격의 큰 체계'라는 것은 삼라만상을 모두 포함하는 것이 아니라 일정한 범위를 가진다. 이러한 점은 「악기」에 잘 나타나 있다.

마찬가지로 중화미에서 보편적 조화[和和]와 그 내적 근거[중내]는 서로 연계

*명말청초明末淸初 석도石濤, 「여산관폭도廬山觀瀑圖」, 교토 센오쿠박물관 소장

되어 있으면서도 괴리되거나 제약을 받는 관계이다. 따라서 우리가 전체의 중화미를 하나의 추상적인 체계로 고찰할 때, 그것은 개방적이지만 내재된 규칙성이 있으며, 원칙적이지만 보편적으로 허용되는 성향을 지니고 있다. 이것이 바로 가용성可容性의 원칙이다. 이는 일종의 미학적 원칙으로서 조화 체계에 보편적 가용성이 있다는 것을 인정하면서도 또한 원칙성·선택성·배타성을 강조함으로써 변증법적 정신과 합리성을 분명히 보여주고 있다. 바로 모든 바람직한 요소·풍격의 형태가 합리적으로 공존하여 상호 보완하고 조화를 이루어 완전한 정태적 조화 체계를 이룬 것이라고 할 수 있다.

### 4) 역사적 변증 원칙―시중時中

보편적 조화관으로서 중화미의 구체적 표현은 당연히 시간과 장소, 주체와 대상 등에 따라 서로 다른 형태를 띤다. 시중時中 정신은 중화미의 유기적 요소로서 사람들에게 다음과 같은 점을 명확히 알려준다. 비록 중화미의 본질은 변하지 않더라도 그 구체적 표현은 역사의 흐름에 따라 끊임없이 발전하고 변화한다. 따라서 사람들은 때에 따라 행하여, 시대에 따른 구체적 예술 조화의 아름다움을 확고하게 추구하여 창조해야 한다는 것이다. 예를 들어 위에서 언급한 조화 체계의 정태적 용량은 시대에 따라 미학자들에게 서로 다른 구체적 표현으로 나타난다.

공자와 「악기」의 작자 그리고 유협劉勰의 미학사상은 모두 중화의 특징을 가지고 있지만, 일부 예술적 정감이나 예술적 풍격에 있어서는 서로 다른 태도를 취하였다. 예를 들어 공자는 조화로움을 해치는 것에 반대하여 "슬프면서도 조화로움을 해치지 않는다"(哀而不傷)라고 하였고, 「악기」에서는 노여움에 반대하여 "군센 기운이 노여움에 이르지 않게 한다"(剛氣不怒)라고 하였다.

그러나 유협은 오히려 조화로움을 해치는 것과 노여움을 모두 긍정하였다. 그는 일찍이 굴원屈原의 「이소離騷」에 대해 "화려한 수사修辭에 상심傷心을 의탁하였다"[73]라고 높이 평가하였으며, "유왕幽王과 여왕厲王이 혼미하여 「판板」・「탕蕩」의 시에서는 노여워하였다"[74]라며 긍정하였다. 공자 등의 예술적 정감이나 풍격에 대한 이러한 다른 태도는 시중의 관념으로 볼 때 중화미의 근본적 차이를 나타내는 것이 아니다. 그것은 바로 시대와 심미 의식이 발전함에 따라 중화미의 구체적 표현 역시 발전・변화하고 있으며, 조화 체계의 구체적・정태적 용량 혹은 이 체계의 구체적 구성 요소 또한 발전・변화하고 있음을 나타낸다. 그들의 시각 차이는 바로 중화미와 결합한 시중 정신의 구체적 표현일 뿐이다.

이상으로 중화미의 미학적 특징을 구분하여 논하였다. 이를 간략하게 요약해 보고자 한다. 중화미는 적합성의 원칙을 내적 정신으로 하는 보편 예술의 조화관이며 일종의 변증법적 예술 조화관이다. 그 철학적 기초는 선진시기의 상중尚中사상, 공자의 중용中庸사상과 선진시기의 상화尚和사상이다. 중화미는 가치론적 미

---

73) 劉勰, 『文心雕龍』, 「辨騷」, "綺靡以傷情."
74) 劉勰, 『文心雕龍』, 「時序」, "幽厲昏而板蕩怒."

학의 색채를 띤다. 시종일관 주체와의 가치 관계에서 대상의 중화 여부를 판단하며, 아울러 대상은 인간에게 최상의 조화 상태와 최고의 가치를 추구하게 한다. 중화미에서 심층의 내적 근거가 되는 것은 적합성의 원칙이며, 표층의 주요 특징은 보편 예술의 조화 관계 및 관계 구조이다. 심층과 표층의 구조는 서로 연계되어 있으면서도, 또한 괴리되거나 제약받는 변증법적 관계이다.

예술적 조화로서 중화미는 변증법적 정신이 풍부한 동태적 관계 과정으로 표현되기노 하며, 또한 사용성의 원직에 부합하는 징태적 관계 구조로도 표현된다. 이 외에 비록 시중이 중화미에만 있는 것은 아니지만, 중화미는 시중을 받아들여 확고한 역사적 변증법칙으로 삼았다. 그리하여 중화미는 마침내 내적 함의가 풍부하고 구조가 완전하며 개념이 명료한 미학적 범주가 된 것이다.

# 제4장

## "악樂의 조화처럼 마음의 소리도 잘 어우러질 수 있다"
### —보편 예술의 조화관으로서의 중화미(하)

유협劉勰은 『문심조룡文心雕龍』 「부회附會」의 찬贊총결總結에서 다음과 같이 말하였다.

일의 시작을 깊이 추구하고 마지막을 잘 알아차려[1] 가지를 성글게 하고 잎을 펼쳐야 한다. 그러면 글의 이치와 정취가 서로 잘 어우러지고, 동떨어져 있던 실마리들이 자연스럽게 연결될 것이다. 마치 악樂의 조화처럼 마음의 소리도 잘 어우러질 수 있다.[2]

이처럼 유협은 글을 쓸 때 작품 전체의 통일을 중요시하였다. 서두부터 결론에 이르기까지 가지와 잎이 활짝 펼쳐져서 그 성김과 빽빽함 사이에서 이치와 정취가 잘 어우러져야 한다고 생각하였다. 이렇게 하면 각 장절章節에 홀로 떨어져 있던 실마리들이 문장 전체에서 자연스럽게 연결된다. 종합하면, 작가의 마음의 소리를 담고 있는 글도 음악과 같이 전체적으로 조화롭게 어우러

---

1) *『周易』, 「繫辭下」, "原始要終."
2) 劉勰, 『文心雕龍』, 「附會」, "原始要終, 疏條布葉. 道味相附, 懸緒自接. 如樂之和, 心聲克協."

져야 한다는 것이다. 이러한 유협의 견해는 중국 고대 문학 이론의 거장들이 고대 음악예술의 조화 관념에서 깊은 영향을 받았다는 것이며 동시에 예술의 조화라는 측면에서 중국의 문장과 악樂은 일맥상통한다는 것을 확실히 보여준다.

사실 문장과 악樂뿐만 아니라 중국의 많은 예술 분야에서 매우 중요한 예술 정신의 측면은 항상 일맥상통한다. 청淸나라의 방동수方東樹[3]는 『소매첨언昭昧詹言』에서 다음과 같이 말하였는데, 이는 매우 일리 있는 말이다.

대부분의 고문古文 및 서書 · 화畵 · 시詩, 이 네 가지의 이치는 같다. 그 법을 운용하여 취한 경지 또한 같다.…… 옛사람들이 이 네 가지를 품평하는 말을 모아서 살펴보면 이를 두루 증명할 수 있다.[4]

중화미를 고찰하기 위해 각종 예술, 특히 각종 예술 이론을 취합하여 살피고 증명할 때, 우리는 중화미가 중국에서 매우 이른 시기에 발생하였고, 각종 예술의 공통적인 이치가 되어 예술 이론의 정수에 깊이 스며들었으며, 진정으로 두드러지고 우수한 중국의 예술 정신이 되었다는 것을 분명히 확인할 수 있었다.

지금부터 중국 고대의 각종 예술, 특히 예술 이론에서 이러한 예술 정신이 어떻게 표현되었으며, 얼마나 깊은 영향을 미쳤는지 구체적으로 살펴보자.

---

3) *方東樹(1772~1851): 淸나라의 학자로 자는 植之이다. 대표 저서로 『義衛軒文集』, 『昭昧詹言』 등이 있다.
4) 方東樹, 『昭昧詹言』, "大約古文及書畵詩四者之理一也, 其用法取境亦一.…… 凡古人所爲品藻此四者之語, 可聚觀而通證之."

## 1. 중화미의 주된 표현 형식

앞서 우리는 팡푸(龐樸)가 관련 논저에서 유가의 중용이 최상의 중和을 추구하기 위해 자주 사용했던 4가지 사유 형식을 대략 살펴보았다. 그의 이론은 일부 학자들에 의해 고대 문예 미학 연구에 인용되었으며, 중화미가 예술적 변증법이라는 주장의 주요 근거로 사용되었다. 확실히 팡푸의 연구 성과는 미학적으로 중화를 고찰할 때 시사하는 바가 크며, 4가지 사유 형식은 실제로 중화미를 개괄하는 주된 표현 형식이 되고 있다. 따라서 본 절의 논의와 함께 팡푸가 제시한 '중용의 4가지 형식'을 소개할 필요가 있다.

팡푸가 제시한 중용의 4가지 사유 형식 가운데 제1형식은 가장 기본적인 'A而B'[혹은 'A然而B']이다. 이는 대립하는 양극단을 직접 결합하여 지나친 것으로 부족한 것을 채워 주고 장점으로 단점을 보완하는 형식이다. 유가의 전적典籍에서 흔히 볼 수 있는 논법으로 "너그러우면서도 엄격하며, 유순하면서도 주관이 뚜렷하다"5), "간략하지만 문채가 나며, 온화하지만 조리가 있다"6) 등이 그것의 좋은 예이다. 이 형식에서 전항前項인 A는 주도적인 자리이고 후항後項인 B는 보조적인 자리이다. 비록 주종主從으로 나누어지지만, 결국은 서로 보완하고 화합하여 이루어 주는 관계가 되기 때문에 어느 것 하나 빼놓을 수 없다.

중용의 제2형식은 'A而不A''이다. "위엄이 있으면서도 사납지 않다"7), "담박하나 싫증나지 않는다"8), "굳세되 포학함이 없으며, 간략하되 오만함이 없다"9) 등이 그 예이다. 이 형식 가운데 전항인 A는 미덕美德이고, 후항인 A'는 미덕인

---

5) 『書經』, 「虞書·皐陶謨」, "寬而栗, 柔而立."
6) 『禮記』, 「中庸」, "簡而文, 溫而理."
7) 『論語』, 「述而」; 「堯曰」, "威而不猛."
8) 『禮記』, 「中庸」, "淡而不厭."
9) 『書經』, 「虞書·舜典」, "剛而無虐, 簡而無傲."

A가 과하여 나타난 악행惡行이다. 이 형식은 사람들에게 미美와 악惡의 한계를 벗어나지 말 것을 경고하고 있다.

중용의 제3형식은 '不A不B'이다. "다투지도 않고 급하지도 않으시며, 굳세지도 않고 유약하지도 않으시어 정사政事를 베푸심이 넉넉하시니, 온갖 복록이 이에 모이도다"10)라는 것이 그 예이다. 이 형식은 A와 B 중 어느 한쪽에 서지 않아야 함을 요구한 것으로, 지나치거나 부족함이 없어야 한다는 주장을 하나로 표현한 것이다.

마지막 제4형식은 '亦A亦B'이다. "한 번 조이고 한 번 푸는 것이 문왕文王과 무왕武王의 도이다"11), "관대함으로써 엄격함을 보완하고 엄격함으로써 관대함을 보완하였으니 이로써 정치가 화평하였다"12)라는 것이 그 예이다.

이 형식들은 대립하는 쌍방의 상호 보완점을 제시하여, A와 B에 똑같이 무게를 두어 일을 잘 처리하는 데에 주목하고 있다. 중용은 사물이 발전하는 모든 시공간에서 중을 얻기 위해, 일시적으로 한쪽 끝으로 치우칠 수 있다는 뚜렷한 특징을 가지고 있다. "군자의 도는 혹은 나아가기도 하고 혹은 머물기도 하며, 혹은 침묵하기도 하고 혹은 말하기도 한다"13), "벼슬할 만하면 벼슬하고 그만둘 만하면 그만두며 오래 머무를 만하면 오래 머물고 빨리 떠날 만하면 빨리 떠난다"14)는 것이 그 예이다. 팡푸는 중용과 4가지 사유 형식에 대해 다방면으로 상세하게 분석한 후, 다음과 같이 결론지었다. "중용의 도는 대립하고 통일하는 법칙 즉, 대립하는 면의 상호 의존과 상호 연결에 대한 분석과 서술이 상당히 상세하면서도 충분하다."

---

10) 『詩經』, 「商頌·長發」, "不競不絿, 不剛不柔, 敷政優優, 百祿是遒."
11) 『禮記』, 「雜記下」, "一張一弛, 文武之道也."
12) 『春秋左氏傳』, 昭公 20年條, "寬以濟猛, 猛以濟寬, 政是以和."
13) 『周易』, 「繫辭上」, "君子之道, 或出或處, 或默或語."
14) 『孟子』, 「公孫丑上」, "可以仕則仕, 可以止則止, 可以久則久, 可以速則速."

이상은 펑푸가 개괄한 중용의 4가지 형식의 주요 정신과 중용에 대한 기본적인 견해이다. 펑푸의 견해는 많은 학자에게 공감을 얻기도 했지만, 적지 않은 비판을 불러일으키기도 하였다. 일부 학자들은 그가 제시한 중용의 4가지 형식을 매우 격렬하게 비판하였다.[15] 공감과 비판에는 각각 근거가 있겠지만, 우리의 논의와는 직접적인 관련이 없으므로 여기서는 잠시 생략한다. 필자는 펑푸의 4가지 형식에서 좀 더 논의할 점이 있긴 하지만, 중용 연구에 있어서 매우식견이 있는 참신한 시도이며 중화미를 고찰하는 데에도 뚜렷한 의의가 있다고생각한다.

위에서 우리는 펑푸가 개괄한 4가지 형식 가운데 'A而B', 'A而不A', '亦A亦B'세 가지 형식은 고대 문예 이론에 많이 사용되었으며, 중화미를 효과적으로표현할 때 자주 사용하던 형식이라는 점을 살펴보았다. 그러나 '不A不B' 형식은그 정신이 중화와 그다지 일치하지 않는다. 서상영(徐上瀛)[16]은 "경박하지 않고중후하지도 않은 것이 중화의 음(音)이다"[17]라고 하였다. 여기에서 "경박하지도않고 중후하지도 않다"는 것은 경박함과 중후함의 조화를 강조하려는 것이아니라, 경박함과 중후함이라는 두 가지 모두를 확실하게 부정하는 표현이다. 이러한 중화는 우리가 논의했던 중화와 달리 아무런 조화의 색채를 띠지 않는다. 더 명확하게 말하면, 不A不B가 긍정하는 것은 A와 B가 아니라 이 둘을제외한 다른 것이다. 예를 들어 "지나치지도 말고 부족하지도 말라"는 것은지나침과 부족함이라는 양극단을 부정하는 동시에 둘 사이의[또는 이 말 외에]또 다른 점[적합한 점]을 긍정하는 것이다.

이러한 不A不B 형식은 중을 취하는 데에는 유리할 수 있지만[펑푸 역시 이

---

15) 劉蔚華, 「中庸之道是反辯證法的思想體系」, 『武漢大學學報』(哲學社會科學版, 1980(5)).
16) *徐上瀛(1582~1662): 明末의 古琴학자이며 연주자이다. 그는 다년간의 경험을 『大還閣琴譜』에 집대성하였다.
17) 徐上瀛, 『大還閣琴譜』, "不輕不重, 中和之音也."

형식이 중을 취할 때의 특징을 나타내기에 가장 좋다고 하였다.] 조화를 이루는 데에는 결코 좋은 것이 아니다. 왜냐하면 조화의 구조는 항상 양자兩者와 다자多者에 대한 긍정을 전제로 형성되기 때문이다. 실제로 중국 고대에도 이러한 不A不B 형식으로 예술적 조화 이론을 구성한 경우는 찾아보기 힘들다. 따라서 이 형식에 대해서는 앞으로 더 논하지 않겠다. 참고로, 아래에서 이어지는 중화미의 표현 형식에 관한 논의는 이 형식 자체에서 착안한 것이지만, 그것들이 전하는 이론적 함의에 더 초점을 맞추었다. 지금부터 이에 대한 구체적 논의를 진행하겠다.

## 1) 'A而B' 형식

A而B 형식은 각종 예술 이론에서 광범위하게 사용되었다. 유희재劉熙載는 『예개藝槪』에서 시에 대해 "질박하면서도 문채가 나며 강직하면서도 완곡한 것이 『시경』 아雅의 장점이다"[18]라고 하였다. 또 문장에 대해 "『국책國策』[19)은 침착하면서도 통쾌하다.……『국책』은 웅장하면서도 뛰어나다"[20)라고 하였고, 부賦에 대해 "고부古賦의 운율은 얽매이지 않으면서도 조화롭고, 문채는 담박하면서도 화려하며, 정감은 은밀하면서도 드러나고, 기세는 바르면서도 기이하다"[21)라고 하였다.

서예에 대해서는 "무릇 글씨는 필획이 군세면서도 웅혼해야 하고, 체세體勢는 기이하면서도 안정되어야 하며, 장법章法은 변화가 있으면서도 일관되어야

---

18) 劉熙載, 『藝槪』, 「詩槪」, "質而文, 直而婉, 雅之善也."
19) *『國策』: 『戰國策』으로, 前漢시대의 劉向이 東周 후기인 전국시대 전략가들의 책략을 편집한 책이다. 후대에 이것을 보정하여 33편으로 정리하였다.
20) 劉熙載, 『藝槪』, 「文槪」, "國策乃沈而快.……國策乃雄而雋."
21) 劉熙載, 『藝槪』, 「賦槪」, "古賦, 調拗而諧, 采淡而麗, 情隱而顯, 勢正而奇."

한다"[22]라고 하였다. 이처럼
A而B 형식은 각종 예술 이론
에서 직접적으로 활용되었다.
그러나 더 자주 볼 수 있었던
정황은 사람들이 A而B 형식을
반드시 사용하지는 않았다는
점이다. 다만 그들은 글에서 A
而B 형식과 같이 양단을 연결
하고 부족함을 상호 보완하는
방법을 사용하였다. 이는 A를
주主로 삼고 B를 종從으로 삼

*원元 예찬倪瓚, 「묵죽도墨竹圖」 부분,
미국 프리어새클러 미술관 소장

아 어느 하나도 빠뜨리지 않아야 한다는 이론적 특징을 잘 보여 준다. 예를
들어 원대元代의 이간李衎[23]은 『식재죽보息齋竹譜』에서 대나무를 그릴 때 다음과
같은 점을 요구하였다.

> 잎을 그릴 때는 굳세고 예리한 가운데에서도 부드럽고 온화한 것을 추구하
> 고, 죽간竹竿을 그릴 때는 부드럽고 아름다움 속에서도 중정中正을 추구하며,
> 마디를 그릴 때는 나누어지면서도 이어져야 하고, 가지를 그릴 때는 유연함
> 속에서도 골력骨力이 있어야 한다.[24]

이는 잎·죽간·마디·가지를 그릴 때 각각 굳세고 예리함·부드럽고 아름

---

22) 劉熙載, 『藝槪』, 「書槪」, "凡書, 筆畫要堅而渾, 體勢要奇而穩, 章法要變而貫."
23) *李衎(1245~1320): 元代의 화가로, 枯木과 竹石에 능했다.
24) 李衎, 『息齋竹譜』, "描葉, 則勁利中求柔和, 描竿, 則婉媚中求中正, 描節, 則分斷處要聯
   屬, 描枝, 則柔和中要有骨力."

다움·나누어짐·유연함을 기조로 삼아야 하지만, 이 기조만으로는 부족하기에 이들과 다른(대립되는) 색채인 부드럽고 온화함·중정함(中正)·이어짐·굳력으로써 각각을 연결해야 한다는 것이다. 후자는 그것들의 부족함을 보완하는 동시에, 그것들이 지나치게 발전하여 좋지 않은 질적 변화를 일으키지 않도록 제한하는 역할도 한다. 이는 A而B의 형식을 갖추지 않으면서도 A而B 형식의 이론적 특징을 잘 드러낸 것으로, 이러한 현상은 고대의 다른 예술 이론에서도 쉽게 찾아볼 수 있다.

이번에는 음악 이론에서 명대明代 서상영徐上瀛이 『대환각금보大還閣琴譜』에서 언급한 거문고 연주의 절주節奏에 관한 몇 가지 내용을 살펴보자. 그는 거문고 연주에서 전반적으로 '느림'(遲)이 중요하지만 '빠름'(速) 역시 없어서는 안 된다고 하였다. 때문에 "만약 느리기만 하고 빠름이 없다면, 무슨 음악이 되겠는가?"[25]라고 하였다. 그렇다면 빠르기를 어떻게 안배해야 하는가? 그는 이에 대해 다음과 같이 말하였다.

'조금 빠름'(小速)은 약간 빠르게 하는 것으로, 줄을 팽팽하게 하여 손가락이 빠른 연주 중에도 우아함의 절도를 해쳐서는 안 되며 마치 구름이 떠가고 물이 흐르는 듯한 의취意趣가 있게 해야 한다. '매우 빠름'(大速)은 빠름이 중요하지만, 그로 인해 혼란해서는 안 되며 편안하고 한가로운 기상을 유지하면서도 절벽이 무너지고 폭포가 쏟아지는 듯한 소리를 낼 수 있어야 한다.[26]

여기에서 '조금 빠름'(小速)이란 거문고 악곡의 연주 속도가 다소 빠른 것이다. 약간 빠른 절주 가운데 구름이 떠가고 물이 흐르는 듯한 의취를 표현하려는

---

25) 徐上瀛, 『大還閣琴譜』, "若遲而無速, 則以何聲爲結構."
26) 徐上瀛, 『大還閣琴譜』, "小速微快, 要以緊緊, 使指不傷速中之雅度, 而恰有行雲流水之趣. 大速貴急, 務令急而不亂, 依然安閑氣象, 而能寫出崩崖飛瀑之聲."

것이 바로 이 연주의 예술적 취지이다. 약간 빠르지만, 구름이 떠가고 물이 흐르는 것과 같은 의취를 표현해야 한다. 자칫 빠름으로 인해 여유롭고 평온함을 잃어 부족함이 생길 수 있다. 따라서 우아함의 절도[규범에 맞는 우아함(雅)과 바름(正)의 절도]를 제시하여 부족함을 보완한 것이다.

'매우 빠름'(大速)이란 거문고 악곡의 연주 속도가 매우 빠른 것이다. 절벽이 무너지고 폭포가 쏟아지는 것과 같은 양강미陽剛美를 표현하는 것이 이 연주가 추구하는 예술적 효과이다. 매우 빠르면서도 절벽이 무너지고 폭포가 쏟아지는 느낌을 표현해야 하므로, 자칫 어지러움에 빠져 차분하고 편안함이 부족할 수 있다. 따라서 편안하고 한가로운 기상을 제시하여 그 부족함을 보완한 것이다. 결론적으로 말해 거문고 악곡의 절주에서 전체적으로 요구하는 것은 '느리면서도 빠른 것'(遲而速)이며, 빠르기에 대한 구체적인 예술적 방안은 '빠르면서도 느린 것'(速而遲)이다. 서상영의 이러한 견해는 분명히 변증법적 조화의 의미가 풍부하다.

다음으로는 문학 이론과 원림園林[27] 예술 이론의 예를 나누어 살펴보기로 하자. 먼저 문학 이론에서는 유협劉勰이 『문심조룡文心雕龍』에서 말한 '기정奇正'[기이함과 바름]을 예로 들 수 있다. 문장의 형식과 글귀의 운용 측면에서 살펴보면, '정正'은 문장의 형식과 글귀의 운용에 부합하는 작문의 규칙이며 표현의 본보기이다. 이와 반대로 '기奇'는 일반적인 규칙을 깨뜨리고 새로운 변화를 추구한다는 뜻이다. 유협은 문장을 쓸 때 "운용함에 바름(正)을 잃지 않아야 하며"[28], "지금을 기준으로 기이함(奇)을 창조해야 함"[29]을 강조하였다. 다시 말하면 비

---

27) *園林: 인위적인 조경을 하여 만들어진 정원과는 달리, 자연을 거스르지 않고 적절하게 배치하여 건축이 대자연과 하나가 되게 만든 공간을 말한다. 건축, 서화, 조각, 문학, 원예 등이 하나의 공간에 집합된 예술적인 공간으로, 중국의 미학과 중국인의 사상·생활 등이 반영되어 있다.
28) 劉勰, 『文心雕龍』, 「總術」, "動不失正."

*명明 졸정원拙政園, 장쑤(江蘇)성 쑤저우(蘇州) 소재

록 "기奇와 정正은 상반되지
만, 반드시 이 둘을 겸하여
이해해야 두루 통달할 수
있다"[30]는 것이다.

기奇와 정正 이 둘을 모
두 이해하여 두루 통해야
하지만, 둘의 관계나 위상
이 완전히 대등한 것은 아

니다. 주종主從의 구분이 있으며, 정正이 주가 되고 기奇는 보조가 된다. 따라서
유협은 "옛날의 재능 있는 숙련된 작가들"[전통적인 작문법에 능숙한 재능을 가진 작가
들]이 칭찬받은 이유는 그들이 기奇와 정正의 관계를 정확히 파악하여 "바름을
유지하면서도 기이함을 취했기 때문"[31]이라고 하였다. 이처럼 새로운 변화를
추구할 때 굴원屈原과 같이 "기이함을 취하면서도 그 바름을 잃지 않았기 때
문"[32]에 창의적인 기발함으로 문장을 공교하게 쓸 수 있었을 뿐만 아니라[33],
바름의 범주에서 크게 벗어나 "본체를 잃고 괴이하게 변하는"[34] 상태에 빠지지
않을 수 있었다. 유협의 '기정奇正'설은 '바르면서도 기이하다'(正而奇)는 이론적
특징을 뚜렷하게 보여 준다.

원림예술 이론으로는 현대 원림예술계의 거장인 천충저우(陳從周)[35]의 의견
을 살펴보자. 천충저우는 『원림담총園林談叢』[36]에서 원림의 곡曲과 직直의 관계

29) 劉勰, 『文心雕龍』, 「通變」, "望今制奇."
30) 劉勰, 『文心雕龍』, 「定勢」, "奇正雖反, 必兼解以俱通."
31) 劉勰, 『文心雕龍』, 「定勢」, "舊練之才, 則執正以取奇."
32) 劉勰, 『文心雕龍』, 「辨騷」, "酌奇而不失正."
33) 劉勰, 『文心雕龍』, 「定勢」, "以意新得巧."
34) 劉勰, 『文心雕龍』, 「定勢」, "失體成怪."
35) *陳從周(1918~2000): 중국 고건축 園林예술 분야의 학자이며, 同濟대학 교수이다.

에 대해 다음과 같이 말하였다.

> 곡과 직은 상대적이다. 곡에 직이 깃들어야 하며, 탄력적으로 운용하여 곡과
> 직이 자유자재해야 한다.…… 굽은 다리, 구불구불한 길, 구부러진 회랑回廊
> 은 원래 서로 통하기 위해 한 지점에서 다른 지점으로 설치한 것이다. 원림의
> 양쪽으로는 모두 풍경이 펼쳐져 있어서 반듯하거나 구불구불한 길을 따라 거
> 닐며 좌우의 경치를 둘러볼 수 있다. 발길 닿는 대로 거리를 연장하여 걷다
> 보면 더 깊은 재미에 빠져들게 된다. 이로써 곡은 본래 직에서 생겨났으니,
> 굴곡의 법도가 중시되었음을 알 수 있다.[37]

원림예술에서 곡과 직에 대해 논한 것을 요약해 보면, 곡은 직에서 생겨났으
나 곡을 중요하게 여겼고, 곡이 중요하기는 하지만 여전히 곡 속에는 직이
깃들어 있어야 한다. 곡과 직은 서로 돕고 의존하고 대립한다. 주가 되는 것과
부차적인 것이 분명하면서도 상부상조하는데, 이는 'A而B'의 색채가 분명하다
고 할 수 있다. 필자는 천충저우의 원림예술 이론이 주로 중국 고대의 원림예술
에서 직접 유래했다고 본다. 또한, 여기서 논한 곡과 직에 관한 그의 이론은
고대 원림예술 이론의 정수를 잘 보여 주는 것이라 하겠다.
    위의 예시들은 시, 문장, 글씨, 그림, 음악, 원림 등 다양한 예술 분야에서
두루 볼 수 있는 것이다. 우리는 이를 통해 'A而B' 형식이 중화미를 표현하는
흔하고 효과적인 표현 형식임을 충분히 알 수 있었다. 유사한 예시는 많지만
더 이상 거론하지 않겠다.

---

36) 陳從周, 『園林談叢』(上海文化出版社, 1980).
37) 陳從周, 『園林談叢』(上海文化出版社, 1980), p.4.

## 2) 'A而不B' 형식

필자는 팡푸가 제시한 중용의 또 다른 형식인 A而不A' 형식을 A而不B[38]로 고쳐야 한다고 생각한다. A而不B 형식은 고대 문예 미학에서도 폭넓게 활용되었다. 시론詩論의 예로써 살펴보면, 당대唐代의 교연皎然[39]은 『시식詩式』에서 '시에서 하지 말아야 할 네 가지'(詩有四不) 설을 다음과 같이 제기하였다.

기개는 높되 격분해서는 안 되니, 격분하면 풍류를 잃기 때문이다. 힘은 굳세되 드러내서는 안 되니, 드러나면 도끼에 상처를 입기 때문이다. 감정은 풍부하되 어두워서는 안 되니, 어두우면 옹졸하고 우둔함에 빠지기 때문이다. 재주는 넉넉하되 성글어서는 안 되니, 성글면 맥락이 손상되기 때문이다.[40]

음악 이론에서는 송대宋代 유적劉籍이 『금의편琴議篇』에서 다음과 같이 말하였다.

소리가 우아하고 바른 것은 손가락의 사용이 분명해서이다.…… 아름답지만 요염하지 않고, 애절하지만 상하지 않으며, 질박하지만 문채가 나고, 분별이 있지만 속이지 않는다.…… 고르지 않은 울림으로 변화가 많고 나오는 소리가 빼어나니, 이것이 거문고의 덕이다.[41]

---

38) 이렇게 변경하려는 이유는 몇 마디 말로 설명할 수 없으며 보다 전문적인 토론이 필요하다. 그러나 이것을 본서에서 다루는 것은 적절하지 않다고 판단하여 생략하고자 한다.

39) *皎然(730~799): 晉나라의 유명 시인 謝靈運의 10대손으로 당나라 중기의 禪僧 겸 詩人이다. 近體보다 古體詩나 樂府에 뛰어났으며, 중후한 형식 속에 솔직한 감회가 흐르고 있다. 齊己·貫休와 함께 당의 3대 詩僧으로 꼽힌다. 주요 저서에는 『詩式』, 『詩評』 등이 있다.

40) 皎然, 『詩式』, "氣高而不怒, 怒則失於風流. 力勁而不露, 露則傷於斤斧. 情多而不暗, 暗則蹶於拙鈍. 才贍而不疏, 疏則損於筋脉."

41) 劉籍, 『琴議篇』, "夫聲意雅正, 用指分明.……美而不豔, 哀而不傷, 質而能文, 辨而不

---

서예 이론에서는 "운용을 다르게 하더라도 법도를 범해서는 안 되고, 조화롭지만 같지 않아야 한다"[42]라고 하였다. 이 밖에도 이와 같은 예는 매우 많다.

여기에서 하나만을 취해 A는 되지만 B는 안 된다는 것, 즉 A而不B의 형식으로 하나만을 취하는 것은 중을 찾을 때는 유리하지만, 화를 구하는 데는 불리할 수 있다. A而不B로 한 가지만을 취하는 형식은 B를 버리고 A를 취하는 것이다. A가 비록 미덕美德[취할 만한 요소이기는 하지만 이것은 오로지 한 면일 뿐으로, 다른 한 면과 조화를 이루기에는 부족하다. 예를 들어 『예기禮記』 「경해經解」에서는 '시교詩敎'에 대하여 "그 사람됨이 온유하고 돈후하되 어리석지 않으면 시에 심오한 자"[43]라고 하였다. 여기에서 "온유하고 돈후하되 어리석지 않다"라는 것은 바로 A而不B 형식으로 한 가지만을 취한 것이다. 이 때문에 그 문장이 비록 '없애다' 혹은 '금지하다'["어리석지 않다"]라는 뜻을 내포하고 있다고 하더라도, 그것이 정면으로 표명한 것은 시종일관 '온유돈후'인 것이다. 따라서 "온유하고 돈후하되 어리석지 않다"라는 문장을 전체적으로 보면, 결코 조화나 중화의 특징이 드러나지 않는다.

그렇다면 A而不B 형식으로는 조화로움을 표현할 수 없는 것일까? 그렇지 않다. 사실 A而不B 형식은 대구對句로 사용하거나 혹은 배열하여 사용하면, 중화미를 매우 효과적으로 표현할 수 있다. 본서 제2장에서 공자가 "『시경詩經』 「관저關雎」에서는 즐거우면서도 지나치지 않고(樂而不淫), 슬프면서도 조화로움을 해치지 않는다(哀而不傷)"[44]라고 한 것이 좋은 예이다. 더 나아가 우리는 고대인들이 문예에서 A而不B 형식을 사용할 때, 늘 그것을 대구對句로 사용하거나 혹은 배열하여 사용하였다는 점에 주목해야 할 것이다.

---

詐……參韻曲折, 立聲孤秀, 此琴之德也."

42) 孫過庭, 『書譜』, "違而不犯, 和而不同."

43) 『禮記』, 「經解」, "其爲人也, 溫柔敦厚而不愚, 則深於詩者矣."

44) 『論語』, 「八佾」, "關雎, 樂而不淫, 哀而不傷."

본서 제3장에서 춘추春秋시기 오吳나라 공자公子 계찰季札의 『시경詩經』 송頌에 관한 논술을 살펴보았다. 여기에서 계찰은 A而不B 형식"곧지만 오만하지 않았고, 굽히되 굴복하지 않았다."[45]을 14차례 사용하여 예술의 조화사상을 충분하게 표현하였는데, 이것이 뚜렷한 예라고 할 수 있다. 다음으로 시론詩論에 관해 살펴보고자 한다. 청대淸代 모춘영冒春榮[46]은 『심원설시葚原說詩』에서 다음과 같이 말하였다.

> 시를 고상하고 화려하게 하고자 하더라도 거짓으로 꾸며서 고상하고 화려하게 해서는 안 되며, 시를 깊고 우울하게 하고자 하더라도 난삽함으로 깊고 우울하게 해서는 안 된다. 시를 웅장하게 하고자 하더라도 거친 호기로움으로 웅장하게 해서는 안 되며, 시를 충담沖淡하게 하고자 하더라도 부족하고 옅음으로 충담하게 해서는 안 된다. 시를 특이하고 출중하게 하고자 하더라도 궤변이나 편벽함으로 색다르게 해서는 안 되며, 시를 법칙에 맞게 하고자 하더라도 진부함으로 법칙에 맞게 해서는 안 된다. 시를 노련하고 굳세게 하고자 하더라도 생기 없는 것으로 노련하고 굳세게 해서는 안 되며, 시를 수려하고 매끄럽게 하고자 하더라도 연약함으로 수려하고 매끄럽게 해서는 안 된다. 시를 얽매이지 않고 자유롭게 하고자 하더라도 경망스러움으로 얽매이지 않고 자유롭게 해서는 안 되며, 시를 질박하고 두텁게 하고자 하더라도 고지식함으로 질박하고 두텁게 해서는 안 된다. 시를 정교하고 다채롭게 하고자 하더라도 꾸미고 덧입힘으로 정교하고 다채롭게 해서는 안 되며, 시를 맑고 참되게 하고자 하더라도 속되고 촌스러운 것으로 맑고 참되게 해서는 안 된다. 시인의 '아속지변雅俗之辨'[우아함과 속됨의 구별은 모두 여기에 달려 있다.[47]

---

45) 『春秋左氏傳』, 襄公 29年條, "直而不倨, 曲而不屈."

46) *冒春榮(1702~1760): 淸代의 시론가로, 『象山縣志』, 『通州志』를 편찬하였다.

47) 冒春榮, 『葚原說詩』, "詩欲高華, 然不得以浮冒爲高華. 詩欲沉鬱, 然不得以晦澀爲沉鬱. 詩欲雄壯, 然不得以粗豪爲雄壯. 詩欲沖淡, 然不得以寡薄爲沖淡. 詩欲奇矯, 然不得以詭僻爲奇矯. 詩欲典則, 然不得以庸腐爲典則. 詩欲蒼勁, 然不得以老硬爲蒼勁. 詩欲秀潤, 然不得以嫩弱爲秀潤. 詩欲飄逸, 然不得以佻達爲飄逸. 詩欲質厚, 然不得以板滯爲質厚. 詩

위 문장의 'A하고자 하더라도 B로써 A를 삼아서는 안 된다'는 형식은 실제로 A而不B의 다른 표현이다. 모춘영은 이 형식으로써 시가詩歌의 12가지 풍격은 긍정하면서, 동시에 A인 것 같지만 실제로는 B인 바람직하지 못한 풍격 12가지는 부정하였다. 그는 12가지 바람직한 풍격 간의 관계에 대해서는 더 분석하지 않았다.

그러나 두 가지 풍격을 대대對待하여 나란히 배열하려는[예: "고상하고 화려함-깊고 우울함", "웅혼-충담" 등] 의도는 매우 분명하게 보여 주었다. 즉, 12가지 풍격을 6쌍으로 서로 대대하고 통일시킴으로써, 그가 생각하는 시가의 우아하고 바른 풍격들이 전체적으로 화합을 이루게 한 것이다. 이는 다양한 예술 풍격의 합리적 공존을 긍정하고 바람직하지 않은 풍격들을 배제함으로써, 위에서 언급한 중화미의 중요 미학적 특징인 가용성의 원칙에 부합하는 정태적 조화 관계의 특징을 잘 보여 주고 있다.

팡푸는 A而不A' 형식은 제시하였지만, 極A而不A'[48][즉 極A而不B] 형식이 존재한다는 것은 인식하지 못하였다. 사실 이러한 형식은 이미 『예기禮記』「악기樂記」에도 보이며, 앞 장에서 언급했던 "지극히 그윽하지만 감추지 않는다"[49]라는 문장도 그 예가 된다. 또한 후대 문예 미학에도 이러한 형식은 자주 출현한다. 예를 들어 교연皎然은 『시식詩式』에서 '시의 여섯 가지 지극함'에 대해 다음과 같이 말하였다.

지극히 험하지만 치우치지 않으며, 지극히 기이하지만 남다름이 없고, 지극히 아름답지만 자연스러우며, 지극히 괴로워하지만 조탁彫琢의 자취는 없으

---

欲精采, 然不得以雕繪爲精采. 詩欲淸眞, 然不得以鄙俚爲淸眞. 詩家雅俗之辨, 盡於此矣."
48) *極A而不A': '지극히 A하지만, A'는 아니다'라는 것이다.
49) 『禮記』, 「樂記」, "極幽而不隱."

며, 취한 재료는 지극히 가깝지만 그 의경은 심원하며, 지극히 방달放達하지
만 우활迂闊하지는 않다.[50]

여기에서 첫째·둘째·여섯째 구절은 모두 極至A而不B 형식의 전형이며,
나머지 세 개의 구절 역시 교연이 極A를 긍정하고 있다는 것을 보여 준다.
앞에서 "지극히 그윽하지만 감추지 않는다"는 문장을 언급하면서 極A에 대해
긍정하였는데, 이러한 표현은 중화미가 극단의 아름다움을 추구하고 있다는
것을 보여 준다. 이 형식에는 대구對句나 배열의 방식이 주로 사용되는데, 대구
나 배열의 방식은 중화미가 바람직한 대립적 양단또는 다른 여러 극단의 요소들을
허용하여, 최대한으로 자신을 발전시키고 강화함으로써 스스로 극치[51]에 도달
한다는 것을 분명하게 보여 준다. 이렇게 대립하거나 이질적인 요소들은 극치
에 도달한 후에도 여전히 조화롭고 통일된 관계 속에 있게 된다. 위의 교연의
문장에서 '여섯 가지 지극함'의 상호 관계가 서로 어울리며 방해하지 않은 것이
바로 그 예라고 할 수 있다.

다음으로 極A而不B 형식이 쓰인 다른 예를 살펴보자. 청대淸代 유희재劉熙載
는 문장에서 '성김'과 '치밀함'의 양극단을 모두 중시하여, "성김(疏)과 치밀함(密)
두 글자의 쓰임은 이루 다 할 수 없다"[52]고 하였다. 그리고 더 나아가, "태사공太
史公[53]의 문장은 성김과 치밀함이 모두 그 극치에 이르렀다"[54]라며 성김과 치밀
함의 극치를 칭송하였다. 그는 사마천의 문도文道에 대해 다음과 같이 재평가하

---

50) 皎然, 『詩式』, "至險而不僻, 至奇而不差, 至麗而自然, 至苦而無跡, 至近而意遠, 至放而
　　不迂."
51) 이러한 '극치'는 한 사물의 질적 규정의 한계 내에서, 아직은 한계를 넘어 좋지 않은
　　질적 변화를 일으키지는 않았지만 이미 경계에 가깝게 접근한 것이다.
52) 劉熙載, 『藝槪』, 「文槪」, "疏密二字, 其用不可勝窮."
53) *太史公: 前漢시대의 역사가인 司馬遷(B.C.145~B.C.86)이다. 武帝의 태사령이 되어
　　『史記』를 집필하여 기원전 91년에 완성하였다. 중국 최고의 역사가로 칭송된다.
54) 劉熙載, 『藝槪』, 「文槪」, "太史公文, 疏與密皆詣其極."

였다.

태사공의 말들은 때때로 은하銀河와 같이 막연하기도 하지만, 그 뜻과 이치는 오히려 세밀하게 파고들어 빈틈이 없다. 평론가들이 이를 일러 "도를 어지럽 혔지만 오히려 훌륭하다"고 하였다. 그러나 사실 근본적으로 도를 어지럽힌 것은 아니다.[55]

"은하와 같이 막연한 말들"은 성김의 극치이고 "세밀하게 파고들어 빈틈이 없다"는 것은 치밀함의 극치로서, 이들은 한 문장에 공존하면서도 결코 도를 어지럽게 하지는 않는다. 유희재가 보기에, 사마천의 문장이 훌륭한 이유는 바람직한 대립 요소성김(疏)과 치밀함(密) 등들을 각각 극치[極A]로 끌어올리면서도 적절한 위치에 안배하여 혼란[不B]을 야기하지 않았으며, 이들이 문장 속에서 줄곧 조화로운 통일체를 유지하기 때문이다. 이는 무심코 '도를 어지럽힌 것'이 아니라, 바로 의도적인 안배인 것이다.

오늘날 어떤 논자는[56] 유희재가 『예개藝槪』에서 "성김과 치밀함이 극치에 이르렀다"라는 등의 논의를 여러 차례 언급한 것에 대해, 그가 유가 중화관의 '대립 강화의 법칙'[57]을 깨뜨렸다고 생각한다.[이 논자가 보기에 유가 중화관은 예술 창조 과정에서 일종의 통일 강화의 법칙인 것이다.] 그러나 위의 분석에 따르면, 예술

55) 劉熙載, 『藝槪』, 「文槪」, "太史公時有河漢之言, 而意理却細入無間. 評者謂亂道却好, 其實本非亂道也."
56) 陶型傳, 「藝術創造中的對立強化規律」, 『文藝理論研究』(1983(4)).
57) 陶型傳(1941~)은 문장에서의 '대립 강화 법칙'에 관하여 다음과 같이 말하였다. "예술의 창조 과정에서 예술미를 구성하는 각 대립 면은 모두 자신의 심미적 특성을 충실히 발전시켜 강화하는 과정이 있다. 이 과정은 대립하는 쌍방이 상대와 반대 방향으로 양극화되는 과정이다. 대립하는 쌍방 자체의 심미적 특성이 발전되고 강화될수록 대립 면 사이의 간격은 더욱 커지고 대립성은 더욱 강해지며 예술미의 정도는 더욱 높아진다. 이것이 바로 예술 창조 과정에서의 대립 강화의 법칙이다."

*원元 예찬倪瓚, 「용슬재도容膝齋圖」, 타이베이 국립고궁박물원 소장

창조에 있어서 바람직한 양극단 혹은 여러 극단적 요소를 각각 강화하여 극에 이르게 하고, 또 그것들을 여전히 통일체 내에 조화롭게 배치하는 것이 바로 유가 중화미 관념의 기본 특징이다.

이러한 특징의 철학적 기초나 근거는 바로 앞 장에서 논했던 유가儒家의 "양 끝을 잡아 그 중을 쓴다"[58], "의를 따를 뿐이다"[59], "오직 의가 있는 대로 하는 것이다"[60]라는 등의 때에 따라 중中을 쓰는 사상이다. 이것이 곧 유가 전체의 사상을 아우르는 적합성의 원칙으로, 문예 이론 가운데 「악기樂記」와 『시식詩式』에서도 살펴본 바가 있다. 물론 이는 『예개藝槪』에 와서야 비로소 확실히 나타나 전개되었다. 필자가 보기에, 『예개』에는 문학예술 평론에 관한 유가 중화미학 관념의 중요한 결정체가 상당 부분 들어 있어 보인다. 따라서 이 논자의 말을 빌려서 표현하자면, 유가의 중화관은 본래 '대립 통일의 법칙'과 '대립 강화의 법칙'을 겸한 것이라고 할 수 있다.

---

58) 『禮記』, 「中庸」, "執其兩端, 用其中於民."
59) 『論語』, 「里仁」, "義之與比."
60) 『孟子』, 「離婁下」, "惟義所在."

## 3) '亦A亦B' 형식

고대 문예 이론 가운데 亦A亦B 형식을 엄격하게 지켜 직접적으로 사용한 경우는 많지 않았지만, 논술 속에서 이 형식의 논리를 반영하는 것은 흔한 일이 었다. 예를 들어 유희재는 한유韓愈의 문장에 관하여 다음과 같이 평론하였다.

문장이 혹은 탄탄하거나 혹은 생동감이 있는 것은 비록 각각의 장점은 있으나 한쪽으로 치우치지 않을 수 없다. 그러나 한유의 문장을 살펴보면 탄탄하나고 해서 어찌 생동감이 없겠으며, 생동감이 있다고 해서 어찌 탄탄하지 않겠는가?[61]

여기에서 한유의 문장을 "탄탄함도 있고, 생동감도 있다"라고 표현한 것은 일차적인 亦A亦B 형식이다. 나아가 "탄탄한 가운데 또한 생동감이 있고, 생동감이 있는 가운데 또한 탄탄함이 있다"라는 표현은 더욱 진일보한 亦A亦B 형식이라고 할 수 있다. 이렇게 고정된 형식을 사용하지 않으면서도 이러한 형식의 논리를 반영한 현상은 서예 이론에서도 볼 수 있다.

청대清代 포세신包世臣[62]은 『예주쌍즙藝舟雙楫』 「술서중述書中」에서 서예의 '나아감'(行)과 '머무름'(留)의 관계에 대해 다음과 같이 논하였다.

내가 육조六朝 비각碑刻의 탁본을 살펴보건대 나아가는 곳에서 모두 머무르고, 머무르는 곳에서 모두 나아간다. 가로획이 곧고 평평하게 지나가는 부분은 나아가는 곳이다. 옛사람들은 붓이 점차 나아가고자 할 때 반드시 돈좌頓

---

61) 劉熙載, 『藝概』, 「文概」, "文或結實, 或空靈, 雖各有所長, 皆不免著於一偏. 試觀韓文, 結實處何嘗不空靈, 空靈處何嘗不結實."

62) *包世臣(1775~1855): 淸나라의 학자이며 서예가이다. 대표 저서인 『藝舟雙楫』은 碑學派에게 추앙되었으며, 청나라 말기 서예계에 큰 영향을 미쳤다.

*북위北魏, 「장맹룡비張猛龍碑」

挫63)함으로써 급하게 나아가지 못하도록 하였는데, 이것이 바로 나아가는 곳에서 모두 머무른다는 것이다. 전절轉折64)하여 획의 방향을 전환하고 꺾는 부분은 머무는 곳이다. 옛사람들은 반드시 제봉提鋒65)할 때 눈에 띄지 않지만 붓을 눌러 먹물이 번지지 않게 하였는데, 이것이 바로 머무르는 곳에서 모두 나아간다는 것이다.66)

서예에서는 필획 또는 글자체 짜임새의 다름에 따라 나아가거나(行) 머무르는(留) 등의 필의筆意를 다르게 표현해야 하는데, 이것이 일차적인 亦A亦B 형식이다. 또한 "나아가는 곳에서 모두 머무르고, 머무르는 곳에서 모두 나아가기를" 요구하는 것은 더욱 진일보한 亦A亦B 형식이라 하겠다.

풍골風骨67)과 문채文采에 관한 『문심조룡文心雕龍』의 논술을 다시 살펴보자. 유협劉勰은 문장의 풍골에 대해, 문장은 맑고 준엄하며 막힘없는 감정과 지기志氣를 표현하여 강한 감화력을 가져야 하고, 또한 논평의 표현은 강건하고 굳세야

---

63) *頓挫: 運筆法의 하나로, 頓은 굵은 획으로 변할 때 붓을 누르는 동작이고, 挫는 획의 방향이 바뀔 때 붓의 면을 바꾸는 것이다.

64) *轉折: 행필 과정에서 방향을 바꾸고자 할 때의 운필법이다. 轉은 방향을 부드럽게 밀고 가면서 둥글게 바꾸는 것이고, 折은 방향을 바꾸어 각지게 꺾는 것이다.

65) *提鋒: 起筆과 收筆 시에 붓을 누르고 일어나는 것이다.

66) 包世臣, 『藝舟雙楫』, 「述書中」, "余觀六朝碑拓, 行處皆留, 留處皆行. 凡橫直平過之處, 行處也, 古人必逐步頓挫, 不使率然徑去, 是行處皆留也. 轉折挑剔之處, 留處也. 古人必提鋒暗轉, 不肯撇筆使墨旁出, 是留處皆行也."

67) *風骨: 魏晉南北朝시대에 인물을 품평할 때 주로 쓰던 말로, 그 인물의 정신·기질·거동 등이 세속의 분위기에 물들지 않는 기상을 말한다. 이때 '風'은 대개 사람을 감화시키는 본원적인 힘으로, 문학에서는 情志를 작품 전체에 뚜렷하게 드러내는 힘이다. '骨'은 문장의 표현에서 풍을 지탱하는 뼈대로, 修辭의 정확한 結構이다.

한다는 점을 강조하였다. 이처럼 풍골이 뛰어난 문장은 당연히 풍력이 강건하고 골수에 힘이 있어야 하지만, 그렇다고 문채가 나거나 화려하지 않아야 한다는 것은 아니다. 『문심조룡』「풍골」에서는 다음과 같이 말하였다.

> 만약 풍골은 있으되 문채가 부족하다면 이는 사나운 매들이 문단文壇에 모여 있는 것과 같고, 문채는 있으되 풍골이 부족하다면 이는 화려한 꿩이 문단에 숨어든 것과 같다. 오직 문채가 빛나면서도 하늘 높이 날아오를 수 있어야 진실로 문장 중의 봉황이라 할 수 있다.[68]

즉, 문장에 풍골은 있지만 문채가 부족하다면 이는 예원藝苑에 맹금猛禽이 있는 것과 같은 것이며, 문채는 있지만 풍골이 부족하다면 이는 예술이라는 동산에서 꿩이 마구 날뛰는 것과 같다. 전자가 문채의 아름다움이 부족한 것이라면 후자는 강건한 힘이 부족한 것이라 하겠다. 풍골과 문채의 아름다움을 모두 갖추어야 비로소 예원의 봉황이라 할 수 있으며, 가장 칭찬할 만한 가치가 있다고 하겠다. "빛나는 문채를 갖추고 하늘 높이 날아오르는" 봉황이야말로 亦A亦B 형식을 한 몸에 담은 것이다.

펑푸의 분석에 따르면, 亦A亦B 형식은 또 하나의 중요한 특징을 가지고 있는데, 이는 사물의 발전 과정에서 이때는 이렇고 저때는 저러함을 허용하는 것이다. 즉 시간과 과정 전체에서 '중을 쓰고자 하는 것'(用中)이 목적이다. 필자가 보기에 亦A亦B 형식의 이러한 특징은 사물이 발전하는 전체 과정에서 중中을 쓰는 데에 적절할 뿐만 아니라, 화和를 구하는 데에도 적합하다. 즉 사물의 전체적인 조화를 이루고 도달하는 데 도움이 된다는 것이다. 亦A亦B 형식의

---

68) 劉勰, 『文心雕龍』, 「風骨」, "若風骨乏采, 則鷙集翰林, 采乏風骨, 則雉竄文囿, 唯藻耀而高翔, 固文章之鳴鳳也."

특징이 중국 고대예술 조화 이론에서 어떠한 양상으로 표현되며 그 의미가 무엇인지에 관해서는 본 장 제5절에서 집중적으로 다룰 것이기 때문에 여기서는 더 이상 논하지 않겠다.

위에서 고대 각종 예술 이론의 실례를 통해, 팡푸가 제시한 중용의 세 가지 형식이 중화미를 표현할 때 흔히 볼 수 있는 효과적인 형식임을 확실히 증명하였다. 하지만 각종 예술 이론에서 중화미 관념의 구체적 표현들은 매우 다양하므로 반드시 구체적 상황에 따라 구체적인 분석이 이루어져야 한다. 이론이 어떠한지 따져 보지 않은 채, 단지 형식만을 보고 무엇이 중화이고 무엇이 비중화인지를 판단해서는 절대로 안 된다. 예를 들어 만약 위에서 논한 세 가지 형식만을 표준으로 삼아 고집한다면, 한편으로는 형식은 비슷하더라도 정신이 전혀 다른 여러 가지 표현들[69]을 중화로 착각할 수 있으며, 다른 한편으로는 중화의 정신은 있지만 위의 세 가지 형식으로 표현되지 않은 중화미의 여러 구체적 표현을 보고도 지나쳐 버릴 수 있을 것이다.

## 4) 예술의 전체적 조화에 대한 표현 형식

예술에서 전체적인 조화를 추구하는 것은 중화미의 중요한 미학적 특징이

---

69) 이러한 표현은 매우 많은데, 예를 들면 『孟子』「萬章上」의 "살아서 먹다"(烹而食)·『莊子』「德充符」의 "텅 빈 채 가서 가득 채워 돌아오다"(虛而往, 實而歸)·『墨子』「尙賢上」의 "의롭지 않으면 부유하게 하지 않으며, 의롭지 않으면 귀하게 해 주지 않으며, 의롭지 않으면 친애하지 않으며, 의롭지 않으면 가까이하지 않는다"(不義不富, 不義不貴, 不義不親, 不義不近)·『老子』의 "살게 하되 소유하려 하지 않고, 베풀되 자신이 베풀었다고 하지 않는다"(生而不有, 爲而不恃); "이롭게 하되 해롭게 하지 않는다"(利而不害); "하되 다투지 않는다"(爲而不爭)·『莊子』「齊物論」의 "삶이 있으면 죽음도 있고 죽음이 있으면 삶도 있다"(方生方死, 方死方生); "이것은 또 저것이 되고 저것은 또 이것이 된다"(是亦彼也, 彼亦是也) 등이 있다. 劉蔚華의 『中庸之道是反辯證法的思想體系』에는 이러한 표현이 많이 제시되어 있으니, 그 판별과 분석을 참고할 만하다.

다. 이러한 미학적 특징 역시 적절한 형식으로 표현되고 전달되어야 한다. 물론 위에서 논한 세 가지 형식으로 예술의 전체적인 조화 사상을 어느 정도 전달할 수는 있다. 그러나 이것만으로 예술의 전체적인 조화 사상을 모두 표현하기에는 부족하다.

사실, 고대 문예 이론에서 예술의 전체적인 조화 사상은 고정된 하나의 형식으로 표현되지 않았다. 그 표현은 문제나 대상 더 나아가 논술하는 사람에 따라 달라지는 경우가 많았기 때문에, 그것들을 간단명료하면서도 적절한 공식[표현 형식]으로 개괄하기가 어려웠다. 따라서 우리는 그 예술 전체의 조화에 대한 표현 형식에 관해, 대롱의 구멍으로 표범을 들여다보는 방법[70]을 취할 수밖에 없으며, 이러한 개별적이고 구체적인 예를 통해서 그 면모를 대략 살펴볼 수 있을 것이다.

먼저 시론詩論을 살펴보자.

칠언고시七言古詩의 시작 부분은 마땅히 허공을 가르고 높은 봉우리가 일어나며, 맑고 높은 가락이 구름까지 스며들어, 황하가 하늘에서 떨어지는 듯한 기세가 있어, 한편의 큰 뜻이 마치 휘장 안의 등불이나 칼집 속의 검과 같이 그 광채가 붓끝까지 서려 있어야 한다. 중간 부분은 자유롭고 호탕한 기세가 기복과 전환의 기이함을 겸하며, 웅장하고 호방한 기상은 깊고 고요한 정신으로 안정되어야 한다. 그래야 지나가도 돌아올 수 있으며 빨라도 사납지 않게 될 것이다. 치밀한 부분에서는 번갈아 경구警句를 지어 돌을 깨고 하늘을 놀라게 해야 하고, 성긴 부분에서는 파도가 높이 일고 산과 물이 굽이진 듯해야 한다. 이는 마치 이름난 장수가 적을 대할 때 정돈되고 여유로운 것을 더욱 잘 보는 것과 같다.…… 관건은, 굳게 얽힌 곳에서는 서로 호흡하고 상생

---

70) *대롱의 구멍으로 표범을 들여다보는 방법: 대롱의 구멍으로 표범을 보면 표범의 얼룩점 하나밖에 보이지 않는다. 식견과 시야가 좁아 전반적인 것을 보지 못하는 것을 의미한다.

하지 않음이 없이 한 덩어리를 이루어야 한다. 그래야 근육과 관절이 긴밀히 연결되고 혈맥이 서로 통하여, 외형은 지극히 웅장하고 드넓으며 내면은 지극히 세밀하게 된다. 맺는 부분은 겹겹이 매듭을 지어 각 방면이 주도면밀해야 한다.[71]

위 문장은 칠언고시의 구성과 안배를 논한 것으로, 이를 통해 다음과 같은 점을 알 수 있다. 칠언고시를 일으키는 머리 부분은 가파르고 우뚝한 기세를 갖추어야 하며 동시에 전체와 호응해야 한다. 중간의 전개 부분은 변화와 기복을 지극히 하면서도 계속 안정되고 침착한 기상을 보여야 한다. 중요하게 기세가 꺾이는 부분은 호흡이 서로 통하여 전체가 융화되어야 한다. 맺는 결말 부분은 층층이 결속되어 전편全篇과 연결되어야 하며 곳곳에 빈틈이 없어야 한다.

주정진朱庭珍[72]은 칠언고시를 살아 움직이는 유기적 조화체로 인식하였다. 따라서 각각의 구성 부분은 서로 호응하여 "호흡하고 상생하며" "근육과 관절이 긴밀히 연결되고 혈맥이 서로 통하여" "한 덩어리를 이루어야 한다"고 하였다.

두 번째로 화론畵論을 살펴보자.

그림을 그릴 때는…… 먼저 소밀疏密과 허실虛實의 큰 뜻을 일찍 정해야 한다. 가볍게 붓을 내려 피차가 상생하고 서로 응하게 해야 하며, 농담濃淡이 갈마

---

71) 朱庭珍, 『筱園詩話』, "七古起處宜破空峰起, 高唱入雲, 有黃河落天之勢, 而一篇大旨, 如帷燈匣劍, 光影已攝于毫端. 中間具縱橫排蕩之勢, 宜兼有抑揚頓挫之奇, 雄放之氣, 鎭以淵靜之神, 故往而能回, 疾而不剽也. 于密處迭造警句, 石破天驚. 于疏處軒起波浪, 山曲水折. 如名將臨敵, 彌見整暇也.……其關鍵勒束處, 無不呼吸相生, 打成一片, 故筋節緊貫, 血脈靈通, 外極雄闊, 而內極細密也. 結處宜層層結合, 面面周到."

72) *朱庭珍(1841~1903): 晚淸代 사람으로 고대의 詩歌 이론을 전반적으로 총결하고 전통 시학의 명제를 심화시키는 데 주력하였으며 詩法說을 논하였다. 주요 저작은 『筱園詩話』가 있다.

들며 서로 어울리게 해야 한다. 하나하나 떼어 놓고 보면 사물마다 정취가 가득하고, 합쳐 놓으면 전체가 연결된다. 처음부터 끝까지 푸르스름한 아지랑이, 구름이 걸릴 듯 높은 나무, 촌락과 평원 등의 수많은 곡절이 서로 통하여 하나의 기운으로 연결되는 기세가 있어야 한다. 빽빽함은 가득 채움을 마다하지 않고, 성김은 느슨함을 마다하지 않는다. 더해서도 안 되고 덜 수도 없음이 마치 하늘이 이룬 것 같고 주조鑄造하여 완성한 것과 같으니, 이것이 바로 옛사람들이 그림을 구성하는 법에 합당한 것이다.[73]

*송宋 옥간玉澗, 「연람산수煙嵐山水」, 오카야마(岡山)현립미술관 소장

위 문장은 그림의 구성 문제를 논한 것으로 다음과 같은 점을 요구하고 있다. 그림 속 각각의 예술적 요소가 서로 발생하고 호응하며 갈마들고 생성되어야 한다는 것이다. 그림의 각 부분을 나누어 보면 나름대로 조리와 운치가 있으며, 합쳐 보면 유기적으로 연결되어 완전체를 이루어야 한다. 화폭 위아래의 풍경은 각기 다르면서도 전체는 하나의 기운으로 연결되어, 그림 전체에 대한 구성의 조화가 마치 하늘이 이룬 것과 같아야 한다.

---

73) 沈宗騫, 『芥舟學畵編』, 「布置」, "凡作一圖,……先要將疏密虛實, 大意早定. 灑然落墨, 彼此相生而相應, 濃淡相間而相成, 拆開則逐物有致, 合攏則通體聯絡. 自頂及踵, 其煙嵐雲樹, 村落平原, 曲折可通, 總有一氣貫注之勢. 密不嫌迫塞, 疏不嫌空松, 增之不得, 減之不能, 如天成, 如鑄就, 方合古人布局之法."

마지막으로 문론文論을 살펴보자.

대체로 문장 전체는 나무처럼 가지가 많고, 흐르는 물처럼 갈래가 많다. 갈래를 정리하기 위해서는 근원에 연유하고, 가지를 다듬기 위해서는 줄기를 따라야 한다. 그러므로 말을 하나로 모으고 뜻이 통하게 하여, 중요한 줄거리를 총괄하는 데 힘써야 한다. 무수한 갈래들을 하나의 귀결점으로 몰아가고, 백가지 생각을 하나로 일치시켜 바르게 해야 한다. 여러 이치가 번잡하더라도 뒤바뀌어 어긋남이 없어야 하고, 온갖 말이 무성하더라도 헝클어진 실타래와 같은 혼란함이 없어야 한다. 햇빛을 따라서 가지가 나오고, 그늘을 따라 자취를 감춘다. 문장의 처음과 끝이 긴밀히 연결되고 내외가 하나가 되어야 한다.…… 화가가 인물의 머리카락에만 집중하다 보면 전체 모양새를 잃기 쉽고, 사수射手가 작은 부분만을 겨누면 담장도 맞추기 어렵다. 정교하고 세밀한 기교는 반드시 전체적인 통일을 소홀히 하게 된다. 그러므로 한 마디(寸)를 굽혀 한 자(尺)를 펼치고 한 자를 굽혀 한 길(尋)을 펴서, 치우친 아름다움(偏善)의 기교를 버리고 갖추어진 아름다움(具美)의 성과를 배워야 한다. 이것이 문장을 다스리고 경영하는 원리이다.74)

위 문론文論의 내용 역시 문장의 배치와 구성의 문제를 논하고 있는데, 주장하는 바는 다음과 같다. 문장의 수사修辭와 정제된 의미를 통해, 갖가지 생각·무수한 이치·수많은 언어·처음과 끝·겉과 속 등의 문제 혹은 관계를 잘 처리해야 한다. 그렇게 함으로써 문장 속의 많은 예술적 요소가 드러나는 것이 마땅하면 드러내고"햇빛을 따라 가지가 나오고"1 숨기는 것이 마땅하면 숨겨"그늘을 따라

---

74) 劉勰, 『文心雕龍』, 「附會」, "凡大體文章, 類多枝派. 整派者依源, 理枝者循幹. 是以附辭會義, 務總綱領, 驅萬塗於同歸, 貞百慮於一致, 使眾理雖繁, 而無倒置之乖, 群言雖多, 而無禁絲之亂. 扶陽而出條, 順陰而藏迹. 首尾周密, 表裏一體.……夫畫者謹髮而易貌, 射者儀毫而失墻, 銳精細巧, 必疏體統. 故宜詘寸而信尺, 枉尺以直尋, 棄偏善之巧, 學具美之績. 此命篇之經略也."

자취를 감추듯이"] 주도면밀하게 하나로 결속되어 문장 전체가 조금도 혼란스러워서는 안 된다. 아울러 문장 전체의 예술적 조화미["갖추어진 아름다움"]를 궁극적인 목적과 잣대로 삼아야 한다. 따라서 문장 각 부분에서 적절하지 못한 "치우친 아름다움의 기교"를 지양하고, 유익하지 않은 지나친 발전을 제한해야 한다. 즉, 각 부분의 예술적 표현들은 문장 전체의 조화를 해치지 않으면서도 전체적인 조화에 도움이 되는 한도 내에서 통제되어야 한다.

위에서 거론한 세 분야의 논술을 통해, 예술의 전체적인 조화의 표현 형식에 대한 면모를 대략 살펴보았다. 위의 논술들은 다루고 있는 예술의 분야가 다르고, 논의하는 구체적 문제나 구사하는 언어도 다르며, 그 미학적 주장의 구체적인 주안점 또한 다르다. 그렇지만 우리는 그 안에서 중요한 공통점을 찾을 수 있다. 필자가 파악한 관련 언론과 자료를 종합해 보면, 예술의 전체적인 조화 사상에 관한 중국 고대 문예 이론은 비록 구체적이고 개별적인 표현의 내용에서 차이가 크지만, 전체적으로는 대체로 비슷한 특징을 보인다. 표현 형식에서 보면, 비록 앞에서 논한 A而B 등 세 가지 표현 형식을 겸하여 사용하기는 하지만, 오히려 일반적 문장으로 표현하는 경우가 더 많다.

앞에서 언급한 예술 문제의 차원에서 보면, 예술 창조에서의 배치·구성·장법章法 분야에 주로 집중되어 있다. 미학적·예술적 내용을 표현하려면, 많은 예술적 요소를 합리적으로 공존하게 함으로써, 상반되지만 서로를 이루어 주게 하며, 서로 채워 주고 도와주게 하여 조화로운 통일체를 이루어야 한다. 또한 전체적인 아름다움을 추구한다는 전제하에 부분적으로 자신의 예술적 표현을 전개하여, 각 부분 간의 호흡이 통하고 소리의 기운이 상응하며 혈맥이 하나로 관통되어야 한다. 이를 바탕으로 방해가 되거나 유익하지 않은 요소를 제거함으로써 최종적으로 예술품 전체를 완벽한 조화로 이끌어야 한다.

이상으로 중화미의 주된 표현 형식에 대해 논하였다. 다음은 고대의 서예·

회화 · 시가의 이론및 실천을 융합하여 중화미가 후대의 문예미학에 미친 방대하고 심오한 영향에 대해 구체적으로 고찰해 보고자 한다.


## 2. 고대 서예 이론에서의 중화미에 관한 표현

중국의 서예는 한자라는 부호에 대한 서사書寫로서, 매우 매력적인 예술로 발전하였으며 또한 중국예술사에서 돋보이는 중요한 위치를 차지하고 있다. 이와 관련하여, 중국예술을 깊이 이해하고 연구한 현대의 미국인 학자 퍼거슨(福開森, John Calvin Ferguson)75)이 언급한 몇 구절을 참고해 보고자 한다.

서예는 한자를 최대한 매력적으로 느끼게 하려는 예술적 충동에서 비롯되었다. 용龍이나 사슴(鹿), 수레(車) 등과 같은 한자를 알아보기 쉽게 형상화하면서도, 창조적인 묘사 또한 결코 부족하지 않다. 이처럼 아름다운 부호를 창조하고자 하는 기대는 마치 중국 초기 모든 회화의 열정을 끌어들인 듯하다.

서예는 항상 중국인들에게 예술 정감의 가장 훌륭하고 고상한 표현으로 인식되었다. 일찍이 그 어떤 다른 예술 형식도 그들의 깊숙한 감정에서 지속적인 흡인력을 가졌던 것은 없었다.

서예는 아름답게 글씨를 쓰는 것을 의미할 뿐만 아니라, 가장 깊은 감정을 불러일으키기에 더할 나위 없이 좋은 아름다운 예술의 한 종류이다.

---

75) *퍼거슨(福開森, John Calvin Ferguson, 1866~1945): 1886년 미국 보스턴대학교를 졸업하였으며, 1902년 철학박사 학위를 받았다. 중국에 건너와 南洋公學의 감원을 맡았다. 上海에서 新聞報, 英文時報, 亞洲文薈를 차례로 경영하였다. 1934년 다양한 개인 소장 유물을 金陵大學에 기증하였으며, 이것은 현재 南京大學 고고학 및 예술박물관에 소장되어 있다.

중국의 모든 시대에 걸쳐 가장 귀중하게 여겨진 예술 자산은 서예 작품들이
다.[76]

종합하여 말하면 "서예는 중국예술의 중심이며, 면류관이라고 할 수 있다."
중국서예의 예술적 특질과 중국예술사에서의 뛰어난 위상은, 몇 단락의 인용문
에서 이미 그 대략을 살펴보았으므로 더 자세한 분석은 하지 않겠다.

흔히 말하는(퍼거슨이 위의 인용문에서도 언급한) 서예의 '사물에 대한 묘사'(狀物)
와 '감정의 표현'(抒情)이라는 두 가지 본질적 특징 혹은 예술적 기능 외에, 예술
적 표현에서 "중심과 면류관"이라는 말에는 과연 어떠한 중요한 특징과 정신이
있는가? 서예라는 예술은 춤추는 듯한 선이 변화하고 조합하여 이루어진 선의
예술이며, 동시에 중국 전통의 다양한 예술 법칙을 내면의 정신적 근거로 삼고
있는 예술이다.

이 책의 특정한 시각에서 출발하면 보편적 예술의 조화 정신, 즉 중화 정신
이 이러한 예술 형식 속에서 두드러지게 나타나고 있음을 살펴볼 수 있었다.
예를 들어 퍼거슨은 「서예」에서 다음과 같이 논하였다. "서예란 지면에 한자를
조화롭게 안배하는 것으로, 이는 바로 음악이 음조의 조화로운 안배인 것과
같다. 두 예술의 이러한 조화로운 안배는 사람들의 감정을 표현하고 호소하는
데에 사용되었다." 이 표현은 서예의 예술적 표현의 특징을 상당히 정확하게
파악한 것이다. 즉 서예는 거의 음악과 가까워 모두 조화를 추구하는 형태인데,
바로 이러한 조화로움 속에서 서예(음악처럼)는 사람의 감정을 완전하게 표현하
고 자극하였다.

---

76) 1940년 上海 商務印書館에서 출간된 퍼거슨의 *Survey of Chinese Art*(中國藝術綜覽)의
한 부분이다. 필자가 번역한 이 책의 3장 「Calligraphy」(서예)는 雲南省 서학연구회에
서 편집한 『書學論文集』(昆明, 1988)에 수록되어 있다. 이곳의 인용문은 모두 여기에
서 발췌한 것이다.

*당唐 장욱張旭, 『두통첩肚痛帖』          당唐 손과정孫過庭, 『서보書譜』

퍼거슨이 이렇게 중국서예에 남다른 안목을 갖게 된 것은 단지 그가 이질적인 문화[서양문화] 환경에 놓여 있었기 때문만은 아니다. 아마도 중국문화에 대한 폭넓은 경륜과 깊은 수양이 더 크게 작용했을 것이다. 음악에서와 마찬가지로, 중국 고대 서예 이론에서 이러한 예술적 조화는 일찍이 서예 이론과 서예 미학의 원칙으로 명확하게 제시되어 왔기 때문이다. 또한 당대當代를 포함한 역대의 서론가書論家와 미학자들도 이에 대해 여러모로 긍정적이었다.

다음으로는, 중국서예예술의 조화 정신에 대해 구체적으로 살펴보고자 한다. 당대唐代 손과정孫過庭[77]은 서학書學의 명저인 『서보書譜』에서 화和 또는 중화中和를 미학적 원칙으로 명확하게 제시하였다.

하나의 점은 한 글자의 규범이 되고, 한 글자는 전편全篇의 준칙이 된다. 운용을 다르게 하더라도 법도를 범해서는 안 되고, 조화롭지만 같지 않아야 한다.[78]

여기에서 "운용을 다르게 하더라도 법도를 범해서는 안 되고, 조화롭지만

---

77) *孫過庭(646~691): 唐代 서예가이자 서예 이론가로, 서예 작품의 예술성과 내용의 이론적 측면에서 후대의 귀감이 되는 『書譜』를 남겼다.
78) 孫過庭, 『書譜』, "一點成一字之規, 一字乃終篇之准. 違而不犯, 和而不同."

같지 않아야 한다"(違而不犯, 和而不同)라는 것은, 결코 함부로 언급하거나 등한시할 만한 관점이 아니다. 이것은 이미 오랫동안 실제 중국서예의 발전 과정에서 총괄되고 집약된 이론의 원칙이다. 이 원칙은 중국서예도 음악예술과 마찬가지로 예술적 조화를 추구하는 경향이 뚜렷하다는 것을 보여 준다.

그렇다면 손과정은 왜 '같음'(同)에 대해 반대하는가? 이를 이해하기 위해서는 먼저 '같음'의 의미를 명확하게 살펴보아야 한다. 일찍이 선진先秦시기에 '화동和同'설이 성행하였는데, 그중에서 사백史伯의 말이 유명하다. "조화(和)가 실현되면 만물을 낳는 것이니, 같기만(同) 하면 계속 이어질 수 없다."79)

여기에서 '같음'은 사물을 단일화하는 것, 즉 단일하고 서로 같은 사물끼리 더해 주고 도와주는 상호작용을 말한다. 같은 사물 간의 상호작용은 "같은 것에 같은 것을 보태는 것이고"80), "물에 물을 더 붓는 것"81)과 같은 것으로서, 실제로 같은 사물의 수적인 변화만 초래할 뿐 결코 새로운 것을 만들어 낼 수는 없다. 사물 또한 이러한 작용으로 인해 그 무한한 다양성을 잃고, 지속적으로 발전할 생기生機와 활력마저 잃게 된다.["이어지지 않는다."] 이러한 보편적 이치는 예술에서도 비슷한 양상을 보인다.

한자漢字의 쓰기를 예로 들어 이 이치를 살펴보자. 한자를 구성하는 기본적 필획은 많지는 않지만 일단 연결되어 글자를 이루게 되면, 각기 서로 다른 자형字形의 필획과 그 구조가 갖가지 변화를 거쳐 매우 다양한 형태로 나타난다는 것을 우리는 익히 알고 있다. 한자를 쓸 때 수많은 변화와 충만하고 발랄한 생기를 체현해 내게 되는데, 이것은 진정한 예술이 될 수 있는 매우 좋은 조건이라고 할 수 있다. 그러나 문자의 가장 중요한 임무와 기능은 사람과 사람을

---

79) 『國語』, 「鄭語」, "和實生物, 同則不繼."
80) 『國語』, 「鄭語」, "若以同裨同."
81) 『春秋左氏傳』, 昭公 20年條, "譬如以水益水."

교류하게 하는 것이며 의미와 정보를 전달하는 수단이라는 것 또한 우리는 알고 있다. 만약 그 교제의 기능이 발휘되는 것만을 추구한다면, 글자를 쓸 때 필연적으로 똑같아질 수밖에 없다. 왜냐하면 동일하고 규범화되어 변화가 없는 글자일수록 안정적이고 명확한 형태를 이루게 되어, 사람들이 문자를 파악하는 데에 유리하기 때문이다. 그래야 적재된 의미와 정보를 더 정확하고 명료하며 빠르게 전달할 수 있는 것이다.

만약 이렇게 같음(同)을 추구하는 정신으로 한자 쓰기를 요구한다면, 아무리 한자의 필획과 구조가 끝없이 변화할 수 있다고 하더라도, 결국에는 완전히 획일화되어 판에 박힌 듯한 모습이 될 수밖에 없다. 오늘날 간행물에 통용되는 인쇄체인 방송체(倣宋體82)가 그 단적인 예이다. 이러한 글자체는 물론 의미와 정보를 잘 전달할 수 있고, 실용적 가치가 뚜렷하기 때문에 앞으로도 계속 통용될 것이다. 그러나 이것은 천편일률적으로 모든 글자를 하나의 격식에 맞춰 똑같은 모습으로 반복하여 쓰기 때문에, 예술적 관점에서 보면 단조롭고 지루하기 짝이 없어 "사람이 어찌 견딜 수 있겠는가!"83)라는 지경에 이르게 된다. 한자의 쓰기가 만약 같음(同)을 추구하여 이러한 지경에 이르게 된다면, 무슨 예술적 생명력이 있다고 말할 수 있겠는가?

물론 서예는 붓의 운용이나 글씨를 쓰는 사람에 따라 각각 다르게 표현되기 때문에, 실제 쓰기에서 이렇게까지 똑같을 수는 없다. 그러나 예술적 생기가 부족하고 판에 박힌 듯한 쓰기는 어느 정도 나타나기 마련이다. 예를 들어 고대 서예가들은 항상 "점에 변화가 없다면 바둑돌을 늘어놓은 것과 같고, 획에 변화가 없다면 산가지(算)를 벌여 놓은 것과 같다"84)고 하였다. 이는 실제

---

82) \*倣宋體: 宋代 판본의 글자체를 본떠 만든 현대 인쇄체의 하나이다.
83) 劉義慶, 『世說新語』, 「言語」, "人何以堪."
84) 馮班, 『鈍吟書要』, "點不變爲布棋, 畵不變爲布算."

서예의 과정에서, 점點·세로획(竪)·가로획(橫)을 모두 같게 씀으로써 내재된 움직임이나 조그만 변화도 존재하지 않는 서예의 병통을 분명하게 비판한 것이다. 같음이 명확히 존재하여 그 존재가 예술성을 약화시키고 상쇄시키는 이상, 예술 정신이 충만한 중국서예가 이를 거부하고 배척하는 것은 매우 자연스러운 일이다.

같음에 반대함과 동시에 이와는 상반되는 다름을 추구해야 한다. 그렇다면 '다름'(違)이란 무엇인가? 『서보_書譜』의 몇 단락에서 이에 대한 설명을 살펴볼 수 있다.

*당唐 안진경顔眞卿, 「안근례비顔謹體碑」

> 여러 개의 획을 나란히 써놓아도 그 형태가 각각 다르며, 많은 것을 가지런히 늘어놓아도 그 형태는 서로 어긋난다.[85]

여기에서 "각각 다르다"(各異)는 것은 각각의 형태가 같지 않다는 것이고, "서로 어긋난다"(互乖)는 것은 방향이 서로 어긋나고 다르다는 것으로, 이것이 바로 '다름'이다. 『서보』의 이 구절은 위에서 언급한 "점에 변화가 없다면 바둑돌을 늘어놓은 것과 같고, 획에 변화가 없다면 산가지(算)를 벌여 놓은 것과 같다"라는 문장과 결부시켜 볼 수 있다. 즉, 하나는 같음에 대한 비판이며, 다른 하나는 다름에 대한 긍정인 것이다.

이제, 점과 획을 쓸 때의 같음(同)과 다름(違)에 관한 몇 가지 실제 상황을

---

85) 孫過庭, 『書譜』, "數劃並施, 其形各異, 衆點齊列, 爲體互乖."

당唐 안진경顏眞卿, 「다보탑비多寶塔碑」의
'무진無盡'

「다보탑비」의 '명明'

「다보탑비」의 '순順'

살펴보자. 예를 들어 '然·無·照' 글자의 경우, 아래 네 개의 점을 찍는 법이
매우 정교하다. 진역회陳繹會[86)]는 『한림요결翰林要訣』에서 "밖의 점들은 서로를
향하여 눕고, 안의 점들은 서로를 따라 우러른다"[87)]라고 하였다. 이것은 바로
좌우의 바깥 점은 서로를 향하여 아래를 내려다보고, 가운데 두 점은 서로를
따라서 위를 본다는 것이다. 저자를 알 수 없는 『서법삼매書法三昧』에서는 "점을
중복하여 나란히 쓸 때는 반드시 굽혔다 펴는 변화를 주어야 한다"[88)]고 비교적
간결하게 말하였다. 이것이 바로 다름이며, 여러 점의 "형태는 서로 어긋난다"
라는 것이다.

　만약 이 네 개의 점을 같은 형태로 나란히 쓴다면 마치 바둑돌을 가지런하게
늘어놓은 것과 같을 것이니, 절대로 이렇게 해서는 안 된다.[89)] 또 '三·卌'과
같이 여러 개의 가로획이나 세로획이 나란히 늘어선 글자 역시, 같음 속에서
다름을 추구해야 한다. 『서법삼매』에서는 '其·目'처럼 네 개의 가로획이 있는
글자의 경우 "맨 위와 맨 아래의 획은 그 실정을 반대로 하지만, 두 번째와
세 번째는 그 따름을 취해야 한다"[90)]라고 하였고, '皿·四'처럼 네 개의 기둥이

---

86) *陳繹會: 元나라 至正 3년(1343)에 國史院編修를 지냈다. 학식이 풍부하여 많은 경전
　　에 注와 疏를 달았으며, 모든 서체에 능했다.
87) 陳繹會, 『翰林要訣』, "外相向而偃, 內相隨而仰."
88) 저자 미상, 『書法三昧』, "點之重併, 亦必屈伸以變換之."
89) 張懷瑾, 『玉堂禁經』, "俗勢凡拙, 不可爲也." 참조.
90) 저자 미상, 『書法三昧』, "上下反其情, 但二三取其順."

당唐 안진경顔眞卿,　　　　　「다보탑비」의 '삼기三其'　　　「다보탑비」의 '개蓋'
「다보탑비」의 '사四'

있는 글자의 경우 "좌우의 획 위쪽은 벌어지게 하고 아래쪽은 모이게 한다"[91]라
고 하였다.

　　종합하여 말하면, "획을 중복하여 나란히 쓸 때는 반드시 굽히고 펴며(屈伸),
우러르고 엎드리며(仰覆), 향하고 등지게(向背) 하여 변화를 주어야 한다"[92]는
것이다. 이것 역시 다름이며, 바로 "여러 획을 나란히 쓰더라도 그 형태는 각각
다르게 한다"는 것이다. 만약 여러 가로획이나 세로획이 나란하게 놓인 글자를
쓸 때 변화 없이 똑같이 배열한다면, 이는 마치 점을 치는 사람이 산가지를
나란히 벌이기만 하는 것과 같으므로, 이 또한 마땅히 지양해야 한다.[93]

　　손과정은 다름의 적용 범위를 "여러 획을 나란히 쓰는 것"과 "많은 점을
가지런히 늘어놓는 것"에 국한하지 않았다. 그것은 실제 한자 쓰기의 여러
방면에서 보편적으로 요구되는 것이다. 그 이론은 서예의 각 예술적 측면에서
가능한 한 같음을 피하고 다름을 추구하며, 각종 예술적 요소 간의 다르고
어긋나는 대립적 변화를 최대한 발현하고 활용함으로써, 서예 작품이 최대한
풍부하고 다채로운 면모를 드러낼 수 있도록 하는 데에 초점이 맞춰져 있다.

　　다름은 서예의 다양한 예술적 요소 간의 대립성을 강조한 것으로, 이를
통해 서예의 다양한 대립 혹은 상이한 요소성김과 빽빽함(疏密)·급함과 더듬음(疾澁)·

---

91)　저자 미상, 『書法三昧』, "左右上開而下合."
92)　저자 미상, 『書法三昧』, "畵之重併者, 必隨宜屈伸仰覆向背以變換之."
93)　張懷瑾, 『玉堂禁經』, "鄙俗不可用." 참조.

느림과 빠름(遲速)·강함과 부드러움(剛柔)·향함과 등짐(向背) 등가 최대한 잘 표현되도록 하는 것이다. 이렇게 함으로써 서예 내면의 총체적인 예술적 긴장감을 확충·강화하고 그 예술적 용량을 충분히 확대하여 궁극적으로는 예술적 표현력을 크게 증대시킨다.

이쯤 되면 주의 깊은 독자들은 손과정의 다름이 사실은 위에서 언급한 '대립 강화 법칙'의 또 다른 표현이라는 것을 눈치챘을 것이다. 손과정의 '다름'에 관한 이론은 수많은 서예의 발전 과정에서 요약된 결과물이며, 이론상으로도 명확한 합리성을 가지고 있다. 그래서 고대 서론에서도 이와 유사한 관점들을 적잖게 볼 수 있다. 예를 들어 유희재劉熙載는『예개藝概』「서개書槪」에서 다음과 같이 말하였다.

> 옛사람이 말하기를, 글씨의 형체를 만들 때는 모름지기 그 모양에 부합해야 한다. 앉은 듯 걷는 듯, 나는 듯 움직이는 듯, 가는 듯 오는 듯, 누운 듯 일어난 듯, 근심하는 듯 기뻐하는 듯한 모양을 형상화하되 가지런하지 않음을 취하는 것이다.[94]

여기에서 말하는 "가지런하지 않음을 취한다"라는 말은 분명 손과정의 다름과 유사하다. 그러나 어떤 예술이든 그것이 역사의 구체적 형태로 나타날 때, 예술적 표현·예술적 긴장감·예술적 용량에는 항상 상대적인 한계가 있기 마련이다. 이 한계를 넘어서면 반대로 갈 수도 있고 오히려 예술적 표현력이 약화될 수도 있으며, 심지어는 예술과 예술 형식 자체를 파괴할 수도 있다. 마찬가지로 서예에서의 다름에도 한계가 있어야 하며, 한도를 초과하는 다름은

---

94) 劉熙載,『藝槪』,「書槪」, "昔人言, 爲書之體, 須入其形. 以若坐, 若行, 若飛, 若動, 若往, 若來, 若臥, 若起, 若愁, 若喜狀之, 取不齊也."

나쁜 결과를 초래할 수도 있다. 다름이 허용 한도를 넘어서 좋지 않은 결과를 초래하는 것이 바로 '범함'(犯)95)이다.

이른바 '범함'이란, 대립하거나 서로 다른 다양한 요인들이 지나치게 자신을 강화하여 서로를 침해하고 저촉하며 가로막아 결국 작품을 난잡하고 무질서하게 만드는 것이다. 물론 '다름'(違)과 '범함'(犯)에는 본질적인 차이가 있지만, 그렇다고 둘 사이에 명확한 경계나 엄청난 큰 차이가 존재하는 것은 아니다. 서로 다름만을 강조하고 조절을 소홀히 하면서 다름(違)을 추구하게 되면, 자신을 도리어 범함(犯)의 함정 속에 빠지게 할 수 있다. 그렇게 되면 대립만이 지나치게 강조되어 총체적 무질서로 이어지게 되고 본래 얻고자 했던 훌륭한 예술적 효과를 기대할 수 없게 된다.

바로 이러한 점을 간파한 손과정은 다름(違)이 절제해야 하는 한계로 '범하지 않아야 함'(不犯)을 제시하여 글씨를 쓰는 사람들을 경계하였으며, 이로써 다름이 올바른 범위 내에서 항상 유지될 수 있게 하였다. '다르지 않아도'[=같음(同)] 안 되고 '지나치게 달라도'[=범함(犯)] 안 되니, 다르지만 반드시 알맞아야 비로소 가능한 것이다. 공자의 "양 끝을 잡아 그 중을 쓴다"(執兩用中)는 정신이 여기에서 잘 드러난다고 할 수 있다.

범하지 않음(不犯)을 내세워 다름(違)을 절제하는 것은, 소극적 측면에서는 작품이 혼란과 무질서에 빠지는 것을 방지하며, 적극적 측면에서는 대립하거나 서로 다른 다양한 요소들이 충분히 발전하면서도 작품 속에서 여전히 조화로운 통일을 유지하게 한다. 이에 따라 손과정은 매우 자연스럽게 그의 서예 미학의 요지인 '화(和)'를 정면에 내세웠다. 그렇다면 이 화는 도대체 무엇을 말하는가? 위에서 같음(同)·다름(違)·범함(犯)에 대해 분석한 것을 보면, 손과정의 사상,

---

95) *여기에서의 '범함'(犯)이란 법도에서 벗어남을 의미한다.

*송宋 황정견黃庭堅, 「제소식한식첩발題蘇軾寒食帖跋」

심지어 그가 사용한 언어의 형식까지도 중화·중화미와 일치한다. 게다가 『서보書譜』 전편에서는 예술적 조화 사상을 다방면에 걸쳐 확실히 드러내고 있다. 그러므로 손과정의 화和는 바로 "조화가 실현되면 만물을 낳는다"(和實生物)[96]의 화和이며, '중화中和'의 화和인 것이다.

종합해 보면 손과정의 "운용을 다르게 하더라도 법도를 범해서는 안 되고, 조화롭지만 같지 않아야 한다"(違而不犯, 和而不同)라는 말은 같음(同)과 범함(犯)이라는 그릇된 양극단을 부정하는 것에서 출발하여 다름(違)을 강조하였고, 궁극적으로는 화和를 목표로 삼았다. 다시 말해 서예의 예술적 조화는 손과정의 미학적 지향인 것이다. 그는 서예에서 각종 예술적 요소 간의 이질적 대립과 변화의 강화를 이러한 조화를 이루기 위한 필수적 전제이자 효과적인 방법으로 여겼기 때문에 마땅히 이를 긍정하고 강조해야 한다고 하였다. 단일함을 추구하는 부화뇌동이나 다른 요소를 방해하여 혼란에 이르게 하는 것은 조화를 이루지 못하게 하거나 혹은 조화를 스스로 파괴하는 것이므로, 모두 반대하는 것이 마땅하다. "위이불범違而不犯, 화이부동和而不同"이라는 여덟 글자는 중화미 정신의 본질을 매우 농축하여 반영하고 있다. 그것은 또한 중화·중화미가 이른바 '대립 통일의 법칙'과 '대립 강화의 법칙'을 겸하고 있음을 보여 준다.

『서보』 이후, 여러 각도에서 손과정과 비슷한 서예 미학적 관점을 밝히고 있는 것이 바로 유희재의 『예개藝槪』 「서개書槪」이다. 예를 들어 유희재는 앞서

---

96) 『國語』, 「鄭語」, "夫和實生物, 同則不繼. 以他平他謂之和, 故能豐長而物歸之, 若以同裨同, 盡乃棄矣."

언급한 "옛사람이 말하기를, 글씨의 형
체를 만들 때는……"에서 "가지런하지
않음을 취한다"(取不齊)라는 구절에 이어
다음과 같이 말하였다.

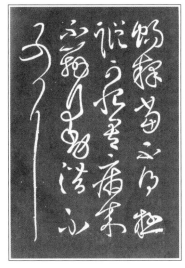

그러나 가지런하지 않은 중에도 서로
통하고 호응하게 하려면 반드시 크게
가지런히 하는 것이 있어야 한다. 그러
므로 초서草書를 분별하는 데에는 글씨
의 맥(書脈)이 더욱 중요하다.[97]

＊동한東漢 장지張芝, 『관군첩冠軍帖』

그리고 장지(張芝[98])의 초서를 다음과
같이 평하였다.

장백영(張伯英장제)의 초서는 행을 바꾸어도 끊어짐이 없는데 이를 일러 '일필
서一筆書'라고 한다. 어쩌면 행을 바꾸어도 끊어지지 않게 하는 것은 서체를
가지런히 함에 있어서 오히려 쉬울 수 있다. 오직 크고 작고(大小), 성글고 치
밀하고(疏密), 짧고 길고(短長), 살지고 마르는(肥瘦) 등 갑자기 많은 변화가 있
는 가운데서도 잠재된 기운이 내부에서 전환될 수 있어야 신묘한 경지라고
할 수 있다.[99]

---

97) 劉熙載, 『藝槪』, 「書槪」, "然不齊之中, 流通照應, 必有大齊者存. 故辨草者, 尤以書脈爲
要焉."
98) ＊張芝(?~192): 字는 伯英으로 甘肅省 출생이다. 東漢의 대서예가로 杜度·崔瑗의 서
법을 배웠으며, 草聖이라고 일컬어졌다. 속세를 피하여 오로지 서예를 벗 삼았으며,
베와 연못가의 작은 돌에도 글씨를 쓰고 물로 씻기를 수없이 되풀이하여 연못의 물이
까맣게 변하였다고 한다. 후세에 서예를 배우는 것을 '臨池의 技'라고 이르게 된 것은
이에 연유한다.
99) 劉熙載, 『藝槪』, 「書槪」, "張伯英草書隔行不斷, 謂之一筆書. 蓋隔行不斷, 在書體均齊者

필획이 앉고 가고 날고 움직이는 등 가지런하지 않음 속에서도 서로 통하고 호응하여 글씨의 맥이 크게 가지런하며 갑자기 변화하는 가운데 잠재된 기운이 내부에서 전환되어야, 행을 바꾸어도 끊어지지 않는 '일필서一筆書'가 된다. 초서에서 이러한 상황은 바로 '다름'(違) 이후 '조화'(和)를 잘 구현한 것이다. 예술적 조화에 있어서 유희재의 이러한 서예 사상은 손과정과 비슷한 면도 있지만, 그가 스스로 수립한 것이기도 하다. 예를 들어 그는 다음과 같이 말하였다.

> 결자結字100)의 성김(疏)과 치밀함(密)은 모름지기 서로 간에 배가되고 나누어지기 때문에, 성글어야 할 때는 성김을 마다하지 않고 치밀해야 할 곳은 치밀함을 마다하지 않는다. 그러나 배가되고 나누어지는 것이 오로지 성김과 치밀함만을 운용하는 것은 아니다.101)

여기에서 "서로 배가된다"(相乘)는 것은 위에서 언급한 "서로 보완한다"(互濟)는 것으로, 대립하는 요소들이 교류하고 결합하여 부족함을 보완하는 것이다. 또한 "서로 나눈다"(相除)는 것은 윗글에서 말한 "서로 덜어 준다"(互泄)는 것으로, 대립하는 요소가 교류를 통해 연결되어 지나침을 덜어 내는 것이다. 한번 배가되고 한번 나누고, 한번 보완하고 한번 덜어 내게 되면 대립적 요소들 사이에 동태적 조화 과정이 형성된다.

유희재는 여기에서 결자結字의 성김과 치밀함을 말하였는데, 이를 통해 "배가됨과 나눔"(乘除)을 논한 것은 단지 예를 든 것에 불과하다. "배가되고 나눈다는 것이 오로지 성김과 치밀함에만 해당하는 것은 아니다"라는 것은 서예에서

---

猶易, 惟大小疏密, 短長肥瘦, 倏忽萬變, 而能潛氣內轉, 乃稱神境耳."
100) *結字: 각각의 필획이 모여 이루는 글자의 짜임새를 말한다.
101) 劉熙載, 『藝槪』, 「書槪」, "結字疏密須彼此互相乘除, 故疏不嫌疏, 密不嫌密也. 然乘除不惟於疏密用之."

의 보편적 의미에 대한 문제이며, "서로 배가되고 나눈다"라는 것은 서예가들이 서예에서 여러 가지 예술적 요소를 다룰 때 지켜야 하는 하나의 보편적 원칙이라는 것을 알 수 있다. "운용을 다르게 하더라도 법도를 범해서는 안 되고, 조화롭지만 같지 않아야 한다"(違而不犯, 和而不同)는 설이 중화미의 큰 특징 중 하나인 가용성의 원칙에 부합되는 정태적인 조화 관계 구조즉 가능한 한 많은 포용성을 가지면서 동시에 명확한 원칙성·선택성·배타성을 지닌 구조를 표현한 것이라면, "서로 배가되고 나눈다"(互相乘除)는 설은 중화미의 또 다른 중요한 특징인 변증법적 정신을 지닌 동태적 조화 과정임을 보여 준다. 손과정과 유희재의 설을 함께 살펴보면, 이 두 가지 설이 중화미의 주요 정신을 매우 완전하게 구현하고 있다는 것을 분명히 알 수 있다.

다음으로 시각을 바꿔, 청대 포세신包世臣과 유희재가 언급한 조맹부趙孟頫102)의 서예에 대한 평론과 서예 배치에서의 전체적인 조화 문제에 대해 살펴보기로 하자. 포세신의 『예주쌍즙藝舟雙楫』 「논서일論書一·답희재구문答熙載九問」에는 유희재가 묻고 포세신이 답한 내용이 다음과 같이 기록되어 있다.

문問: 가지런하고 정갈함은 오흥吳興[조맹부]보다 뛰어난 자가 없습니다. 그러나 글씨의 위아래가 구슬을 꿴 듯 곧으면서도 형세가 서로 이어지지 않으며, 좌우가 나는 기러기와 같이 가지런하면서도 필의筆意를 서로 살피지 않는 것은 어떻습니까?

답答: 조맹부의 필획은 오로지 평이하고 순탄한 것을 사용한다. 하나의 점·하나의 획·한 글자·한 행이 모두 차례대로 이어져 이루어진 것이다. 옛 법

---

102) *趙孟頫(1254~1322): 元代의 화가·서예가이다. 서예에서 王羲之의 전형으로 복귀할 것을 주장하였고, 그림에서는 唐·北宋의 화풍으로 되돌아갈 것을 주장하였다. 당시 복고주의의 지도적 입장에 있었다.

첩(法帖103))의 글자체는 서로 크기의 차이가 있어 마치 늙은이가 어린 손자를 데리고 걸어가듯 길이가 들쭉날쭉하지만, 그 정감과 뜻이 진지하여 서로 관계가 깊다. 그러나 조맹부의 글씨는 마치 시장 사람이 좁은 골목에 들어서 줄줄이 꿰어진 생선처럼 천천히 가고 사람마다 앞뒤를 다투는 기색으로 사람마다 서로 얼굴을 보는 것과 같으니, 어찌 상하좌우의 여백에 글자를 쓸 수 있겠는가?…… 그래도 그것을 버리지 않는 것은 그 필획이 비록 평이하고 순탄하지만, 오가고 드나드는 곳에 모두 굽고 꺾이며 머물고 모이는 것이 있기 때문이다.104)

저장성(浙江省) 오흥(吳興) 사람인 조맹부는 원대(元代)의 유명한 서예가이다. 그의 서예는 수려하고 아름다워 세상 사람들이 '조자(趙字)'라고 칭하였다. 말 그대로 한 시대의 대가로서 글씨가 유려할 뿐만 아니라, 서예의 배치에서도 나름대로 균형과 조화를 창조하는 방법을 지니고 있었다.105) 그렇다면 그는 왜 포세신과 유희재 두 사람에게 격렬한 비판을 받은 것인가? 위의 대화를 보면, 포세신과 유희재도 조맹부의 글씨가 평이하고 순탄함(平順), 가지런하고 정갈함(均淨), 굽고 꺾이며 머물고 모이는(曲折停蓄) 등의 특징을 지니고 있으며, 또한 어느 정도 균형과 조화의 경향을 보인다고 하였다.

그러나 이들은 조맹부의 글씨에는 근본적으로 두 가지 큰 결점이 있다고 생각했다. 하나는 지나치게 가지런하고 곧아서 "길이의 들쭉날쭉"이 결여된

---

103) *法帖: 옛 서가의 법서를 나무나 돌에 새기고 탁본하여 만든 서첩이다.
104) 包世臣, 『藝舟雙楫』, 「論書一・答熙載九問」, "問, 勻淨無過吳興, 上下直如貫珠, 而勢不相承, 左右齊如飛雁, 而意不相顧, 何耶. 答, 吳興書筆專用平順, 一點一畫, 一字一行, 排次頂接而成. 古帖字體大小, 頗有相逕庭者. 如老翁攜幼孫行, 長短參差, 而情意眞摯, 痛癢相關. 吳興書則如市人入臨巷, 魚貫徐行, 而爭先竟後之色, 人人見面, 安能使上下左右空白有字哉.……然竟不能廢者, 以其筆雖平順, 而來去出入處, 皆有曲折停蓄."
105) 퍼거슨(John Calvin Ferguson)은 *Survey of Chinese Art*(中國藝術綜覽)의 3장 「Calligraphy」(서예)에서, 중국의 "위대한 서예가들은 모두 그들 스스로 균형과 조화를 창조하는 방법을 지니고 있었다"라고 하였다.

상태, 즉 큰 폭의 대립적 변화가 없
다는 것이다. 다른 하나는 형세가
서로 이어지지 않고 필의筆意가 서
로를 살피지 않아 "서로 관계 깊
은" 정감과 뜻이 결여된 것, 즉 글
자와 글자, 행과 행, 나아가서는 전
체적으로 내포하고 있는 맥락이 통
하지 않고 유기적으로 통일되지 않
는다는 것이다.

고대의 저명한 서예가인 조맹
부의 서예는 또 다른 많은 견해를
불러일으켰다. 비판적인 견해를 가

*원元 조맹부趙孟頫, 『심경心經』

진 사람도 적지 않았지만, 이를 옹호하는 사람도 많았다. 상술한 포세신과 유희
재의 조맹부에 대한 구체적 비평이 과연 적절했는지에 관해서는 더 검토할
필요가 있으므로, 여기서는 논하지 않겠다.106) 그러나 조자趙字에 대한 비평에
서 드러난 포세신과 유희재의 미학적 경향은 분명히 밝힐 필요가 있다. 이러한
경향은 서예의 배치에서 크게 대립적 변화를 추구하면서도, 보다 긴밀하게
연계하여 통일을 추구해야 한다는 손과정의 "운용을 다르게 하더라도 법도를
범해서는 안 되고, 조화롭지만 같지 않아야 한다"(違而不犯, 和而不同)는 정신과도
일맥상통한다. 실제로, '다름'(違)과 '조화'(和)를 동시에 추구하거나 혹은 '다름'
을 추구한 이후에 '조화'를 구하는 것은 중국서예가 견지해 온 중요한 정신이다.

---

106) 金學智는 『書法美學談』(上海書畵出版社, 1984), pp.126~127에서 포세신·유희재의
'趙字'에 관한 비평에 대하여 다른 의견을 제시하였다. 관심이 있는 독자라면 참고할
만하다.

*동진東晉 왕희지王羲之, 「난정서蘭亭序」 당모본唐模本

이러한 정신은 서예의 예술적 요소 간의 관계뿐 아니라 서예의 전체적인 배치에
도 항상 나타난다.

　　서예 배치의 측면에서 보면, 그것은 포세신과 유희재의 조자趙字에 대한
위의 비평에서만 볼 수 있는 것이 아니며, 그 표현은 실제로 매우 다양하다.
예를 들면 다음의 두 서론에서도 그러한 경향을 볼 수 있다. 명나라의 동기창董
其昌107)은 『화선실수필畵禪室隨筆』에서 다음과 같이 말하였다.

　　글씨를 쓸 때 가장 피해야 할 점은 배치를 고르게 하는 것이다. 예를 들어
　　한 글자 속에는 반드시 거두어들이고 풀어 줌이 있고 정신이 서로를 끌어
　　줌이 있어야 한다. 왕대령王大令[왕헌지王獻之]108)은 좌우 글씨의 머리를 나란히
　　쓰지 않았으며, 우군右軍[왕희지王羲之]109)의 붓놀림은 봉황이 높이 날아오르고
　　난새가 비상하는 듯하여 기이한 듯하면서도 오히려 법도에 맞았다.…… 이는
　　모두 배치가 고르게 되어서는 안 되며, 장단長短이 뒤섞이고 소밀疏密이 갈마

---

107) *董其昌(1555~1636): 明代의 문인, 화가, 서예가, 수장가, 정치가이다. 화론으로 尙南
　　貶北論을 전개하고 그림을 南北의 兩宗으로 나누어 그 계보를 만들었다. 저서에 『容
　　台集』, 『畵禪室隨筆』 등이 있다.
108) 王獻之는 東晉의 서예가이자 王羲之의 일곱 번째 아들로, 中書令을 지냈다.
109) 王羲之는 東晉의 서예가로, 右軍 장군을 지냈다. 중국 서예사에서 書聖으로 일컬어지
　　며 서예에 中和美學을 실현한 인물로 평가받는다.

들어야 함을 말한다.110)

작자를 알 수 없는 『서법삼매書法三昧』에는 다음과 같은 내용이 실려 있다.

해서楷書는 그 안에 반드시 법도가 있어야 한다. 상하를 구분하며 좌우를 분별한다. 차우침과 중도를 알맞게 하여 혹은 숨거나 혹은 드러낸다. 일어남과 멈춤이 있으며, 서로를 향하면서도 등짐이 있다. 굽어보고 우러러보며, 거두고 머물며, 밀고 양보하며, 돌고 꺾는다. 선후개합先後開合의 순서와 대소장단 大小長短의 모임이 반드시 서로 어우러져 호응한 이후에야 자체字體가 비로소 완성된다.111)

한편으로는 장단長短이 뒤섞여 변화가 풍부하면서도 다른 한편으로는 서로 호응하여 전체의 질서정연함을 추구하는 것은, 확실히 고대 서예가들이 보편적으로 지녔던 심미적 고취高趣임을 알 수 있다. 따라서 누구를 막론하고 설령 조맹부처럼 명성이 자자한 대서예가라 할지라도, 이것에 위배된다면 혹독한 비난을 초래할 수 있다. 이로써 중화미가 중국서예예술의 내재적 정신으로 깊이 뿌리내렸음을 알 수 있다.

다음으로 우리는 중화의 시각에서 두 개의 서예 작품을 실제로 감상할 것이다. 첫 번째는 당대唐代 이옹李邕의 「녹산사비麓山寺碑」[그림 참조]이다. 진쉐즈 (金學智)112)는 「유희재의 서예미학사상」(劉熙載的書法美學思想)113)에서, 유희재가 언

---

110) 董其昌, 『畵禪室隨筆』, "作書所最忌者, 位置等均. 且如一字中, 須有收有放. 有精神相挽處. 王大令之書, 從無左右並頭者. 右軍如鳳翥鸞翔. 似奇反正.……此皆言布置不當平均, 當長短錯綜, 疏密相間也."

111) 저자 미상, 『書法三昧』, "其中必有法矣. 夫分上而分下, 辨左而辨右, 宜偏宜中, 或藏或露, 有起而有止, 當向而當背, 其俯仰, 其收駐, 其推讓, 其回折, 先後開合之次序, 大小長短之類聚, 必使相稱相應, 然後體始成."

112) *金學智(1933~): 蘇州 교육학원 중문과 교수로 중국미학을 연구하였다. 저서로는 『書

당唐 이옹李邕, 「녹산사비麓山寺碑」 발췌한 글자

급한 "기이하면서도 안정되었다"[114], "기세가 기울어진 듯하지만 도리어 바르다"[115], "옛사람의 글씨 중에 치우치고 기울임이 강한 것은, 은연중에 반드시 전환하는 메커니즘(mechanism)이 있다"[116] 등의 이론적 관점을 적용하여 「녹산사비麓山寺碑」를 매우 세밀하게 분석하였다. 이제 그의 이러한 분석을 인용하여 독자들과 함께 이에 대해 학습하고 감상하고자 한다. 진쉐즈는 다음과 같이 말하였다.

'朱'자字에서 죽 그은 주된 필획은 마치 기이한 봉우리가 우뚝 솟아 있는 듯하며 오른쪽으로 기울어져 있다. 나머지 필획은 저마다의 모습으로 아래로 치우쳐 중심이 밑으로 이동하니 안정적이면서 다채로운 미감美感을 준다. '也'자의 나머지 필획은 수렴收斂하여 오른쪽으로 기울어져 있으며, 주된 필획인 갈고리(彎鉤)는 비교적 반듯하고 길게 뻗어 있어 사람에게 안정되고 편안한 느낌을 준다. '山'자의 밑바닥은 비교적 바르지만 가운데 획은 기울게 하여, 정반대의 방법을 사용하였다. 이 글자들은 모두 "나무가 바르면 바위는 기울게 하고, 바위가 바르면 나무는 기울어지게 한다"[117]는 그림의 이

---

法美學談』, 『中國書法美學』이 있다.
113) 金學智, 「劉熙載的書法美學思想」, 『文藝研究』(1982(5)).
114) 劉熙載, 『藝槪』, 「書槪」, "奇而穩."
115) 劉熙載, 『藝槪』, 「書槪」, "勢如斜而反正."
116) 劉熙載, 『藝槪』, 「書槪」, "古人或偏以欹側勝者, 暗中必有撥轉機關者也."
117) 石濤, 『畵語錄』, "樹木正, 山石倒, 山石正, 樹木倒."

치에 부합한다.

'歲'자 윗부분의 '山' 역시 쓰러져 있지만, 아랫부분을 바르게 하였다. 주된 획인 '戈'의 갈고리가 "기울어진 것을 바로잡기 위해 지나치게 바르게 함"(矯枉過正)[118]으로써 글자 전체를 지탱하는 힘을 표현하였다. '深'자의 왼쪽 윗부분 또한 매우 비뚤어져 있지만 다른 부분이 비교적 반듯하여, 양쪽이 대조적인 예술적 효과를 선명하게 드러내고 있다. '夫'와 '天' 두 글자는 중심이 왼쪽으로 치우쳐 있다. '天'자는 더욱 왼쪽으로 기우는 동세動勢가 있지만, 이 두 글자의 마지막 날획捺劃[오른쪽 파임]은 마치 역학力學에서의 지렛대와 같이 평형의 신묘한 작용을 일으킨다. 이를 일러 "은연중에 반드시 전환하는 메커니즘(mechanism)이 있다"라고 하겠다.

'雲'자의 상반부는 오른쪽으로 치우치는 동세動勢가 있고, 하반부는 왼쪽으로 기울이려는 의도가 있으나, 그 치우침을 규합하여 중中을 얻었다. '相'자는 치우치고 양보하는 모습을 보이니, 왼편의 '木'은 길게 치우쳐 오른쪽으로 넘어질 듯하고, 오른편의 '目'은 약간 치우쳐 피하듯 양보하여 바로 서서 평온한 느낌이다. '靜'자는 치우쳐 다투는 기세가 있다. '靑'은 위쪽으로 치우쳐 왼쪽으로 비스듬하고 '爭'은 아래쪽으로 치우쳐 왼쪽으로 기울어져서, 위로는 모이고 아래로는 벌어지는 포국布局이 되었다. 이 둘은 서로 기대어 지탱하고 있어, 무게중심이 알맞다.[119]

이옹李邕의 서예는 기울어짐이 강한 편에 속한다. 하지만 기울어짐 속에서도 은연중에 "전환하는 메커니즘(mechanism)"이 없지 않기 때문에, 그 결자結字가 기이하면서도 안정적이다. 이것은 마치 비스듬한 것이 오히려 바른 것처럼 치우침이 잘 표현되어 중中을 얻은 것이다. 위의 도판과 진쉐즈의 분석을 통해,

---

118) *矯枉過正: 구부러진 것을 바로잡으려다 너무 곧게 되었다는 뜻으로, 잘못을 고치려다가 지나쳐서 나쁘게 된 경우를 이르는 말이다. 『後漢書』 「仲長統傳」의 "정치가 잘 이루어지면 사람들은 부정한 기풍과 혼란을 바로잡기를 바라는데 구부러진 것을 바로잡으면서 마땅한 정도를 지나치기도 한다"(復入于矯枉過正之檢)라는 말에서 유래하였다.

119) 金學智, 「劉熙載的書法美學思想」, 『文藝研究』(1982(5)).

우리는 이옹의 서예 작품 속 아름다움을 감상하면서도 중화미의 신묘한 운취를 어느 정도 구체적으로 음미하였다.

두 번째 예는 소식蘇軾의 「구양영숙취옹정기歐陽永叔醉翁亭記」[도판 참조]이다. 진쉐즈는 위에서 언급한 같은 글에서 이것을 서예의 표의表意적 특징을 설명하는 예시로 삼은 적이 있다. 필자는 그 서풍과 필의筆意를 감상할 뿐만 아니라, 이에 근거하여 서예의 절주節奏[120) · 소밀疏密 · 배치의 구체적인 상황을 살펴보고, 더 나아가 서예와 음악 사이에 존재하는 유사성도 살피고자 한다.

이 글은 3행으로 구양수歐陽脩 「취옹정기醉翁亭記」의 세 번째 '자연自然' 단락의 마지막 구절이다.[121) 그중 1행의 "白髮頹然乎" 다섯 자와 3행의 "醉也" 두 글자는 붓이 비상飛上하고 먹물이 춤을 추듯, 절주가 시원시원하여 초의草意가 충만하다. 2행의 "其間者太守" 다섯 글자 중 위의 두 자는 앞 행의 필세를 이어받아 절주를 조금 늦추어 행초行草가 되었다. 중간의 '者'는 일필一筆로 아래의 글자와 연결하였고, 절주가 다시 약간 빨라져 초의草意를 띤다. 아래 두 글자는 속도감이 무겁고 느리며, 한 마디 한 마디가 모두 여유롭고 차분한 행해行楷에 속한다. 전체적으로 볼 때 이 행의 절주는 점점 느려지지만, 중간에 살짝 물결친다. 이러한 안배는 결국 절주 측면에서 두 가지 대비를 이룬다. 2행은 1행과 3행의 호쾌하면서도 날렵함과 뚜렷한 대비를 이루며, 2행 자신도 위아래로 또 하나의 대비를 이루게 된다.

글씨의 필의筆意를 살펴보면, 1행은 교룡이 오르고 봉황이 일어나듯 술기운이 사방에 넘쳐 작자가 이미 취해 쓰러진 듯하다. 그러나 2행의 경우, 특히 '太守' 두 글자는 행해行楷로 역필逆筆[122)을 씀으로써 상대적으로 차분하고 평정

---

120) *節奏: 음악에서 음의 장단이나 강약 따위가 반복될 때의 규칙적인 음의 흐름을 말한다. 서예에서의 절주는 장단 · 경중 · 완급 등과 같은 일정한 규칙이나 순서, 리듬을 말한다.

121) 원문은 歐陽脩, 「醉翁亭記」, "蒼顏白髮, 頹然乎其間者, 太守醉也."이다.

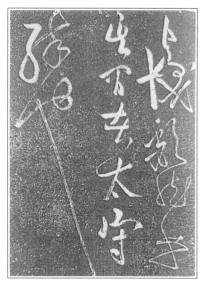

*북송北宋 취옹정醉翁亭, 안후이(安徽)성 추저우(滁州) 소재. 취옹정은 북송 인종仁宗 때 안후이성 추저우 태수로 부임한 구양수가 자신의 호를 정자의 이름으로 붙인 것이다. 현판의 글씨는 소식의 친필이다.

◀송宋 소식蘇軾, 「구양영숙취옹정기歐陽永叔醉翁亭記」 부분

한 모양이 되어, 1행의 술에 취한 기세를 만류하고 있다. 바야흐로 이때 '太守'가 여전히 거나하게 무르익은 취흥 속에서도 어느 정도 깨어 있음을 보여 주려는 듯하다.

　필세筆勢를 살펴보면, 이러한 역필의 만류함은 1행의 기세를 여기에서 한번 돈좌頓挫하게 하며, 또한 상반되는 방향으로 향하게 하여 3행의 호쾌한 취기가 더 잘 드러나도록 정교하게 복선을 깐 것이다. 이는 3행의 글씨를 질탕한 기복과 굴곡진 생동감이 느껴지게 할 뿐만 아니라, 「취옹정기醉翁亭記」에서의 '醉'의 뜻을 더욱 생생하게 표현해 준다. 이어지는 3행의 '也'는 원래 중간 부분에서 끝나는데, 서예가가 의도적으로 'ㄴ'을 사선으로 변형하여 날렵하게 밑부분까지 길게 끌어내림으로써 3행 아래의 남겨진 여백을 고르게 둘로 나누었다. 이러한

---

122) *逆筆: 붓을 사용할 때 힘을 나타내는 방법으로, 진행하고자 하는 반대 방향으로 들어가서 나아가 필획 위에 逆感이 생기게 하는 것이다.

변형과 연장은 매우 과장되었지만, 과장된 사선의 획은 문장의 의미에 매우 적합할 뿐만 아니라[ '취야醉也'-풍경의 아름다움과 연회의 즐거움에 감격한 태수가 아름다운 소리를 내면서 진심으로 탄식한 것이다.] 원래 여백으로 남아야 할 공간까지도 유기적으로 작품에 개입시킴으로써 이른바 '계백당흑計白當黑'123)의 예술적 효과를 낸 것이다. 청대清代 달중광笪重光124)은 다음과 같이 말하였다.

> 획이 쇠칼로 말끔히 베는 것과 같고, 여백이 비로소 옥척玉尺으로 잰 듯이 가지런하다.125)

파공坡公[소식]의 이러한 사선의 획과 그로 인해 생긴 여백의 효과는 바로 달중광의 말과 일치한다. 부분적으로 보면, 이 사선의 획은 3행 아래의 부분을 성글지만 성글지 않게 만드는 역할을 한다. 한편 세 행을 합해서 보면, 앞에서는 비교적 빽빽하게 글자를 배치하다가 여기에 이르러 안도의 한숨을 길게 내쉬게 하여 빽빽하지만 빽빽하지 않다는 느낌을 준다. 요컨대 이 작품[일부분]은 문장의 의미를 잘 전달했을 뿐만 아니라, 절주와 운율·필세와 장법章法126) 등에서도 예술적 조화의 색채를 선명하게 담아냈다. 빠름과 느림을 함께 사용함으로써 서로 거스르고 서로 조절하며 상생하게 하여, 필세가 이에 따라 돈좌頓挫하고

---

123) *計白當黑: 淸代 鄧石如가 처음 제시한 것으로, 이에 대한 기록은 등석여의 제자인 包世臣의 『藝舟雙楫』 「述書上」에 다음과 같이 나온다. "트인 부분은 말이 달릴 정도로 하고, 막힌 부분은 바람조차도 통하지 못하게 하라. 항상 흰 공간을 헤아려 검은 필획을 마땅하게 하면 기묘함이 나온다."(疏處可以走馬, 密處而不透風. 常以計白而當黑, 奇趣創出.)

124) *笪重光(1623~1692): 淸初의 서화가이자 서화론가로, 글씨는 蘇軾과 米芾의 풍을 닮았다. 산수와 죽, 난에 능했으며 저서로는 『畵筌』, 『書筏』이 있다.

125) 笪重光, 『書筏』, "劃能如金刀之割淨, 白始如玉尺之量齊."

126) *章法: 원래 문장을 서술할 때 글의 밀도를 처리하는 기법이었으나 서화로까지 확대되었다.

$\frac{2}{4}$  ♩= 160    快速

```
  ....   ....    .
5653   2321   6165   3532 | 3532   1216 | 5656   1212 | 3212   3235
                                    .           ....

 6  5  3  2 | 1  2  3  5 | 6532  1235 | 2     3  | 5     6

   .    ..     ..   ...
2356  3561 | 5612  6123 | 5 ——— | 5 ——— | 5     0
```

기복이 있어 일파삼절—波三折127)이 되게 하였다. 또한 성글고 빽빽함을 함께 사용하여 상대되지만 서로를 보완하고 이루어 주게 함으로써 서폭에서 흑백의 분할(분포分布128)이 이로 인해 서로 알맞게 잘 어울리도록 하였다. 다시 말해, 이 작품은 빠름·느림·성김·빽빽함이 유기적으로 연결되고 조화롭게 통일되어 최종적으로 일국—局이 되었다.

이 작품(일부분)은 절주의 빠르고 느린 변화와 공간(세)의 소밀한 안배 면에서 음악의 내재적 운율과 어떤 유사성을 가진다. 이제 이 작품을 음악 형식에 비유하여 살펴보자. 필자는 이 서예 작품의 한 행을 악보 한 줄로 상정하고, 한 줄을 다섯 소절로 나누어 보았다. 구체적으로 제시한 음표나 음의 높낮이 등은 단지 단조로움을 피하기 위해 쓴 것일 뿐이므로 염두에 두지 않아도 된다. 독자들은 이 세 줄의 악보에서 리듬의 빠르고 느림, 음표의 성기고 밀집된 안배와 변화를 주의 깊게 관찰하면 된다.

---

127) *一波三折: 오른쪽 삐침인 파임이 세 번 꺾이면서 나아가는 것을 말한다.
128) *分布: 分間布白의 줄임말로, 한 글자 내의 점획 간 안배 및 字間과 行間의 위치에 대한 공간처리를 말한다.

위의 형식으로 변환하면 선의 구조와 형상이 음표의 배열로 바뀌기 때문에 원래의 작품에서 제공하는 지극히 직관적인 시각적 아름다움은 사라지게 된다. 그러나 리듬의 빠름과 느림, 공간선, 음표의 성김과 빽빽함 등의 관점에서 보면, 이 세 줄의 악보는 위 삼 행의 서예 작품에 내재된 운율을 잘 전달해 주고 있다. 이 둘은 모두 여러 대립 요소가 유기적으로 연결되어 있어서 변화가 풍부하다. 따라서 작품에 생동감이 넘칠 뿐만 아니라 서로 잘 융화되어 전체적으로 조화를 이루고 있다.

앞에서 이미 미국 학자 퍼거슨(Ferguson)의 견해를 인용하여, 중국의 서예는 음악과 마찬가지로 예술적 요소를 조화롭게 안배함으로써 사람들의 감정을 표현하고 호소하는 것이라고 언급한 바 있다. 그리고 여기에서 우리는 서예 형식을 악보의 형식으로 변환함으로써, 중국 서예와 음악 사이의 예술적 조화 측면에서의 밀접한 상관관계를 구체적으로 음미해 보았다.

리쩌허우(李澤厚)[129]는 서예에 대해 다음과 같이 말하였다.

> 운필運筆의 경중輕重·질삽疾澁·허실虛實·강약强弱·전절轉折과 돈좌頓挫·절주와 운율에서의 정화된 선은 음악에서의 선율과 같이, 마침내 그것들은 중국의 각종 조형예술과 표현예술의 혼령이 되었다.[130]

이 말은 일리가 있다. 그러나 좀 더 분석해 보면[위에서 이미 이러한 분석을 하였다.] 중국 서예와 음악에서 가장 중요하게 여기는 공통적인 정신은 바로 변증법적 조화의 색채가 충만한 중화中和 정신이다. 좀 더 심도 있게 말하면,

---

129) *李澤厚(1930~2021): 중국 근대 사상사와 철학, 미학을 연구한 중국의 철학자이다. 생전에 중국사회과학원 철학연구소 연구원, 파리국제철학원 등 여러 대학의 석좌교수를 지냈으며, 저서로는 『美的歷程』, 『中國近代思想史論』 등이 있다.
130) 李澤厚, 『美的歷程』(文物出版社, 1981), p.44.

고대 중국 땅에서 발전하고 매우 일찍부터 성숙해 온 중화 정신은 상당 부분 중국의 음악과 서예, 더 나아가 각종 예술의 혼령이 되었다고 할 수 있다.


## 3. 고대 회화 이론에서의 중화미에 관한 표현

중국 고대 화론畵論에서도 고대의 악론樂論과 마찬가지로 중中·화和 또는 중화中和에 관한 담론은 거의 없었으며, 이러한 개념조차도 그다지 언급하지 않았다. 그러나 중화미는 여전히 중국 고대 회화와 그 이론의 중요 혼령 중의 하나가 되어 그 안에서 확실히 체현되고 있다.

대체로 한 폭의 중국화는 화면畵面 자체[먹이 묻은 곳과 먹이 묻지 않은 곳, 즉 화가가 그린 경치와 의도적으로 화면 위에 남겨둔 예술적 여백]·화제畵題[그림의 제목]·제관題 款[낙관131)·검인鈐印[인장을 찍음(蓋印)] 등으로 구성되어 있다는 것을 우리는 알고 있다. 화면에 나아가 논하면, 화면 자체의 장법포국章法布局의 문제가 있고, 화제·제관·검인 등과의 사이에 또 하나의 구조적 관계의 문제도 있다.[이 역시도 넓은 의미에서 장법포국의 문제로 볼 수 있을 것이다.] 그렇다면 화가들은 과연 그림 속의 장법포국의 문제를 어떻게 해결하고, 화면과 화제·제관·검인 사이의 구조적 관계의 문제를 어떻게 다루었을까? 우리는 화가들이 중화 정신을 하나의 중요한 원칙이나 근거로 삼아 이러한 문제들을 해결하고 처리하는 것을 자주 보았다. 따라서 아래에서는 주로 고대 화론에 근거하여, 중국회화 속에서 이러한 조화 정신이 어떻게 나타나는지 간략하게 고찰해 보기로 하자.

먼저 장법포국에 관해 살펴보자. 장법포국은 그림 전체의 구도와 안배를

---

131) *落款: ‘落成款識’의 줄임말로, 서화의 일단에 서명·압인하고 완성의 뜻을 표시하는 것이다.

\*원元 황공망黃公望, 「부춘산거도富春山居圖」 부분, 타이베이 고궁박물원 소장

의미할 뿐만 아니라, 화면 일부분을 어떻게 운용하고 배치할 것인가를 가리킨다. 예를 들어 청대의 추일계鄒一桂[132]는 『소산화보小山畵譜』에서 다음과 같이 말하였다.

> 장법을 한 폭의 큰 형세로 말하자면, 한 폭의 그림은 크기의 대소를 막론하고 반드시 주와 객으로 나누어지는데, 한번 허虛하면 한번 실實하고, 한번 성글면 한번 빽빽하고, 한번 길면 한번 짧으니, 즉 음양陰陽, 주야晝夜, 소식消息의 이치와 같다.…… 큰 형세가 이미 정해지면 한번 꽃이 피고 한번 잎이 생기는 것에도 장법이 있다.…… 사물의 변화에 따라 재단하니 법도를 벗어나지 않는다.[133]

다음은 화면 일부분의 운용과 배치에 나타난 조화 정신을 몇 가지 화론을

---

132) \*鄒一桂(1688~1772): 淸代 중기의 궁정화가이다. 궁정 양식을 추구해 세부적인 배치와 배색의 절묘함이 뛰어났으며 화훼와 남종화풍의 산수화를 잘 그렸다. 저서로는 『小山畵譜』, 『大雅續稿』가 있다.

133) 鄒一桂, 『小山畵譜』, "章法者, 以一幅之大勢而言. 幅無大小, 必分賓主. 一虛一實, 一疏一密, 一參一差, 卽陰陽晝夜消息之理也.……大勢旣定, 一花一葉, 亦有章法.……縱有化裁, 不離規矩."
이 절에서 인용한 화론은 모두 楊大年이 編著한 『中國歷代畵論采英』(河南人民出版社)의 1984년판과 沈子丞이 編著한 『歷代畵論名著彙編』(文物出版社)의 1982년판에서 볼 수 있다.

통해 살펴보자.

숲의 나무를 그릴 때, 나무들이 모두 하늘 높이 우뚝 솟으면 반드시 비스듬하게 기울어진 것을 삽입해 교차시켜야 한다. 한편 나무들이 지나치게 들쭉날쭉 뒤섞였다면 반드시 곧게 뻗은 것으로 꿰뚫어 다스려야 한다. 그러면 맥락이 연결될 뿐만 아니라 기운도 심원해진다. 산의 바위를 그릴 때, 형세가 평평하고 반듯하다면 준파皴破[134]는 마땅히 한쪽으로 기울게 하거나 자유로운 필법을 사용하여 장중莊重하지만 막히지 않게 해야 한다. 형상이 만약 괴이하다면 구륵鉤勒[135]은 평정하고 중후한 필법을 사용하여 기이하지만 법칙이 있게 해야 한다. 이를 일러 바르지만 치우침을 폐하지 않고, 치우치지만 바름을 잃지 않는다고 한다.[136]

(청淸) 심종건沈宗騫, 『개주학화편芥舟學畵編』, 권1, 「포치布置」

나무는 누운 것과 솟은 것, 성근 것과 **빽빽**한 것이 서로 뒤섞여 있어야 한다.…… 작은 나무와 큰 나무, 누운 것과 솟은 것, 향함과 등짐(向背), 먹의 농담濃淡이 서로를 침범해서는 안 된다. 번잡함 사이에 드문드문한 곳을 넣어 반드시 중中을 얻어야 한다.[137]

(원元) 황공망黃公望, 『사산수결寫山水訣』

나무와 돌의 포치布置는 성김과 빽빽함이 서로 뒤섞이고 허와 실이 상생해야

---

134) *皴破: 皴은 '주름' 또는 '트다, 틈이 생겨 갈라지다'의 뜻으로, 山勢에 적용한다면 산의 凹凸部의 굴곡을 주름처럼 표현한 것이다. 산수화에서 준파는 산이나 바위의 立體感, 明暗, 質感, 陰陽의 向背를 표현하는 데에 사용하는 기법이다.
135) *鉤勒(勾勒): 동양화에서 윤곽을 먹선으로 그리고 그 안쪽을 채색하는 기법을 말한다.
136) 沈宗騫, 『芥舟學畵編』, 卷1, 「布置」, "凡作林木, 衆木俱幹霄, 則必以橫斜者穿插之. 衆木多槎枒, 則必以直上者透領之. 不但脈絡聯貫, 亦且氣韻深遠. 凡作山石, 形勢旣已平直, 其皴破當用偏斜流逸之筆, 使其莊而不滯. 形狀若涉詭異, 其鉤勒當以平正穩重之筆, 使其奇而有法. 此謂正不廢偏, 偏不失正."
137) 黃公望, 『寫山水訣』, "樹要偃仰稀密相間,……小樹大樹, 一偃一仰, 向背濃淡, 各不可相犯. 繁處間疏處, 須要得中."

마침내 그림의 이치를 얻을 수 있다. 가까운 곳의 나무와 돌은 채우고 집을 그릴 것은 비워 두며, 먼 곳의 벼랑은 채우고 안개와 구름을 그릴 것은 비워 둔다. 이것이 하나의 법칙이다.[138]

(청淸) 장화蔣和, 『학화잡론學畵雜論』, 「수석허실樹石虛實」

화초·나는 새·달리는 짐승을 그릴 때는 반드시 먼저 붓의 움직임을 구해야 한다. 구륵의 기법으로 그릴 때는 곧음(直)에서 굽음(曲)을 구하고 약함에서 강함을 구하며, 실함에서 허함을 구하고 습함에서 메마름을 구하며, 시듦에서 비옥함을 구한다.…… 구륵이 숙련되면 머물고 전절轉折한 모든 곳이 격식에 맞게 된다.[139]

(청淸) 동계董棨, 『양소거화학구심養素居畵學鉤深』

위의 네 가지 화론 가운데, 앞의 세 인용문에서 말하는 나무·돌·집 등의 구체적인 안배와 배치는 화면의 부분적인 장법포국에 속한다. 마지막 인용문의 화초와 동물을 그릴 때 붓을 어떻게 써야 하는지에 관한 것은 본래 장법포국에 속하지는 않지만, 그 내용이 매우 구체적이며 특히 중화 정신을 잘 드러내고 있어 차마 인용하지 않을 수 없었다.

이 몇 가지 화론들은 모두 서로 다르거나 대립되는 예술적 요소를 요구하고 있으며, 이들은 서로 대립하면서도 연결되며, 서로 보완해 주고 덜어 내어 서로를 침범하지 않으면서도 중을 얻어 조화롭고 통일된 관계에 있어야 한다. 우선 첫 번째 화론을 보자. 만약 숲의 나무들이 모두 높고 곧다면 비스듬하게 뻗은 가지를 삽입해 교차시켜야 하며, 만약 이와 반대로 곁가지가 많다면 곧게 뻗은

---

138) 蔣和, 『學畵雜論』, 「樹石虛寬」, "樹石布置須疏密相間, 虛實相生, 乃得畵理. 近處樹石塡塞, 用屋宇提空, 遠處山崖塡塞, 用煙雲提空. 是一樣法."
139) 董棨, 『養素居畵學鉤深』, "凡作花卉飛走, 必先求筆, 鉤勒旋轉, 直中求曲, 弱中求力, 實中求虛, 濕中求渴, 枯中求腴,……鉤勒旣熟, 則停頓轉折, 處處入殼."

나무로 꿰뚫어 다스려야 한다. 만약
바위의 형세가 평평하고 반듯하다면,
이 바위를 그리는 기법[준皴]은 한쪽으
로 기울거나 자유로운 필법으로 평평
하고 반듯한 형세를 깨뜨려야 하니 바
위가 장중하지만 막히지 않는 모습이
어야 한다. 이와 반대로 바위의 모양

*송末 휘종徽宗, 「사생진금도寫生珍禽圖」, 개인 소장

이 괴이하다면, 그 기법[구륵鉤勒]은 평정하고 중후한 필법으로 그 형태를 보완하
거나 덜어 내어, 바위의 형상이 기이하지만 마침내는 법도의 중中에 맞아야
한다.

다른 화론을 살펴보자. 경치를 묘사하여 그림을 그리는 것을 보면, 작은
나무와 큰 나무, 그 자태가 구부러진 것과 솟은 것·향한 것과 등진 것, 먹의
농담이 짙은 것과 옅은 것, 안배가 성긴 것과 빽빽한 것이 모두 서로 뒤섞여
있어야 한다. 그러면서도 서로를 침범해서는 안 되며, 언제나 중을 얻는 것이
중요하다. 가까이는 나무·돌·집이, 멀리는 벼랑·연기·구름이 혹은 채우거
나 비워져서 반드시 허와 실이 상생해야 마침내 그림의 이치를 얻을 수 있다.
화법畵法과 용필用筆로 보면, "곧음(直)에서 굽음(曲)을 구하고 약함에서 강함을
구하는" 등의 방법을 반드시 사용해야 한다. 이 방법이 숙련되면 비로소 그림을
그리는 중에 "모든 곳이 격식에 맞게" 될 것이다.[격식에 맞는다는 것은 알맞다는
의미이다.]

이 화론에서도 앞에서 논한 '중화미의 주된 표현 형식'이 분명히 나타난다.
예를 들어 "곧음(直)에서 굽음(曲)을 구한다" 등등은 곧음·약함·실함·습함·
시듦을 위주로 하고, 대립 요소인 굽음·강함·허함·메마름·비옥함 등을 보
완하는 전형적인 'A而B' 형식이다. 구부러짐과 솟음(俯仰)·향함과 등짐(向背)·곧

음과 기울어짐(直斜) · 허함과 실함(虛實) · 성김과 빽빽함(疏密) · 짙음과 옅음(濃淡) 등등 대對를 이루는 요소들이 서로 섞여 중을 얻은 것은 '亦A亦B' 형식에 속한다. "장중하지만 막히지 않는다"는 것은 바로 'A而不B' 형식을 사용한 것이다.140) 재론의 여지없이, 이러한 화론에서 중화 정신이 매우 명확하게 엿보인다고 할 수 있다.

다음으로는 청대淸代 금농金農141)[양주팔괴揚州八怪142) 중 한 사람]의 「기인이하도 寄人籬下圖」를 통해 위에서 제시한 화론들의 예술적 주장을 살펴보기로 하자. 먼저 이 그림에서 '반듯함 · 가지런함'과 '비스듬함 · 어긋남'의 관계를 살펴보자. 그림은 주된 자리에 네모반듯한 울타리 2개와 직사각형의 문을 배치하였다. 이렇게 곧고 반듯한 사각형의 덩어리들은 마치 그림이 이미 틀에 박혀 있는 것 같은 느낌을 준다. 그러나 마당 울타리 위아래로 비스듬한 매화 가지와 무성한 매화 그리고 땅 위에 흩어진 매화 꽃잎[낙화落化]을 그려 보완함으로써, 사각형 덩어리 구조의 틀에 박힌 듯한 효과를 상당히 절제하고 완화하였다. 이로써 화면의 반듯함과 비스듬함이 서로 섞이고 가지런함과 어긋남이 서로 어우러져 충만한 생기가 저절로 더해지게 되면서, 본래 틀에 박혔던 화면구성이

---

140) 여기에서 말한 "장중하지만 막히지 않는다"는 것은 "기이하지만 법칙이 있다"라는 말과 대대하여 거론하였기 때문에 단독으로 사용하였다고 볼 수 없다. 따라서 沈宗騫 이 표방한 것은 장중함과 기이함의 양극단이라고 할 수 있다.

141) *金農(1687~1763): 淸代 중기의 문인이자 서화가로, 揚州八怪의 한 사람이다. 평생 벼슬에 나가지 않고 시서화를 창작하며 생활하였다. 청년 시절부터 금석문자를 연구 하였는데, 서예에서는 八分과 漢隷를 바탕으로 마치 솔과 같은 운필과 갈필을 표현하 여 개성이 뚜렷한 渴筆八分을 이루었다. 그림에서는 梅竹과 말을 주로 그렸다. 저서 에는 『金冬心集』이 있다.

142) *揚州八怪: 淸代 乾隆 연간(1661~1722)에 상업도시였던 江蘇省 揚州를 중심으로 활동 한 여덟 명의 대표적 서화가를 이르는 말이다. 일반적으로 金農을 필두로 汪士愼, 黃愼, 高翔, 李鱓, 鄭燮, 李方膺, 羅聘을 가리킨다. 주로 花卉, 山水, 人物을 그렸고, 詩, 書, 畵의 결합을 추구하였다. 고대의 법칙을 거부하고 자기의 뜻대로 창작하여 파격적이고 진실한 감정을 펼쳤다.

일순간에 변화하여 막힘이
없게 된 것이다.

  여기서 다시 성김과 **빽
빽함**(疏密), 허함과 실함(虛實)
의 관계를 살펴보기로 하자.
두 개의 양쪽 울타리는 **빽빽**
하게 채워져 있지만, 드문드
문 성긴 부분은 비워 두었다.

청淸 금농金農, 「기인이하도寄人籬下圖」

가운데 쪽문은 비어 있지만, 문 위로 뻗어 있는 매화와 그 아래 흩어진 매화
꽃잎으로 공간을 채워 그것을 보완하였다. 문 위의 무성하면서도 시원하게
뻗은 가지와 매화 그리고 오른쪽 여백에 제題143)한 글씨의 행관行款144) 또한
허와 실이 서로 의지하고 어우러진다. 따라서 전체 화폭을 보면, 군데군데 성김
과 **빽빽함**이 한결같지 않지만, 오히려 곳곳이 조화를 이루고 있다.

  다음으로 그림 전체의 장법포국에 나타난 예술적 조화 정신을 살펴보고자
한다. 먼저 두 개의 화론을 살펴보자.

    그림을 그릴 때 유독 언덕과 골짜기를 그리기가 어려운데, 이는 지나치게 평
    범해서도 안 되고 지나치게 기이해서도 안 되기 때문이다. 옛사람들은 그림
    을 그릴 때, 전체 화폭(通幅)에서 굴신屈伸의 변화·교차하여 어우러짐·구불
    구불한 곡절曲折을 모두 고심하여 구상한 연후에야 붓을 댔다. 그러므로 마음
    속 움직임의 표현이 기이하되 평범하지 않으며, 그 이치의 경지가 그윽하고
    깊되 어둡지 않았다. 사람들이 그것을 보면, 산속 그늘진 길에 들어서는 것처

---

143) *題: 書籍·碑石·書畵 등의 앞부분에 적은 글이나 그림의 여백에 시 혹은 좋은 글귀
    를 쓰는 것을 말한다.
144) *行款: 글자의 배열과 행간의 형식을 말한다.

럼 그 경치를 접함에 쉴 틈이 없는 듯하였다. 또한, 하나의 기운으로 완곡하게 하고 군더더기를 덧붙이지 않아서 산천의 참되고 빼어난 기운을 얻었다.[145]

(청淸) 화림華琳, 『남종결비南宗抉秘』

화초를 그릴 때는 온전히 세勢를 얻는 것이 중요하다. 가지의 세는 비록 둘러싸여 높고 낮더라도 기맥氣脈은 여전히 일관되어야 한다. 꽃의 세는 비록 들쭉날쭉하여 향배와 등짐이 같지 않더라도 각자 정연하고 활달하면서 정해진 이치를 벗어나지 않아야 한다. 잎의 세는 비록 성김과 빽빽함이 뒤얽혀 있더라도 어지럽지 않아야 한다.…… 잎 부분의 농담濃淡에 이르러서는 꽃과 서로 어울려 돋보이게 하고, 꽃의 향하고 등짐은 가지와 서로 잘 연결되어야 하며, 가지의 구부러짐과 솟음은 뿌리와 서로 호응해야 한다. 만약 전체 그림의 장법을 구상하는 데 뜻을 두지 않는다면,…… 어찌 신묘神妙함을 얻을 수 있겠는가? 그러므로 세勢를 얻는 것이 중요하니, 합해서 보면 한숨에 완성된다. 세세하게 완미함이 깊이 더해지고, 또다시 신묘한 이치가 모이면 고수高手가 된다.[146]

(청淸) 왕개王槪, 『개자원화전芥子園畵傳』,<br>「화훼포치점철득세총설花卉布置點綴得勢總說」

이 두 단락은 언덕과 골짜기, 그리고 화초를 그리는 것에 대해 논함으로써 '전체 화폭'(通幅)과 '전체 그림'(全圖)의 장법포국을 말하였다. 전자는 굴신의 변

---

145) 華琳, 『南宗抉秘』, "作畵惟以丘壑爲難, 過庸不可, 過奇不可. 古人作畵, 於通幅之屈伸變換, 穿揷映帶, 蜿蜒曲折, 皆慘淡經營, 然後落筆. 故文心俶詭而不平, 理境幽深而不晦, 使人觀之, 如入山陰道上, 應接不暇, 而又一氣婉轉, 非堆砌成篇, 乃得山川眞正靈秀之氣."
146) 王槪, 『芥子園畵傳』, 「花卉布置點綴得勢總說」, "畵花卉全以得勢爲主. 枝得勢, 雖縈紆高下, 氣脈仍是貫串. 花得勢, 雖參差向背不同, 而各自條暢, 不去常理. 葉得勢, 雖疏密交錯而不紊亂.……至於葉分濃淡, 要與花相掩映. 花分向背, 要與枝相連絡. 枝分偃仰, 要與根相應接. 若全圖章法, 不用意構思……焉能得神妙哉. 故所貴者取勢, 合而觀之, 則一氣呵成; 深加細玩, 又復神理湊合, 乃爲高手."

•송宋 양무구楊無咎, 「사매도四梅圖」, 베이징 고궁박물
원 소장

◀•조선 안견安堅, 「소상팔경도瀟湘八景圖」 중 「산시청람
山市晴嵐」, 국립중앙박물관 소장

화를 두드러지게 강조함으로써 그림 속의 풍경이 다채로워지도록 하여, 그림을
보는 사람으로 하여금 "산속 그늘진 길에 들어서면 산천이 서로 비추어서 사람
이 그것을 접함에 쉴 틈이 없는" 느낌을 받게 하였다. 모든 풍경은 서로 상관없
는 군더더기가 쌓여 만들어진 것이 아니며, 실제로는 '하나의 기운'이 그 속에
완곡하게 표현되어 있다. 그리하여 전체 화폭이 살아나고 또 "산천의 참되고
빼어난 기운을 얻었다"라고 한 것이다.

후자는 가지·꽃·잎이 변하는 모양둘러싸여 높고 낮음, 들쭉날쭉하게 향함과 등짐,
성김과 빽빽함의 뒤얽힘, 농담濃淡, 구부러짐과 솟음 등을 말함과 동시에, 가지·꽃·잎을
그릴 때는 "세를 얻어야 함"을 강조하였다. 자유롭고 활달하면서도 어지럽지
않아야 하며, 서로 섞이면서도 서로 더 어울리고 연결되며 호응하여 '전체 그림
이 조화롭게 통일되어야 한다. 앞 단락은 굴신의 변화 속에서도 서로 어우러져
통일됨을 잃지 않아야 함을 강조하였고, 뒤 단락은 통일됨을 살피면서도 들쭉날
쭉하게 얽히는 것을 겸해야 함을 강조하였다. 이것을 전체적으로 보면, 모두

변증법적 조화 사상을 분명하게 구현한 것이다.

위의 두 화론은 어떤 구체적 경물을 묘사하는 관점에서 장법포국의 전체적인 조화 문제를 다루었기 때문에 추상성과 보편성이 다소 부족했다면, 다음 두 화론은 순전히 장법포국의 일반적인 관점에서 문제를 논한 것이다.

> 그림 속 용맥龍脈[147]의 개합開合과 기복起伏에 대해 비록 고법古法에는 갖추어져 있더라도 아직 드러나지는 않았었다.…… 전체 화폭에 개합開合이 있으며 나누어진 부분에도 또한 기복起伏이 있다. 더욱 절묘한 것은 서로 접하고 어우러지는 사이에 있으니, 남는 부분을 조절하고 부족한 부분을 보완한다. 가령, 용이 기울어지다 반듯하고, 합쳤다가 나뉘고, 숨었다가 나타나고, 끊어졌다 이어지는 가운데 생기발랄해야 비로소 진정한 그림이라고 할 수 있다.[148]
>
> (청淸) 왕원기王原祁, 『우창만필雨窓漫筆』

> 그림을 그릴 때는…… 먼저 소밀疏密과 허실虛實의 큰 뜻을 일찍 정해야 한다. 가볍게 붓을 내려 피차가 상생하고 서로 응하게 해야 하며, 농담濃淡이 갈마들며 서로 어울리게 해야 한다. 하나하나 떼어 놓고 보면 사물마다 정취가 가득하고, 합쳐 놓으면 전체가 연결된다. 처음부터 끝까지 그 푸르스름한 아지랑이, 구름이 걸릴 듯 높은 나무, 촌락과 평원 등의 수많은 곡절이 서로 통하여 하나의 기운으로 연결되는 기세가 있게 된다. 빽빽함은 가득 채움을 마다하지 않고, 성김은 느슨함을 마다하지 않는다. 더해서도 안 되고 덜 수도 없음이 마치 하늘이 이룬 것 같고 주조鑄造하여 완성한 것과 같으니, 이것이 바로 옛사람들이 그림을 구성하는 법에 합당한 것이다.[149]
>
> (청淸) 심종건沈宗騫, 『개주학화편芥舟學畫編』, 「포치布置」

---

147) *龍脈: 風水地理에서 산의 정기가 흐르는 산줄기를 말한다.
148) 王原祁, 『雨窓漫筆』, "畵中龍脈開合起伏, 古法雖備, 未經標出.……通幅有開合, 分股中亦有起伏. 尤妙在過接映帶間, 制其有餘, 補其不足. 使龍之斜正渾碎, 隱現斷續, 活潑潑地於其中, 方謂眞畵."

첫 번째 화론에서의 용맥龍脈 혹은 용龍은 위에서 언급한 그림 속의 완곡한 '하나의 기운'(一氣)에 해당한다. 즉, 전체 그림에 관통하는 여러 예술적 요소를 유기적으로 결집하는 내재된 정신과 혈맥을 가리킨다. 그림에서 개합開合과 기복起伏이 있는 개개의 일부분들이 서로 어우러짐을 통하여 서로 남는 부분을 조절하고 부족한 부분을 보완함으로써, 전체 그림에서 개합과 기복의 형세를 이루게 된다. 그리하여 용맥 혹은 용이 숨었다가 드러나고 끊어졌다 이어져 결국 생기발랄하게 화폭 속에 존재할 수 있다. 이렇게 되면, 전체의 화폭은 각각 '나누어진 부분'마다 개합과 기복이 있더라도 지리멸렬해지는 것이 아니라, 오히려 '나누어진 부분' 각각이 가지고 있는 개합과 기복들이 서로 유기적으로 연결되어 다채롭고 조화롭게 된다.

두 번째 화론에서는 다음과 같이 명확하게 말하였다. 그림 속의 여러 예술적 요소는 반드시 상생하고 서로 응해야 하며 갈마들어 서로 어울려야 한다. 그림 속의 부분들은 하나하나 떼어 놓고 보면 자연스럽게 조리와 질서가 있어야 하고, 한데 합치면 전체가 유기적으로 연결되어야 한다. 화폭의 위아래 경물이 각기 다르지만 서로 통하여 하나의 기운으로 연결되어야 마치 하늘이 이룬 듯 완벽한 조화를 이룰 수 있다. 왕원기王原祁와 심종건沈宗騫의 주장은 확실히 똑같은 것이다.

앞에서 화론과 그림을 예로 들었는데, 특히 마지막 두 화론(일반적인 논의)을 보면 예술의 변증법적 조화 정신 즉 중화미 정신은 중국화의 장법포국과 그 이론에 깊이 스며들어 두 화론의 핵심과 주재主宰가 되었다는 것을 알 수 있다.

이 밖에도 중국화는 화면畵面과 화제畵題·제관題款·검인鈐印 등이 모두 특별

---

149) 沈宗騫, 『芥舟學畵編』, 「布置」, "凡作一圖, ……先要將疏密虛實, 大意早定, 灑然落墨, 彼此相生而相應, 濃淡相間而相成, 拆開則逐物有致, 合攏則通體聯絡. 自頂及踵, 其煙嵐雲樹, 村落平原, 曲折可通, 總有一氣貫注之勢. 密不嫌迫塞, 疏不嫌空松. 增之不得, 減之不能, 如天成, 如鑄就, 方合古人布局之法."

하고 조화로운 통일적 관계를 형성해야 한다. 다음에서 이에 대해 하나하나 고찰하고자 한다. 한 폭의 중국화에는 제題가 있을 수도 있고 없을 수도 있다. 화제가 있는 경우 화제와 그림이 반드시 서로 잘 맞아야 한다. 화제가 그림에 담긴 의미를 정확하게 표현하거나 혹은 그림이 화제의 의미를 절묘하고 명확하게 전달해야 한다. 화제가 없는 경우 여러 가지 원인이 있을 수 있지만, 중요한 이유 중 하나는 바로 그림에 꼭 맞는 화제를 찾지 못해서이다. 차라리 화제가 빠질지언정 잘못되지는 않아야 한다. 명대明代 심호沈顥[150]는 『화진畫塵』에서 이에 대해 분명하게 말하였다.

> 스스로 쓴 화제畫題가 정교하지 않다면 옛것을 그대로 쓴 것만 못하고, 옛것
> 으로 그림을 제대로 풀이하지 못한다면 화제가 없느니만 못하다. 화제와 그
> 림은 서로의 주각注脚이 되어야 하니, 이 작은 실수가 어찌 천 리 차이뿐이겠
> 는가?[151]

화제가 있는 그림을 살펴보면, 모든 화제와 그림이 서로의 주각이 되어 서로를 분명하게 밝혀 주는 것은 아니다. 이를 잘하는 화가도 있었지만 잘하지 못한 화가도 있었기에, 비평가들은 긍정 혹은 부정적인 평가를 했던 것이다. 다음에서 그림에 대한 비평 몇 단락을 살펴보자.

도군道君[152]은 화원畫苑을 만들고 늘 화사畫士를 시구詩句로 시험하여 그 등급

---

150) *沈顥(1586~1661): 明末淸初의 화가로 시문과 서예에 능통했다. 그의 화론 가운데 『畫塵』의 "비슷하면서도 같지 않고, 비슷하지 않으면서도 같다"(似而不似, 不似而似) 라는 설이 유명하다.
151) 沈顥, 『畫塵』, "自題非工, 不若用古. 用古非解, 不若無題. 題與畫互爲注脚, 此中小失, 奚啻千里."
152) 道君: 宋나라 徽宗 趙佶로, 道敎를 존숭하여 敎主道君皇帝를 자처하였다.

을 나누었다. "들판의 강나루엔
건너는 사람 없어, 외로운 배 종
일토록 매여 있네"(野水無人渡, 孤
舟盡日橫)[153]라는 시구를 주니 대
부분의 화공은 해안가에 묶인 빈
배, 뱃전에 앉은 해오라기, 돛에
머문 까마귀를 그렸다. 하지만
유독 괴魁[154]만은 그렇지 않았

*송宋 마원馬遠, 「한강독조도寒江獨釣圖」,
도쿄국립박물관 소장

다. 배꼬리에 누운 뱃사공과 가로놓인 외로운 피리 하나를 그림으로써 뱃사
공은 있지만 오가는 사람이 없음을 보여 주어, 이로써 뱃사공의 한가로움을
표현했다. 또 "〈기암괴석의〉 험준한 산이 오래된 사찰을 감추었네"(亂山藏古
寺)의 경우, 괴魁는 거친 산으로 화폭을 채우고 당간幢竿을 드러내어 '감춘다'
(藏)는 뜻을 나타냈다. 다른 사람들은 뾰족한 탑 혹은 치문鴟吻[155]을 드러내거
나 전당殿堂을 그리기도 하였는데, 이렇게 되면 더 이상 '감춘다'(藏)는 의미는
없어진다.[156]

(명明) 양신楊愼, 『화품畫品』

일찍이 어떤 사람이 그린 「춘야연도리원도春夜宴桃李園圖」[157]를 본 적이 있었
는데, 숲속에 초롱을 높게 걸어 두어 화제에서 크게 벗어났다.…… 이미 달빛
이 있는데,[158] 어찌 등불을 쓰겠는가? 이른바 '화사첨족畫蛇添足'[159]이다. 그렇

---

153) *출처: 寇準, 『寇忠愍公詩集』, 三卷, 「春日登樓懷歸」.
154) 魁: 봉건사회 과거시험 1등으로, 여기에서는 시험을 본 畫士 중 가장 출중한 사람을
가리키는 듯하다.
155) *鴟吻: 鴟尾라고도 하며, 殿閣이나 門樓 따위 전통 건물의 용마루 양쪽 끝머리에 얹은
장식 기와를 말한다.
156) 楊愼, 『畫品』, "道君立畫苑, 每試畫士, 以詩句分其品第. 野水無人渡, 孤舟盡日橫, 多畫
空舟系岸, 或拳鷺於舷間, 或棲鴉於蓬背. 獨魁則不然, 畫一舟人臥於舟尾, 橫一孤笛, 以
見非無舟人, 但無行人耳, 且以見舟子之閑也. 又如亂山藏古寺, 魁則荒山滿幅, 出幡竿以
見藏意. 餘人乃露塔尖, 或鴟吻, 往往有見殿堂者, 則無復藏意矣."
157) 唐代 李白의 「春夜宴諸從弟桃李園序」의 문장을 근거로 그려진 그림이다.
158) 이백의 문장 중에 있는 "술잔을 날리며 달 아래 취하다"(飛羽觴而醉月)이다.

다고 붓·벼루·술잔·쟁반 가까이에 등 한둘쯤은 안 될 것도 없다. 다만 복
숭아나무와 오얏나무 위에 높이 떠 있는 달과 빛을 다투는 것은 결단코 마땅
하지 않다.[160]

> (청淸) 정적鄭績, 『몽환거화학간명夢幻居畵學簡明』, 「논경論景」

당唐나라 사람의 시에 "여린 초록 가지 끝에 붉은 한 점, 사람을 감동시키는
봄빛 많을 필요가 없네"라는 구절이 있다. 옛날에 이 시구로 화공畵工을 시험
한다는 말을 듣고 많은 화공이 화초에 봄빛을 입히려고 다투었지만 모두 뽑
히지 못하였다. 단 한 사람만이 높은 정자가 아득하고, 푸른 수양버들 은은하
게 비치는 곳에 아름다운 여인을 그려 난간에 기대어 서 있게 하였는데, 많은
화공이 마침내 탄복하였다. 이는 시인의 뜻을 잘 살핀 것이라 할 만하다.[161]

> (송末) 진선陳善, 『문슬신어捫虱新語』

---

159) *畵蛇添足: 뱀을 다 그리고 나서 있지도 않은 발을 그려 넣는다는 뜻으로, 쓸데없는
    군짓을 하여 도리어 잘못됨을 이르는 말이다.
160) 鄭績, 『夢幻居畵學簡明』, 「論景」, "嘗見人寫春夜宴桃李園圖, 於樹林中燈籠高掛, 大失題
    主.……旣有月色, 何用燈光. 所謂畵蛇添足矣. 然於筆硯杯盤之處, 近點棹燈一二, 未嘗不
    可. 高懸桃李樹上與月爭光, 則斷乎不宜."
161) 陳善, 『捫虱新語』, "唐人詩有嫩綠枝頭紅一點, 動人春色不須多之句. 聞舊時嘗以此試畵

화제畵題가 다르고 화사畵士畵工들의 예술적 처리 역시 같지 않음에도 불구하고, 여러 평론가는 그림의 개별적 평론에서 완전히 같은 의견을 냈다. 즉 "경물을 배치하고 용필用筆하는 뜻은 모두 화제에 맞는 기상이어야 한다"[162]는 것이다. 양신楊愼과 같은 사람들의 화사畵卿에 대한 평가는 모두 이를 근거로 삼은 것이 분명하다. 종합해 보면, 중국화에 있어서 화제와 그림의 관계는 서로 맞물리고 발생시키며 서로의 주각이 되는, 조화롭고 통일된 관계여야 한다는 것이다.

그림과 제관題款〈제題·낙관落款〉의 관계를 다시 살펴보자. 북송北宋 중기 이후 문인화가 흥성하였고, 화가들은 항상 그림 위에 낙관을 적고 화제를 남겼다. 제관은 말 한마디, 시詩 몇 구절, 한 편의 짧은 산문, 심지어는 시詩·사詞·문文의 결합체일 수도 있다. 제관은 중국서예에서 해서·초서·전서·에서 모두 쓸 수 있다. 좋은 제관은 회화에 문학과 서예의 아름다움을 더하여 작품을 더욱 돋보이게 하지만, 좋지 않은 제관은 오히려 그림의 풍취風趣를 크게 해칠 수 있다. 그렇다면 과연 어떤 제관이 좋은 것이며, 어떤 제관은 좋지 않은가? 하나의 중요한 기준은 제관이 그림 속의 다른 요소들과 배치상 전체적으로 조화를 이루는가를 보는 것이다.

한 폭의 그림에는 낙관이 잘 어울리는 곳이 있다. 거기에 낙관하지 않으면 그림 전체를 해치게 된다.[163]

(청淸) 심호沈顥, 『화진畵塵』, 「낙관落款」

---

工, 衆工競於花卉上妝點春色, 皆不中選. 唯一人於危亭縹緲, 綠楊隱映之處, 畵一美婦人, 憑欄而立, 衆工遂服, 此可謂善體詩人之意矣.
162) *沈宗騫, 『芥舟學畵編』, "布置景物, 及用筆意思, 皆當合題中氣象."
163) 沈顥, 『畵塵』, 「落款」, "一幅中有天然候款處, 失之則傷局."

그러나 낙관落款과 화제畵題는 쉽지 않다. 그림에는 반드시 낙관과 화제가 있어야 할 곳이 있는데, 화제가 그 자리에 있으면 걸맞지만, 그 자리가 아니면 걸맞지 않다.[164]

(청淸) 방훈方薰, 『산정거화론山靜居畵論』

화제와 행관行款[165]에 대해 논하면, 모름지기 가지런할 뿐 아니라 성글면서도 빈틈이 없어야 한다. 해서楷書는 반듯함을 잃어서는 안 되고 행초行草는 기이함이 지나쳐서는 안 된다. 언제나 산수와 함께 배치되고 놓임에, 서로를 방해하지 않고 잘 어울려야 하니 이것이 행관 가운데 가장 훌륭한 것이다.[166]

(청淸) 성대사盛大士, 『계산와유록溪山臥遊錄』

만약 절벽이 하늘을 찌를 듯하고 노송老松이 우뚝 선 경치를 그렸는데 그림이 한쪽으로 치우쳐 한쪽이 여백으로 남았다면, 그 빈자리에 제관을 세로로 길게 내려써서 그림의 세勢를 도와야 한다. 만약 평평한 모래사장이 멀리 펼쳐져 있고 잔잔한 물이 산을 가로지른다면, 마치 기러기가 하늘을 줄지어 날듯 제관을 가로로 평평하게 써야지, 들쑥날쑥해서는 안 된다. 바위가 고아古雅하고 힘이 있으면 낙관도 힘차게 써야 하고, 숲이 수려하고 울창하면 화제도 빼어난 글씨로 써야 한다. 뜻을 담은 필획은 초서로 쓰고 정교한 필획은 해서로 쓰니, 화법畵法에 정통하고 서예에 숙련된 자만이 이렇게 할 수 있다.[167]

(청淸) 정적鄭績, 『몽환거화학간명夢幻居畵學簡明』, 「논제관論題款」

심호沈顥는 그림에서 "자연스럽게 낙관이 어울리는 곳"에 있어야 한다고

---

164) 方薰, 『山靜居畵論』, "然款題甚不易也. 一圖必有一款題處, 題是其處則稱, 題非其處則不稱."
165) *行款: 글자의 배열과 행간의 형식을 말한다.
166) 盛大士, 『溪山臥遊錄』, "若論題畵行款, 須整整齊齊, 疏疏密密, 眞書不可失之板滯, 行草又不可過於詭怪, 總在相山水之布置而安放之, 不相觸礙而若相映帶, 此爲行款之最佳者也."
167) 鄭績, 『夢幻居畵學簡明』, 「論題款」, "如寫峭壁參天, 古松挺立, 畵偏一邊, 留空一邊, 則在一邊空處直書長行, 以助畵勢. 如平沙遠獲, 平水橫山, 則平款橫題, 如雁排天, 又不可以參差矣. 至山石蒼勁宜款勁書, 林木秀致當題秀字, 意筆用草, 工筆用楷, 又在畵法精通, 書法純熟者方能作此."

하였고, 방훈方薰[168]은 제관이 전
체 그림과 서로 "걸맞아야" 한다
고 했으며, 성대사盛大士[169]는 제관
이 그림 속 산수와 "서로 방해하지
않고 어울리게" 배치되어야 한다

*송宋 소식蘇軾, 「고목괴석도枯木怪石圖」, 개인 소장

고 하였는데, 이는 모두 제관과 그림의 관계에 관한 일반적인 논리이다. 한편
정적鄭績[170]은 제관의 몇 가지 경우를 구체적으로 논하였다. 그들이 보기에[사실
이것도 고대 화가와 화론가의 보편적인 견해이다.] 제관의 좋고 나쁨은 그것이 그림 전체
의 조화에 도움이 되는지 아닌지가 중요한 기준이다. 그림 속의 여러 경물景物과
걸맞게 잘 어울리며 조화롭게 통일되면 좋은 제관이지만, 그와 반대가 되면
좋지 않은 제관이다. 구체적인 제관은 반드시 각기 다른 상황에 따라 구체적으
로 안배해야 하는데, 다만 모두 전체의 조화라는 기준또는 원칙을 따라야 한다.

다음은 그림에서 제관을 어떻게 배치하고 안배할 것인지의 관점에서, 두
그림을 예로 들어 구체적으로 분석하고자 한다. 하나는 청대淸代 오력吳歷[171]의
「풍강군안도楓江群雁圖」이고, 다른 하나는 근대 미술계의 거장인 만청대晚淸代
임이任頤[172]의 「관하일망소색關河一望蕭索」이다.

---

168) *方薰(1736~1799): 淸代 후기의 화가이다. 어릴 때 아버지 方梅를 따라 吳·越 일대
를 노닐며 많은 名畵의 眞迹을 보았고, 대가들을 만나 그들의 장점을 흡수했다. 詩·
書·畵가 모두 오묘했고, 특히 寫生이 뛰어났다. 奚岡과 이름을 나란히 하여 '方奚'로
불렸다. 저서에 『山靜居遺稿』와 『山靜居論畵』 등이 있다.
169) *盛大士(1771~1835): 淸代 후기의 화가이다. 詩·畵를 다 잘하였으며, 산수화는 王時
敏을 주종으로 하는 婁東畵派의 정통으로 알려졌다. 저서에 『溪山臥遊錄』이 있다.
170) *鄭績(1813~1874): 淸代 후기의 화가로, 의사로 일하다가 포기하고 서화를 팔아 생계
를 꾸렸다. 시를 잘 짓고 인물과 산수화에 능했으며, 작품은 「寒江醉釣圖」가 있다.
171) *吳歷(1631~1718): 淸代 초기의 서화가·시인이다. 明末淸初의 王時敏을 비롯하여 王
鑑, 王翬, 王原祁, 惲壽平과 함께 '四王吳惲' 중의 한 사람이다. 明末에 형식화되었던
吳派에서 벗어나 元明 이래의 문인화로 회귀하고자 하였으며, 특히 산수화에서 청신
한 화풍을 전개하였다.

「풍강군안도」는 아랫부분에 가지가 마르고 오래된 큰 나무 몇 그루가 있고, 왼쪽으로는 나뭇가지들, 오른쪽으로는 갈대밭이 늘어서 있다. 그림의 아랫부분부터 중간 윗부분으로 펼쳐진 갈대밭에는 놀란 기러기 떼가 앉아 있다. 그림의 가운데에는 달빛과 노닐며 잠 못 드는 기러기 한 마리를 제외하고는 텅 비어 있어, 보이는 것은 아득한 강물뿐이다. 왼쪽 위로는 몇 개의 뾰족한 봉우리가 운무雲霧 위에 떠 있다. 층마다 풍부하고 경계가 심원한 이 그림에는 다음과 같은 제화시題畵詩가 있다.

> 단풍 물든 차가운 강물에 기러기 떼 바삐 돌아오고,
> 꿈에 빠진 갈대꽃 가을이 무르익네.
> 잠 못 드는 한 마리 기러기 달빛을 희롱하고,
> 물결에 반짝이며 떠도는 하늘에 새벽이 오려 하네.[173]

이 제관은 세로로 내려쓴 네모난 형식으로 최대한 오른쪽 위에 배치하였으며, 왼쪽 윗부분의 뾰족한 봉우리와 대체로 대응하면서도 약간 차이가 있다. 화면 중앙의 여백을 최대한 비워 강물의 아득함을 더하고 왼쪽의 산봉우리와 합쳐져 높고 심원한 차원을 이룬다. 또한 아래의 근경과 멀리 강을 사이에 두고 마주 보고 있어, 또 다른 차원에서 호응과 대칭을 이루고 있다. 분명한 것은, 이 제관은 시적 정취를 그림의 의미에 맞게 결합하면서도, 그림의 위치를 경영하여 전체의 균형을 잡아 주는 중요한 역할을 한다.

계속해서 「관하일망소색」을 살펴보자. 이 그림의 오른쪽 절반은 사람 한

---

172) *任頤(1840~1895): 淸代 말기의 화가로, 5세기부터 상하이에 거주하여 海上派 제일의 유행 작가가 되었다. 明代 陳洪綬의 奇古體를 배워 人物·花鳥畵 분야에서 새로운 풍조를 일으켰다.

173) 吳歷, 「楓江群雁圖」, 題詩, "楓江水冷群歸早, 夢熟蘆花秋末杪, 一雁不眠來弄月, 波光浮動天將曉."

청清 임이任頤, 「관하일망소색關河一望蕭索」

◀ 청淸 오력吳歷, 「풍강군안도楓江群雁圖」, 난징(南京)박물원 소장

명과 말 한 필이 강가에 멈춰 서 있는 모습을 그렸다. 그 사람이 멀리 바라보고 있는 왼쪽은 끝없이 광활한 공간으로, 그림 전체를 보는 사람은 황량하고 쓸쓸한 느낌을 받는다. 그림에서 제관은 왼쪽 위에 가로로 쓰여 있다. 이 그림의 오른쪽은 차고(實) 왼쪽은 비었으니(虛), 제관이 왼쪽에 있는 것은 당연한 이치[常理174)이다. 더 나아가, 제관을 세로로 내려쓰지 않고 가로로 쓴 것은 화가의 창의성이 표현된 듯하다.

상상해 보자. 서 있는 사람이 왼쪽을 바라보고 있는데 만약 왼쪽에 세로로 내려썼다면, 어찌 바라보는 사람의 시선을 막지 않을 수 있으며, 그 시선이 또한 어찌 멀리까지 미칠 수 있겠는가? 만약 그렇게 된다면 그림의 광활하고 아득한 느낌 그리고 쓸쓸한 의미까지도 퇴색될 수밖에 없다.

---

174) *蘇軾은 외면성과 내면성의 차이를 '常形'과 '常理'로 설명했다. 화공은 사물의 외관인 '상형'을 그리지만, 문인들은 사물의 본질인 '상리'를 추구한다. 따라서 문인화는 단순한 기능의 산물이 아니라 정신적 활동으로 취급되어야 한다고 보았다.

이 그림처럼 제관을 가로로 쓰면, 서 있는 사람의 바라봄이 막히지 않아 끝없는 경지에 도달할 뿐만 아니라, 오른쪽에서 왼쪽으로 향하는 행관 또한 바라보는 사람의 시선과 함께 앞으로 뻗어 나가게 되어, 서 있는 사람의 바라봄과 함께 전체 그림과 화의畵意에 지장을 주지 않아 더욱 조화롭게 된다. 요컨대, 「풍강군안도」와 「관하일망소색」 두 그림의 제관은 구체적인 경영과 포치가 완전히 다르지만, 모두 그림 속의 경물 및 우의寓意175)와 조화롭고 아름답게 어울린다. 또한 "언제나 산수와 함께 배치되고 놓임에, 서로를 방해하지 않고 잘 어울린다."

제관題款과 그림의 관계에서는 제관에 담긴 문학적 내용과 함께 그림과의 관계도 중요하다. 청대淸代 정정로程庭鷺176)의 『약암화진蒻庵畵塵』에는 다음과 같은 두 가지 일화가 기록되어 있다. 명대明代의 서화 감장가鑑藏家177)인 항원변項元汴178)의 서예는 조자앙趙子昻[조맹부]의 필의筆意를 얻었지만, 화제畵題의 글귀는 간결하지 못했다. 그에게 그림을 부탁하는 사람은 먼저 아이에게 돈 삼백을 주고 그의 그림이 완성되자마자 아이에게 자신의 도장을 찍도록 하여, 그림에 항원변이 제관을 하지 못하게 하였다. 그래서 이 돈 삼백을 '제관을 면제하는 돈'(免題錢)이라고 부르게 되었다.

한편 청초淸初의 화가 운수평惲壽平179)은 그 당시 화가였던 왕휘王翬180)의

---

175) *寓意: 다른 事物에 빗대어 비유적인 뜻을 나타내거나 풍자하는 것을 말한다. 姜希孟 (1424~1483)은 이와 대비하여 留意를 언급하였는데, 「答李平仲書」에서 "군자는 기예에 뜻을 의탁할 뿐이지만, 소인은 기예에 뜻을 뺏기고 만다"(君子之於藝, 寓意而已; 小人之於藝, 留意而已)라고 하였다.

176) *程庭鷺(1797~1859): 淸代 후기의 화가이다. 시·전각과 함께 산수화를 잘 그렸다. 저서에 『小松圓閣書畵題跋』, 『練水畵徵綠』이 있다.

177) *鑑藏家: 蒐集家와 鑑賞家를 합친 말이다.

178) *項元汴(1525~1590): 明의 화가로, 元代의 黃公望과 倪瓚의 산수화풍을 익혔다. 고화의 감식에도 뛰어났으며, 수장가로도 유명하다.

179) *惲壽平(1633~1690): 淸代 초기의 화가이다. 산수 화가로 유명했으나 중년 이후에는

그림을 매우 높이 평가하면서도, 때로는 그에게 부지런히 배우기를 권면하였다. 왕휘 그림의 제관 내용에 '미흡함'(未善)[절묘하게 딱 들어맞지는 않음]이 보이면, 훌륭한 그림이 미흡한 제관에 의해 훼손되지 않도록 그와 논의를 반복하여, 왕휘가 반드시 자신의 그림을 소중히 하도록 하였다. 이로써 제관의 언어는 간결하지 않아서도 안 되며, 절묘하게 딱 들어맞지 않아서도 안 된다는 것을 알 수 있다. 그렇다면 어떻게 해야 좋은 제관이 될 수 있는가? 청대清代 장식張式[181]은 『화담畵譚』에서 다음과 같이 말하였다.

> 화제와 그림은 반드시 서로 완전히 어울리게 하여 화제가 그림과 더불어 서로를 발전시켜야, 비로소 선문羨文[182]이 되지 않는다. 이것이 바로 그림 속의 그림이요, 그림 밖의 의미이다.[183]

이는 즉, 제관이 그림이나 그림의 의미와 서로 어울리고 발전시키며 조화롭게 통일되어, 그림의 정취와 의미를 더욱 북돋아 줄 수 있어야 비로소 좋은 제관이 된다는 것이다. 제관의 내용과 그림의 의미가 서로 잘 어우러지고 서로를 발전시킬 수 있어야 한다는 것은 위에 인용한 여러 그림의 예에서도 살펴볼 수 있었다. 여기에서 우리는 청초清初의 유명한 화가이자 서화론가인 달중광笪重光의 「추우고주도秋雨孤舟圖」를 감상함으로써, 화제의 의미와 그림의 의미가 서

---

花卉를 주로 그렸다. 沒骨畵法을 완성시켜 이후의 화조화에 영향을 주었다.

180) *王翬(1632~1717): 淸代 초기의 화가로, 왕의 명을 받아 자주 그림을 그렸다. 南宗畵와 北宗畵를 처음으로 절충하여 화원의 南畵化에 영향을 끼쳤다. 王時敏·王鑑·王原祁·吳歷·惲壽平과 더불어 '淸初六家'로 일컬어진다.

181) *張式(?~?): 淸代의 화가이다. 江陰에 은거하였으며 詩와 古文에 능했다. 그의 저서 『畵譚』에서, "산수를 그리는 것은 기운생동이 주가 되어야 하며, 인물을 그리는 것은 붓을 내릴 때 그 기상을 얻어야 한다"(畵山水以氣韻生動爲主, 畵人物下筆時要得其氣象)라고 하였다.

182) 羨文: '불필요하게 들어간 글'이라는 뜻으로 작자가 인용해 사용한 것이다.

183) 張式, 『畵譚』, "題畵須有映帶之致, 題與畵相發, 方不爲羨文. 乃是畵中之畵, 畵外之意."

청淸 달중광笪重光, 「추우고주도秋雨孤舟圖」

로 어우러지고 서로를 더 돋보이게 하는 관계라는 것에 대해 좀 더 음미하고자 한다.

달중광은 젊은 나이에 진사가 되어 관직이 어사御史에 이르렀고, 사람됨이 강직하여 직언을 서슴지 않았으며, 만년에 모산茅山184)에 기거하며 도교를 배웠다. 이 그림은 그의 만년78세 작품이다. 그림 가운데의 위쪽으로는 저 멀리 산이 가로누워 있으며, 왼쪽 가까운 기슭에는 늙은 버드나무 한 그루가 비스듬히 서 있다. 버들잎은 다 떨어지고, 가지들은 한쪽으로 기울어진 나무의 몸통에서 각기 다른 방향으로 어지럽게 늘어져 있다. 작은 배 한 척이 오른쪽 먼 물가로부터 왼쪽 언덕에 닿았는데, 뱃머리에 사람이 홀로 고개를 숙이고 앉아 생각에 잠긴 듯하다. 이 그림은 온통 아련한 물기운으로 덮여 있다.

그림의 제관은 "가을비 외로운 배 돌아가는 꿈에서 깨어 보니, 원망스럽구나! 버들가지 실타래처럼 늘어짐이여"(秋雨孤舟歸夢醒, 怪他柳線繫絲長)라고 쓰여 있다. 이 제관이 웅장하고 수려한 소동파蘇東坡・미불米芾185)과 같은 부류의 서풍書風인지, 산과 버드나무 높낮이의 변화에 따라 들쭉날쭉한 운치가 있는 서예의 포치인지에 관한 논의는 잠시 접어 두고, 다만 화제의 의미와 그림의 의미만을

---

184) *茅山: 道敎 上淸派의 발생지이다. 상청파는 茅山을 본산으로 하였기에 茅山派라고도 불린다.

185) *米芾(1051~1107): 北宋의 서예가이자 화가이다. 붓의 측필을 활용한 米點 산수화를 창시했다. 아들 米友人과 함께 米家山水를 이루었으며, 구름과 안개 낀 몽롱하고 습윤한 강남 산수의 풍광을 그렸다.

살펴보기로 하자. "가을비 외로운 배"는 적막하고 쓸쓸하기 그지없다. "돌아가는 꿈"은 영혼이 그리워하던 고향 땅으로 돌아가는 꿈이다. 이는 언제나 사람의 마음을 뜨겁게 하고 심지어는 오장육부를 끓어오르게 하는데, 하물며 진짜 귀향길에 오른 사람의 "돌아가는 꿈"은 어떠했겠는가! 그러나 꿈에서 "깨어난" 뒤에 만난 것은 늙은 버드나무와 궂은 비, 헝클어진 실타래처럼 가지가 어지럽게 널려 있는 처량한 광경으로, 마음속에 한 줄기 "원망"의 감정이 저절로 생겨난다. "원망"은 곧 책망이다. 그러나 누구를 탓하겠는가? 무지하고 무정한 늙은 버드나무를 원망할 것인가? 무지한 사물을 탓하는 것은 사리에 어긋나지 않겠는가? 그러나 돌아오는 객客이 책망하는 일은 실로 이치에 맞는 것이다.

『시경詩經』에 "옛날 내가 떠날 때는 푸른 버들가지가 한들한들했는데"[186]라고 하였다. 옛날에 이곳을 떠날 때는 봄빛이 딱 좋은 시기여서 버들가지와 잎이 휘날렸었다. 연인을 뿌리치고 이별을 고한 뒤에도 오랫동안 그의 마음은 이곳을 맴돌았다. "지금 내가 돌아와 보니 함박눈이 펄펄 내릴 뿐"[187]만 아니라, 지나간 옛사랑이 아쉬워 헤어지고 긴 세월이 흘렀는데도 계속 나를 붙잡고 있던 감정의 '실'(絲)[188]인 버들가지와 잎이, 이렇게 시들고 쇠약한 모습으로 먼 곳에서 돌아오는 객의 귀환을 맞이하고 있다. 진작 이럴 줄 알았더라면, 여리고 아름답던 사람처럼 푸른 가지가 무정한 버들가지로 바뀔 줄 진작 알았더라면, 내가 어찌 그리 오래도록 그리움에 괴로워했으며, 또 어찌 서둘러 돌아올 필요가 있었겠는가? 기대가 클수록 실망도 커진다. '원망'은 그리하여 생겨난 것이니, 그 원망은 실로 필연적 이치이다.

이 두 구절의 제화시題畵詩는 그 내용이 『시경詩經』 「소아小雅·채미采薇」의

---

186) 『詩經』, 「小雅·采薇」, "昔我往矣, 楊柳依依."
187) 『詩經』, 「小雅·采薇」, "今我來思, 雨雪霏霏."
188) 필자는 "살"이 화가의 얽히고설킨 감정의 실이라고 생각한다.

네 구절에서 비롯된 듯하며, 여기에 작가의 인생 경험이 결합하여 변화하였다. 결국 이 제화시는 달중광의 깊은 인생의 감회를 매우 잘 전달하고 있다. 그림 전체를 보면, 시가 그림의 경지를 깊게 하고 그림의 경지가 시의 의미를 명확하게 하여, 시와 그림이 서로 잘 어우러져 정취가 깊고 정경이 선명하다. 그리하여 감상자들이 "그림 속의 그림이요, 그림 밖의 의미"를 확실히 음미하고 깨닫게 한다.

만약 우리가 두 구절의 제화시만을 본다거나 혹은 제화시가 없는 한 폭의 그림만을 감상하며, 더 나아가 제화시가 있는 그림을 감상하더라도 그 시와 그림이 서로 깊이 스며들어 잘 드러내 주지 못했다면, 여기에서 얻게 되는 예술적 정보와 심미적 감상이 어떻게 지금처럼 풍부할 수 있겠는가? 결국, 화제의 의미(제관의 문학적 내용)와 그림의 의미를 서로 잘 어울리게 하여 조화롭게 하는 것은 화가와 화론가들이 미학적으로 추구하는 것이며, 이것은 중국화가 특수한 예술적 매력을 지니게 하는 내적 원인이기도 하다.

마지막으로 그림과 검인鈐印의 관계를 살펴보자. 그림 속의 여러 예술적 요소와 검인의 관계 역시 조화롭고 통일된 관계를 이루어야 한다. 이는 정적鄭續이 말한 다음 문장에 잘 나타나 있다.

> 제관의 글자가 이같이 크면 도장도 큰 것을 써야 하니, 엄연히 한 글자의 뜻을 더하는 것이다. 그림이 조그마하면 세밀한 전각을 사용하고, 화면畵面이 고색창연하면 고인古印을 사용한다. 따라서 명가名家가 그림을 그릴 때는 많은 도장이 필요하다.…… 제관을 할 때는 인장 찍을 자리를 미리 남겨 두었다가 인장으로 제관의 부족함을 보충해야 하는데, 하나의 기운으로 일관되어야 하며, 글자로 끝내서는 안 되고 도장으로 끝내야 한다. 도장을 찍을 때 제관을 고려해야 하니, 제관을 함에 그림을 함께 고려해야 기맥이 서로 통하게 된다. 만약 제관의 글자가 부족하면 도장을 덧붙여 보충하고, 제관의 글자가 이미

완성되었다면 도장을 곁들여 돋보이게 해야 한다. 하나의 인장으로 격식에 맞으면 단지 하나만 사용하는데 이를 부족하다고 여기지 않으며, 하나의 인장으로 부족하면 마땅히 2~3개를 쓰는데 이 또한 많다고 여기지 않는다.

또한, 그림에서 발묵潑墨의 축축하게 젖어 듦이 큰 축을 이루어 하나의 필획이 한 자 남짓하고, 산과 바위를 나누고 합침이 겨우 몇 획에 불과하지만 결국 거대한 화폭을 이루어 기운이 웅장하고 중후하다면, 제관은 마땅히 큰 글자가 어울린다. 그러나 지면의 여백이 많지 않다면 큰 글자를 써서는 안 된다. 그림이 있는 곳을 피해야 해서 어쩔 수 없이 제관의 글자를 작게 줄여 써야 할 때가 있다. 이때 작은 인장을 쓰면 그림과 동떨어져 보이고, 큰 인장을 쓰면 제관과 어울리지 않는다. 그러므로 먼저 작은 인장 하나를 찍어서 글자가 커 보이도록 하여 제관의 여운을 이어 주며, 나중에 큰 인장으로 연결하여 그림 속 필획의 기세와 호응하게 해야 한다. 이른바 경치를 접함에 감정이 일어나게 하는 것은 때에 따라 시의적절하게 해야지 무언가에 얽매여서는 안 된다.[189]

(청淸) 정적鄭績, 『몽환거화학간명夢幻居畫學簡明』, 「논도장論圖章」

작은 인장이라도 말할 것 없이, 중국화에서 이를 운용함에 매우 강구해야 할 것이 있으니 그것은 바로 모두 하나의 중심점을 향하게 해야 한다는 것이다. 이것이 이른바 "도장을 찍을 때 제관을 고려해야 하니, 제관을 함에 그림을 함께 고려해야 기맥이 서로 통하게 된다"는 것이다. 어떠한 풍격의 인장을

---

189) 鄭績, 『夢幻居畫學簡明』, 「論圖章」, "凡題款字如是大, 卽當用如是大之圖章, 儼然多添一字之意. 圖幼用細篆, 面蒼用古印, 故名家作畫, 必多圖章.……題款時卽先預留圖章位置, 圖章當補題款之不足, 一氣貫串, 不得了字, 圖章了圖章. 圖章之顧款, 猶款之顧畫, 氣脈相通. 如款字未足, 則用圖章贅脚以續之, 如款字已完, 則用圖章附旁以襯之. 如一方合式, 只用一方, 不以爲寡, 如一方未足, 則宜再至三, 亦不爲多. 更有畫大軸潑墨淋漓, 一筆盈尺, 山石分合, 不過幾筆, 遂成巨幅, 氣雄力厚, 則款當大字以配之. 然餘紙無多, 大字款不能容. 不得不題字略小以避畫位, 當此之際, 用小印則與畫相離, 用大印則與款相背, 故用小如字大者先蓋一方, 以按款字餘韻, 後用大方續連, 以應畫筆氣勢. 所謂觸景生情, 因時權宜, 不能執泥."

*조선 김정희金正喜, 「세한도歲寒圖」, 국립중앙박물관 소장

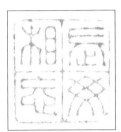

▲*「세한도歲寒圖」 속 제목 부분
▶*「세한도歲寒圖」 속 '장무상망長毋相忘' 인문

선택할 것인지, 어떠한 크기의 인장이 적당한지, 인장을 얼마나 많이 사용할 것인지, 인장의 위치는 어디가 적절한지, 인장을 찍을 때 어떤 방법을 쓸 것인지 등등은 모두 구체적 그림과 제관이 고도로 조화롭게 통일되어야 한다는('하나의 기운으로 일관', '기맥의 서로 통함', '여운의 이어 줌', '기세와 호응') 전제하에 고려되고 결정되어야 한다. 따라서 인장과 그림의 관계를 어떻게 처리할 것인가에 관한 예술적 조화 정신은 매우 중요하며 지배적 역할을 한다고 볼 수 있다.

이상에서 우리는 고대 회화의 장법포국 및 그림과 화제·제관·인장과의 관계라는 측면에서 중국 고대 회화 이론및 실천의 예술적 조화 문제를 논하였다. 분명한 것은 예술적 조화 정신은 위에서 논한 각 방면에 모두 뚜렷하게 나타나 있으며, 중화미 역시 중국회화에서 가장 중요한 정신이 된다는 것이다.

## 4. 고대 시가 이론(및 실천)에서의 중화미에 관한 표현

중화미가 중국 고대 시가詩歌 이론에 미친 영향은 매우 깊고도 넓다. 이러한 영향은 고대 시가의 성률聲律 이론(예를 들어 육조六朝시대의 시율詩律 이론·시가의 풍격 이론(예를 들어 당대唐代 사공도司空圖190)의『이십사시품二十四詩品』)·시가의 장법포 국 이론(예를 들어 청대淸代의 많은 시화詩話·많은 시가 미학의 범주와 이론(예를 들어 의경意境191)·형신形神192) 이론 속에 매우 뚜렷하게 나타난다. 본 절에서는 육조六朝 시대 시가의 성률 이론을 주요 대상으로 중화미가 고대 시가에 미친 영향을 고찰할 뿐만 아니라, 아울러 육조시대 이후 시가 구성 법칙의 활용에 관해서도 논하고자 한다. 지면의 제약으로 다른 방면의 문제는 논하지 않겠다.

중국 고대는 시가의 성률에 대한 자각적인 인식과 함께 그에 관한 연구가 시작된 시기이다. 창작 활동에서 이에 관한 자각적인 탐구가 이루어진 것은 남북조南北朝 제齊·양梁 시기였다.『남사南史』「육궐전陸厥傳」의 남조南朝 제齊나 라 무제武帝 영명永明 연간(483~493)에는 다음과 같은 내용이 있다.

당시에는 문장이 성대하였는데, 오흥吳興의 심약沈約193), 진군陳郡의 사조謝眺, 낭야琅邪의 왕융王融은 뜻이 잘 맞아 서로를 이끌고 도와주었으며, 여남汝南의

---

190) *司空圖(837~908): 唐나라 말기의 유명 시인으로, 특히 기품이 있기로 알려져 있다. 저서『二十四詩品』은 시의 意境을 24품으로 나누어, 각각 4언의 韻語 12구를 사용하 여 상징적으로 해설하였다.

191) *意境: 미학의 핵심 범주로, 자연 사물(객관)과 시인의 정감(주관)이 만나 만들어지는 형상을 초월한 심미이론이다.

192) *形神: 중요한 창작이론의 하나로, '形'은 '神'을 전달하는 기법이며, '神'은 회화의 정 신, 즉 회화에서 전달하고자 하는 내용이다.

193) *沈約(441~513): 南朝시대의 학자로 음운학의 거두이다. 四聲을 처음으로 연구하고 시의 四聲八病說을 제창하였다. 영명체는 景陵八友를 중심으로 이루어졌는데, 王融(4 68~494), 謝眺(464~499), 范雲(451~503), 任昉(460~508), 沈約, 陸倕(470~506), 蕭 琛(478~525), 蕭衍(464~549)이 여기에 속한다.

주옹周顒은 성운聲韻에 안목이 높았다. 심약 등의 문장은 모두 궁음宮音·상음商音을 사용하여 평平·상上·거去·입入의 사성四聲[194]으로 운을 제어하였고, 평두平頭·상미上尾·봉요蜂腰·학슬鶴膝 등의 금기 규정을 두었다.[195] 다섯 글자 안에서 운을 모두 다르게 하고, 두 구句에서 각음角音과 치음徵音을 다르게 하여 더하거나 뺄 수 없게 하였는데, 사람들은 이를 '영명체永明體'라고 불렀다.[196]

위 문장은 심약 등에 의해 영명체[주로 오언시五言詩]라는 최초의 인위적 성률을 가진 격률시格律詩가 생겨났음을 보여 준다. 이는 당시 중국어의 평平·상上·거去·입入 사성을 의식적으로 활용하여 일정한 이론적 관점에 따라 시구詩句의 성운聲韻 구조를 배치한 데서 비롯되었다. 영명체의 발생에 큰 영향을 미친 성률 이론은 심약과 유협의 글에서 주로 볼 수 있다. 심약과 유협의 이론을 구체적으로 보면[예를 들어 그들이 언급한 문제의 많고 적음, 상세하고 간략함 등] 차이가 있을 수 있으나, 결국 두 사람의 이론적 실체는 매우 비슷하므로 지금부터는

---

194) *四聲: 고대 중국어의 聲調로, 平聲·上聲·去聲·入聲의 총칭이다. 聲調란 음절을 발음할 경우의 고저·장단·강약에 관한 音調의 형식을 말하는 것으로, 梁나라 沈約 등이 韻律 이론에 응용하였다.

195) *시를 지을 때 음률의 조화를 위해 반드시 피해야 할 聲韻 상의 여덟 가지 금기 규칙인 八病을 말한다. 平頭·上尾·蜂腰·鶴膝·大韻·小韻·旁紐·正紐가 이에 해당한다. ① 平頭는 각 行의 첫 자가 모두 平聲일 경우, 첫째 자와 여섯째 자 또는 둘째 자와 일곱째 자가 同聲일 경우를 피하는 것이다. ② 上尾는 5언시에서 첫째 구와 둘째 구의 끝 자 곧 다섯째 자와 열째 자가 同聲이면 안 되는 것이다. ③ 蜂腰는 벌의 잘록한 허리 같다는 말로, 5언시에서 둘째 자와 다섯째 자 모두 上·去·入聲 중의 하나인 경우이다. ④ 鶴膝은 학의 무릎 같다는 말로, 7언시에서 다섯째 자, 5언시에서 셋째 자에 仄聲을 쓰는 일을 피하는 것이다. ⑤ 大韻은 하나의 연 안에서 押韻한 글자와 같은 운에 속하는 자를 다시 쓰지 못하는 경우이다. ⑥ 小韻은 하나의 연 안에서 押韻을 제외한 글자 중에서 同韻의 글자를 중복할 수 없는 것이다. ⑦ 旁紐는 한 구 안에서 雙聲(초성이 같은 두 자로 된 단어)을 피하는 것이다. ⑧ 正紐는 하나의 구나 연 안에서 성조가 같은 음을 피하여 성조가 다른 同音의 글자를 사용하는 것이다.

196) 『南史』, 「陸厥傳」, "時盛爲文章, 吳興沈約, 陳郡謝眺, 琅琊王融, 以氣類相推轂, 汝南周顒善識聲韻. 約等文皆用宮商將平上去入四聲, 以此制韻, 有平頭上尾蜂腰鶴膝, 五字之中音韻悉異, 兩句之內角徵不同, 不可增減. 世呼爲永明體."

이들을 한데 묶어 살펴보겠다.

심약沈約과 유협劉勰의 시율詩律 이론의 요체는 중국어 성조인 평平·상上·거去·입入의 차이를 구별하고, 사성四聲을 이원화하는 경향이 뚜렷하다는 것이다. 심약은 "궁음宮音과 우음羽音이 서로 변하게 하고 낮음(低)과 높음(昂)을 서로 조절해야 할 때, 만약 앞에 부성浮聲(평성)이 있으면 뒤에는 절향切響(측성)이 오도록 한다"[197]라고 하였고, 유협 또한 "소리에는 경쾌한 것과 중후한 것이 있다"[198]라고 하였다. 이들은 중국어에서 사성의 차이가 음악의 궁宮·상商·각角·치徵·우羽(즉 1, 2, 3, 5, 6) 간의 높이나 크기의 차이와 유사하다는 것을 알았다. 그리고 혹은 낮거나 높음, 혹은 부성이거나 절향, 혹은 경쾌함이나 중후함과 같은 이원적 대립 성질이 있음을 알고 있었다.

그렇다면 심약과 유협이 말하는 중국어에서의 사성과 사성 간의 여러 차이와 대립이 평성平聲·측성仄聲과 그 상호 간의 여러 차이와 대립을 의미하는 것인가? 잠시 현대의 저명한 두 학자의 의견을 살펴보자. 궈샤오위(郭紹虞)[199]는 『문경비부론文鏡祕府論』의 머리말에서 다음과 같이 말하였다.

사성의 이원화에 대해서는 영명체 시대에 이미 누군가 모호하게 언급하였다. 그러나 사성이 언급된 초기여서 구체적으로 설명할 수 없었기에, 알고는 있었지만 명료하게 풀어내지 못했다. 심약은 단지 "궁음宮音과 우음羽音이 서로 변하게 하고 낮음(低)과 높음(昂)을 서로 조절해야 한다"는 것을 대충 알고 있으면서, "앞에 부성浮聲(평성)이 있으면 뒤에는 절향切響(측성)이 오도록 한다"라는 주장을 어렴풋이 제기하였을 뿐, 결코 사성을 평측의 두 종류로 귀납하지

---

197) 沈約, 『宋書』, 「謝靈運傳論」, "欲使宮羽相變, 低昂互節, 若前有浮聲, 則後須切響."
198) 劉勰, 『文心雕龍』, 「聲律」, "聲有飛沈."
199) *郭紹虞(1893~1984): 중국의 고전 문학가, 언어학자, 서예가이며 復旦大學 교수이다. 주로 중국 고전 문학, 중국문학비평사, 중국언어학, 음운학, 훈고학, 서예 이론 등의 연구에 힘썼다.

는 않았다. 평측이라는 두 종류로 분류한 것은[200] 북주北周 · 남제南齊 · 남진南陳 · 수隋 시기에 비롯되었으며 당唐나라 초기에 정착되었다.[201]

저우전푸(周振甫)[202]는 다음과 같이 말하였다.

당시에 낮음과 높음(低昂), 부성과 절향(浮切), 가벼움과 무거움(輕重), 경쾌함과 중후함(飛沈)을 제시하여 오음과 사성을 둘로 나눈 것은 시문에서 성률을 맞추는 데 편리했다. 당시에는 아직 평측이라는 용어가 없었다. 하지만 이른바 낮음과 높음(低昂), 부성과 절향(浮切), 가벼움과 무거움(輕重), 경쾌함과 중후함(飛沈)은 사성을 둘로 나눈 것이니, 실제로는 이것이 후대의 '평측'이다.······ 이른바 "궁음宮音과 우음羽音이 서로 변하게 하고", "앞에 부성浮聲[평성]이 있으면 뒤에는 절향切響[측성]이 오도록 한다", "소리에는 경쾌한 것과 중후한 것이 있다"라는 것은 바로 평성과 측성으로 나눈 것이다.······ [203]

귀샤오위와 저우전푸 두 사람의 견해를 종합하면, 심약과 유협 등은 아직 '알고는 있었지만 명료하게 풀어내지 못했던' 것으로서, 평측의 개념을 명확하게 귀납하여 제시하지는 못했다. 하지만 그들의 논의는 평측 간의 여러 대립과 차이를 상당 부분 다루고 있으며, 아울러 사성을 평측 두 종류로 분류하는 경향이 뚜렷함을 알 수 있다. 비록 심약과 유협이 '평측'이라는 용어를 제시하지는 않았지만, 이러한 정황을 근거로 앞으로 그들의 이론에 관한 논의에서는 '평측'이라는 한 쌍의 개념을 직접 사용하여 관련 문제를 논하고자 한다. 이는 논술의 편의를 위한 것이며, 동시에 심약 · 유협의 이론과 제齊 · 양梁 시가詩歌의

---

200) 四聲은 平 · 仄의 두 종류로 귀납되는데, 平聲은 그대로 平聲이 되고 上, 去, 入의 三聲은 모두 仄聲에 속한다.
201) 郭紹虞, 『文鏡秘府論』(人民文學出版社, 1975).
202) *周振甫(1911~2000): 중국의 고전 詩史와 文論의 전문가이자 편집자이다.
203) 周振甫, 『文心雕龍注釋』(人民文學出版社, 1983), p.371.

구성 법칙의 활용에도 크게 벗어나거나 모순됨이 없다는 점도 고려한 것이다.

심약과 유협의 시율詩律 이론에서 또 다른 중요한 점은 바로 기본적으로 사성을 구별하고, 더 나아가 시구에서 평성과 측성을 서로 배합하여 조화롭게 통일시킨다는 것이다. 심약은 한편으로 오언시[1연聯 2구句]의 성운聲韻의 안배에 대해 "간단한 한 마디 안에서의 음의 운은 모두 다르고, 두 구에서의 가벼움(輕)과 무거움(重)은 모두 달라야 한다"204)라고 하였다. 즉, 하나의 구 안에 있는 글자의 음성모聲母와 운모韻母이 모두 같아서는 안 되며, 1연聯 2구句에서 평성과 측성의 음절이 각각의 구 안에서는 번갈아 이어져야 하며, 두 구 사이는 곳곳에서 대립해야 한다는 것이다. 이는 중국어의 성모·운모의 차이와 대립이 시율을 구성하는 측면에서 중요한 의미가 있음을 강조한 것이다.

한편, 심약은 "궁음宮音과 우음羽音이 서로 변하게 하고 낮음(低)과 높음(昻)을 서로 조절한다"라고 하였는데, 이것은 이러한 차이와 대립적 요소들이 서로 변화하고 조절되어, 피차 호응하고 배합하는 가운데 시율의 구조가 완성되어야 함을 말한 것이다. 유협의 주장도 이와 비슷하다. 그는 "소리에는 경쾌한 것과 중후한 것이 있음"을 인식하였다. 그리고 대립 관계에 있는 어느 한쪽을 치우치게 사용하는 것["중후한 소리는 울림이 생기지만 짧게 끊어지고, 경쾌한 소리는 날아오르지만 돌아오지 않는다."]205)에 반대하여 "다른 음이 서로 뒤따르고"206), "녹로轆轤207)가 왕래하듯이 하며, 역린逆鱗이 서로 나란하듯이 해야 함"208)을 명확하게 주장하였다. 즉, 소리의 경쾌함과 중후함이 시구 안에서 뒤따라 서로 이어지고 배열이 긴밀하여 그 호응이 원만해야 한다는 것이다. 이처럼 심약과 유협의 이론과

---

204) 沈約, 『宋書』, 「謝靈運傳論」, "一簡之內, 音韻盡殊, 兩句之中, 輕重悉異."
205) 劉勰, 『文心雕龍』, 「聲律」, "沈則響發而斷, 飛則聲揚不還."
206) 劉勰, 『文心雕龍』, 「聲律」, "異音相從."
207) *轆轤: 높은 곳이나 먼 곳으로 무엇을 달아 올리거나 끌어당길 때 쓰는 도르래를 말한다.
208) 劉勰, 『文心雕龍』, 「聲律」, "並轆轤交往, 逆鱗相比."

주장은 매우 비슷하다.

그렇다면 어떻게 해야 시가의 구성 법칙의 활용에서 이 이론과 주장을 잘 구현할 수 있는가? 이에 대해 유협은 거의 언급하지 않았지만, 심약은 매우 구체적 실천 방법인 '팔병八病'설을 제시하였다. '팔병'이란 시를 지을 때 성률에서 피해야 할 여덟 가지 오류인 평두平頭 · 상미上尾 · 봉요蜂腰 · 학슬鶴膝 · 대운大韻 · 소운小韻 · 방뉴旁紐 · 정뉴正紐이다. 글이 사소함에 빠질 우려가 있기 때문에, 여기에서는 팔병에 대한 구체적 논의는 접어 두고[209] 단지 두 가지만 설명하고자 한다.

첫째, "팔병의 엄격한 규정에 따르면 '간단한 한 마디에서의 음운은 모두 다르고, 두 구에서의 가벼움과 무거움이 모두 달라야 한다'는 것이다."[210] 즉 팔병설이 바로 위에서 언급한 심약의 이론적 주장을 실천할 수 있는 효과적인 방법이며 수단이라는 것이다. 둘째, 팔병설이 비록 엄격하고 까다로운 규칙을 가지고 있지만, 중국시의 운율(시율 조화) 구성에 있어서 확실히 긍정적 의의가 있다는 것이다. 이 문제에 대한 현대의 두 가지 결론적인 견해를 살펴보자. 왕리치(王利器)[211]는 『문경비부론교주文鏡秘府論校注』의 「전언前言」에서 다음과 같이 말하였다.

성률聲律의 병폐에 관한 설에서…… 그 중 긍정적인 요소는 바로 시의 음악적 감각을 높이고 강화한다는 것이다. 시를 시라고 하는 이유는 조화로운 운율로 다른 문학작품과 구별되기 때문이다. 운율이 조화를 이루려면 먼저 성률이 가진 여러 문제점을 없애야 한다. 그래야 시詩가 글을 통해서 뿐만이 아니

---

209) 郭紹虞 主編, 『中國歷代文論選』第1卷(上海古籍出版社, 1979), pp.219~220에 '八病' 하나하나에 대한 해설이 있으니 참고할 만하다.
210) 郭紹虞 主編, 『中國歷代文論選』第1卷(上海古籍出版社, 1979), p.219.
211) *王利器(1912~1998): 중국의 문학가 · 역사학자로, 중국사회과학원 특약연구원과 北京大學 역사학과 겸임교수를 역임했다.

라 입을 통해서도 많은 독자에게 환영받을 수 있다.[212]

쉬칭(徐靑)[213]은 『고전시율사古典詩律史』[214)에서 팔병八病 중 앞의 사병四病팔
병 가운데 비교적 중요한 네 가지 병폐을 피함으로써 시구의 성률 형식이 이미 뚜렷하
게 나타났으며, 그것이 바로 평운식平韻式과 측운식仄韻式 두 종류의 율련律聯이라
고 하였다.[215]

평운식平韻式 율련律聯
(1) 측측평평측仄仄平平仄, 평평측측평平平仄仄平.
(2) 평평평측측平平平仄仄, 측측측평평仄仄仄平平.

측운식仄韻式 율련律聯
(1) 평평측측평平平仄仄平, 측측평평측仄仄平平仄.
(2) 측측측평평仄仄仄平平, 평평평측측平平平仄仄.

우선 이 두 운율식 중에서 (1)의 율련을 간략히 분석해 보자. 이러한 종류의
율련에서는 하나의 구句마다 글자 소리의 평측이 모두 음절의 변화에 따라
한 번씩 바뀌어 서로 번갈아 이어지는데, 이것이 이른바 "다른 음이 서로 뒤따르
고", "녹로가 왕래하듯" 하는 것이다. 두 구句의 사이에서는, 서로 대응하는
두 음절마다 글자 소리의 평측 또한 정반대가 되는데, 이것이 이른바 "낮음과

---

212) 王利器, 『文鏡秘府論校注』, 「前言」(中國社會科學出版社, 1983).
213) *徐靑(1934~): 湖州 사범전문학교 총장과 교수, 중국언어학회 이사, 중국수사학회 이
   사를 역임했다.
214) 徐靑, 『古典詩律史』(靑海人民出版社, 1980).
215) 쉬칭의 연구에 따르면 齊·梁의 格律詩는 주로 平韻式의 두 율련을 시율 구조로 응용
   한 것이다.(『古典詩律史』 참조) 이 절은 지식적인 부분에서 쉬칭의 저술을 비교적 많
   이 참고하였다. 삼가 쉬칭 선생께 감사드린다.

높음을 서로 조절하는" 것이며 "가벼움과 무거움이 모두 다른" 것이다. 음절의 발전과 대응에 따라 글자 소리의 평측이 서로 번갈아 이어지며 대비되고 호응하는 이러한 율련의 형식은 분명히 조화 정신이 풍부한 시율 구조라고 할 수 있다. 이렇게 보면, 병폐에 대해 주의하고 피하는 것을 통해[예를 들어 제齊·양梁의 격률세 일종의 시가 성률의 조화를 이미 확실히 이루었다고 할 수 있다. 이러한 조화로운 성률 구조는 심약과 유협 등의 이론적 주장을 잘 구현하고 있다. 이를 통해 심약과 유협의 시율 이론은 본래 시가 성률의 조화를 추구하는 이론이었다는 것을 분명히 알 수 있다.

성률의 조화를 자기 이론이 추구하는 목표로 삼았다는 것으로 볼 때, 심약은 아직 모호하였고, 유협은 훨씬 명확했다. 심약은 다음과 같이 말하였다.

> 오색五色이 서로 잘 어울리고, 팔음八音이 조화롭게 막힘없이 잘 통하니, 현황玄黃[천지현황]의 율려律呂로 인하여 각각 사물의 마땅함에 적합하였다.[216]

즉 시가의 성률이 반드시 이루고자 하는 효과는 음악의 여러 음이 제각각 다른 것 같지만 각기 알맞고 조화롭게 잘 통해야 함과 같은 것이다. 이처럼 심약은 조화 사상을 가지고는 있었으나 '화和'라는 개념을 제시하지는 않았다. 그러나 유협은 심약과 달랐다. 그의 성률 이론에는 예술의 조화론적 색채가 상당히 강할 뿐만 아니라, 「성률聲律」 편에서만 일곱 차례에 걸쳐 화和를 논하기도 하였다. 예를 들어, "다른 음이 서로 따르는 것을 화라고 한다"[217], "화의 본질은 억누르기도 하고 드높이기도 하는 것이다"[218], "화를 추구하기는 지극

---

216) 沈約, 『宋書』, 「謝靈運傳論」, "夫五色相宜, 八音協暢, 由乎玄黃律呂, 各適物宜."
217) 劉勰, 『文心雕龍』, 「聲律」, "異音相從謂之和."
218) 劉勰, 『文心雕龍』, 「聲律」, "和體抑揚."

히 어렵다"[219] 등등이다. 그는 또한 감개하여 질문하였다.

> 울림은 저 현弦에 있기에 능히 조화로울 수 있지만, 소리는 내 마음에서 싹트
> 기에 더욱 조화로운 성률을 잃을 수 있다. 어째서 그러한가?[220]

거문고 소리는 그 현에서 나와 조화를 이루는데, 사람의 마음에서 싹터 나온 음성은 도리어 조화로운 성률을 잃을 수 있으니 그 이유는 무엇인가? 라는 그의 질문에는 물론 "화를 추구하기는 지극히 어렵다"라는 생각이 드러나 있다. 그러나 우리는 그가 탐구하고 추구하려는 것이 바로 음악의 조화처럼 사람 음성의 조화, 즉 시가 성률의 조화라는 것을 확실히 알 수 있다.[221]

이상에서 우리는 심약과 유협의 성률 이론을 간략히 고찰하여, 그들의 목적이 바로 시가 성률의 조화和諧를 연구하여 이를 확립하는 데 있었음을 살펴보았다. 그들의 시율 이론은 본래 일종의 시가 성률의 조화 이론이다. 다음으로, 그들을 대표하는 제齊·양梁 성률 이론의 영향 아래에서, 당시와 이후 당唐나라 사람들의 창작 활동에서 행해진 시가의 격률 및 시율의 조화에 관해 어떤 연구와 발전이 있었는지 살펴보고자 한다.

판원란(范文瀾)은 다음과 같이 말하였다.

> 제齊·양梁 이후로는 비록 중재中才가 짓더라도 대체로 성률이 조화롭고 문자
> 의 소리가 맑고 고왔으며 말의 기운이 유려하여 막히는 것이 드물었다. 이는
> 사성四聲을 헤아린 공功이 아니라고 말할 수 없다.[222]

---

219) 劉勰, 『文心雕龍』, 「聲律」, "選和至難."
220) 劉勰, 『文心雕龍』, 「聲律」, "響在彼弦, 乃得克諧, 聲萌我心, 更失和律, 其故何哉."
221) 유협이 말한 和는 그 주요 정신이 중국 고대의 和사상, 즉 전통적인 조화관과 일맥상
     통한다. 이러한 점은 『文心雕龍』 「附會」 등을 통해 더욱 분명히 알 수 있다.
222) 范文瀾, 『文心雕龍注』, 「聲律第三十三」, "齊梁以後, 雖在中才, 凡有制作, 大率聲律諧和,

"사성을 헤아란" 제·양의 성률 이론이 시가 창작 활동에 큰 영향을 미쳤음을 알 수 있다. 이러한 영향으로 제·양의 격률시가 만들어진 것이다. 영명체永明體의 기초 위에, 거의 백 년의 활동을 거치며 기본적으로 정형화된 최초의 격률시는 제·양 성률 이론의 영향과 제약으로 인해 다음과 같은 두 가지 율련 구조를 가지게 되었다.

(1) 측측평평측仄仄平平仄, 평평측측평平平仄仄平.
(2) 평평평측측平平平仄仄, 측측측평평仄仄仄平平.

율련의 구조가 정형화되었다면, 다음은 이렇게 정형화된 율련律聯을 어떻게 완전한 시가로 조합할 것인가에 관한 문제이다. 가장 짧은 시 한 수[절구絕句]도 2연 4구가 되어야 비로소 구성될 수 있다. 그러나 위에서 살펴보았듯이 심약과 유협[제·양]의 성률 이론은 단지 1연 2구를 연구 대상으로 하였다.[심약의 "간단한 한 마디 안에서", "두 구에서"라는 말은 1연 2구를 가리켜서 말한 것이다.]

그렇다면 제·양의 격률시는 둘 혹은 그 이상의 율련을 어떻게 조합하여 시를 이루었을까? 그에 관한 이론이 없는 이상 작품을 통해 알아볼 수밖에 없는데, 그 결과 대식對式과 점식粘式이라는 두 가지 율련 결합 형식[223]이 있음을 알 수 있다. 대식이란 대체로 동일한 형식의 율련을 한 차례나 두 차례 혹은 여러 차례 중첩하여 절구絕句·율시律詩[8구] 혹은 장률長律[10구] 이상을 구성하

---

文音淸婉, 辭氣流靡, 罕有掛碍, 不可謂非推明四聲之功."

223) 쉬칭은 다음과 같이 말하였다. "두 律聯을 결합하는 방식은 두 가지이다. 첫째, 같은 소리[同聲]가 서로 붙는[粘] 결합법이다. 즉 앞 연의 아래 구와 뒤 연의 위 구에서 두 번째 글자·네 번째 글자가 同聲인 경우로, 글자의 平仄이 서로 같기 때문에 결합한다. 둘째, 다른 소리[異聲]가 서로 대립하는[對] 결합법이다. 즉, 앞 연의 아래 구와 뒤 연의 위 구에서 두 번째 글자·네 번째 글자가 異聲인 경우로, 글자의 平仄이 서로 다르기 때문에 두 연이 결합한다."(徐靑, 『古典詩律史』, 靑海人民出版社, 1980, p.61.)

는 것을 말한다. 이로써 시 전체가 각각 인접한 두 구 내에서 음절의 평측을 서로 대립하는 관계에 놓이게 한다. 예를 들면 다음과 같다.

| 오언절구五言絶句 | 贈范曄詩 | 범엽에게 주는 시 |
|---|---|---|
| | | 육개陸凱[224) |
| A 평평평측측平平平仄仄, | 折花逢驛使, | 꽃가지 하나 꺾어 전해 줄 사람 만나, |
| B 측측측평평仄仄仄平平. | 寄與隴頭人. | 변경에 있는 그대에게 보낸다오. |
| A 평평평측측平平平仄仄, | 江南無所有, | 강남 사는 이 사람 가진 것이 없으니, |
| B 측측측평평仄仄仄平平. | 聊贈一枝春. | 애오라지, 꽃가지에 봄을 실어 보내오. |

A－B 두 구는 하나의 율련으로, 한번 중첩되어 절구를 이룬다. 이때 A→B가 되든 B→A가 되든 음절의 평측 관계는 모두 대립하고 있음을 쉽게 알 수 있다.

점식이란 두 개의 율련이 결합할 때, 앞 연의 두 번째 구와 뒤 연의 첫 번째 구에서 두 번째 글자 · 네 번째 글자(즉 앞의 두 음절이 멈추는 곳)의 평측을 서로 같게 하는 것이다. 예를 들면 다음과 같다.

| 오언절구五言絶句 | 在渭陽賦詩 | 위양에서 시를 짓다 |
|---|---|---|
| | | 왕위王偉 |
| A 평평평측측平平平仄仄, | 平明聽戰鼓, | 동틀 무렵 전투 북소리 들었는데, |
| B 측측측평평仄仄仄平平. | 薄暮敘存亡. | 어스름 저녁엔 존망을 기다리네. |
| b 측측평평측仄仄平平仄, | 楚漢方龍鬪, | 초나라와 한나라는 용들의 싸움이라, |
| a 평평측측평平平仄仄平. | 秦關陣未央. | 진나라 관문의 진은 아직 끝나지 않네. |

224) *陸凱(?~504): 南朝의 시인이다. 范曄이 長安에 있을 때 강남에서 매화 한 가지를 범엽에게 부치며 「贈范曄詩」를 지었는데, 정이 깊고 의미심장하며 시어가 청신하고 아름다워 후세에 유행하는 시가 되었다.

점식 성률 구조의 특징은 아래에서 자세히 분석할 것이므로 여기에서는 더 논하지 않겠다.

제齊·양梁 시기의 이러한 두 가지 율련 결합 형식은 당대唐代에 이르러 취사取捨가 이루어졌다. 성숙한 당대 근체시에서, 대식은 완전히 버려져 더는 쓰이지 않았고 점식만이 인정되어 유일한 구성 규칙[즉 점대粘對 규칙]으로 확립되었다. 당연히 당대의 근체시는 점식을 계승한 토대 위에 구성의 법칙을 활용하여 여러 방면에서 발전과 새로움을 추구하였지만, 이에 대해 자세히 논하지는 않겠다. 여기서 논하고자 하는 것은 상술한 두 가지의 율련 결합 형식에 대해 당대 사람들이 왜 이렇게 상반된 태도를 보였느냐는 것이다. 그 내적 원인, 즉 내적인 필연성은 과연 무엇인가? 이 문제에 답하기 위해서는 제·양의 성률 이론과 대식·점식 두 가지의 율련 결합 형식에 대해 좀 더 분석할 필요가 있다.

앞서 언급한 바와 같이 제·양의 성률 이론은 특정 연구 대상인 1연 2구의 오언시에 적용했을 때, 시가에서 성률의 조화를 추구하는 목적을 확실히 달성하였다. 그러나 이 이론이 1연 2구라는 연구 대상을 벗어나 더 넓은 범위에 적용되면, 자신의 한계 혹은 결점이 분명하게 드러난다. 사성의 차이를 처음 알았기 때문에 제·양 시기 사람들은 사성의 차이와 구별을 매우 중시하였다. 이 성률 이론에서 중요하게 여기는 점은 바로 성운聲韻의 '다름'(異)을 매우 강조하는 것이다. 이른바 "음音의 운이 모두 다르다", "가벼움과 무거움이 모두 다르다", "다른 음이 서로를 따른다" 등은 모두 이러한 점을 분명하게 보여 준다. 이에 근거하여 보면, 대식 율련의 결합 형식은 제·양 시율 이론의 핵심을 가장 잘 나타내야 한다. 왜냐하면 대식에서 두 구句 사이의 대응하는 모든 음절의 평측은 "가벼움과 무거움이 모두 다른" 대립 관계에 있기 때문이다.

그러나 시야를 넓혀 시 한 수[하나의 율련이 아닌]의 범위에서 문제를 바라본다면, 대식에 큰 결함이 있음을 쉽게 발견할 수 있다. 그것은 동일한 율련이 중첩되어 시를 이루기 때문에 이를 뒤집어 보면, 이렇게 만들어진 시 한 수에는 동일한 율련만 반복적으로 나타날 뿐이다. 즉, 홀수의 모든 시구詩句는 성률 격식이 동일하고 평측 역시 모두 같으며, 이와 짝을 이루는 모든 시구도 또 다른 형식으로 성률 격식이 동일하며 평측 역시 모두 같을 것이다.

가령 홀수 시구의 성률 격식을 A라 하고 짝을 이루는 구를 B라고 한다면, 이 시의 성률 구조는 'A→B→A→B→A→B……'가 반복되는 순환의 연장일 것이다. 분명, 여기에는 특이하고 단조로운 변화가 보인다. 더구나 시가 길어질 수록 A와 B의 반복 횟수가 많아져 이러한 단조로운 변화는 더욱 두드러지게 된다. 극단적으로 만약 이것으로 수십 또는 수백 구의 장률이 구성된다고 가정 한다면, 그 끝없는 반복과 비교할 수 없는 단조로움은 참으로 무미건조하여 견딜 수 없을 것이다.[225] 이러한 시율 구조에서 어떻게 "성률의 조화"를 말할 수 있겠는가?

위에서 말한 바와 같이 시구 사이에서 음절 성조의 대립적 차이를 추구하는 것은 제·양 성률 이론의 큰 특징이다. 하나의 율련 범위 내에서 이러한 대립적 차이에 따라 음절의 성조를 안배함으로써, 그것의 주요 목적인 성률의 조화를 달성하게 된다. 그러나 대식을 1연 2구를 넘어 더 넓은 범위에 적용하여, 모든 두 구마다 대응하는 음절의 성조를 대립적 차이["가벼움과 무거움이 모두 다르다."]의 관계에 놓게 되면, 오히려 단조로운 동일성이 부각되어 시 전체가 성률의 조화 를 잃게 된다. 대식의 중대한 결함은 실제에서 제·양 성률 이론의 한계와 결점이 부각되는 것이라고 할 수 있다. 그것은 제·양 성률 이론의 목표나 적용이 전체[시 한 수]가 아니라 단지 부분[1연 2구]에 적용될 뿐이며, 그 주요 정신

---

225) 실제로 제·양의 시가 작품에는 시의 行이 적을수록 대식을 더 많이 사용하였고, 시
    의 행이 많을수록 대식을 더 적게 사용하였다[점속을 더 많이 사용하였다]. 제·양의
    시가에서도, 대식이 긴 시에서 단조롭고 지루하다는 것을 인지하여 피했음을 알 수
    있다.

을 가지고 부분적으로는 성률의 조화를 이룰 수 있지만, 전체적으로는 결코 성률의 조화를 이룰 수 없음을 보여 준다.

중국 문학사나 미학사의 관점에서 보면 이는 단지 어느 정도 발전 단계에 있을 뿐, 완벽한 성률의 조화 이론과는 거리가 멀다. 이 이론은 다만 부분적인 것이지, 중국 전통의 예술적 조화 정신 즉 중화미 정신을 온전히 구현하는 것과는 거리가 멀다.[이는 중화미가 강조하는 전체적인 조화 정신이 분명히 결여된 것이다.] 제·양 시율 이론의 일부 주요 정신을 구현한 대식 율련의 결합 형식에는 상술한 바와 같이 중대한 결함이 존재하기 때문에, 당연히 왕성한 생명력을 가질 수 없었으며 사람들의 예술적 관심을 오랫동안 유지하기도 어려웠다. 그리하여 시가 격률의 성숙기에 접어든 당대唐代에 이르자, 시인들은 대식을 전혀 사용하지 않게 된 것이다.

이제 점식을 다시 살펴보자. 점식에는 몇 가지 뚜렷한 특징이 있다. 첫째, 율련의 결합 방식이 대식과는 다르다. 2개의 율련이 한 차례 연결되어 완성된 것[즉 2연 4구로 이루어진 시]으로 볼 때, 점식은 똑같은 율련을 중첩하는 것이 아니다. 하나의 율련[A-B]과 그것을 약간 변형한 후 도치시킨 형식[b-a226)]을 서로 연결하거나, 혹은 같으면서도 다른 두 개의 율련 A-B와 b-a를 연결하는 것이다.

둘째, 이렇게 점식으로 연결된 2연 4구의 시는 그 내부 구조가 대식과 매우 다르다. 상술한 바와 같이 점식은 두 율련의 특정한 결합 방식을 통해, 비교적 독립적이고 완전하며 내부적으로 긴밀하게 연결된 참신한 시율 구조를 형성했다고 할 수 있다. 그러나 대식의 경우 4구 시의 성률 구조는 두 개의 A-B

---

226) 점식으로 연결된 4구의 시에서 A구와 a구, B구와 b구는 끝 글자 소리의 평측이 다른 것을 제외하고는, 나머지 절주에서 상응하는 곳 글자 소리의 평측이 서로 같으므로, b-a는 A-B를 약간 변형한 후 도치시킨 형식으로 볼 수 있을 것이다.

율련[227)]으로 구성된다. 이렇게 구성이 이루어지고 나면 두 연 사이에는 하나로 긴밀하게 결합되는 온전한 새로운 구조 관계가 만들어지는 것이 아니라, 단지 엉성한 중첩 관계만이 존재할 뿐이다.[기껏해야 두 연 사이에 원래 존재하던 대립 관계 외에, 구조적으로 큰 의미가 없는 똑같은 대립 관계가 하나 더 추가될 뿐이다.]

이러한 4구 시의 성률은 결코 구체적인 성률 구조가 아니거나, 아니면 매우 엉성한 성률 구조일 뿐이다. 왜냐하면, 또 다른 시율 구조인 단일한 율련의 반복만으로 구성되기 때문이다. 다시 말해 대식의 기본 구조는 단일한 율련인 것이다. 점식은 같으면서도 약간 다른 두 개의 율련이 특정하게 연결되기 때문에, 두 연 사이에는 구조적으로 큰 의미가 있는 새로운 관계가 더해지게 된다. 바로 이러한 결합 관계로 인해 4구 시의 성률은 긴밀한 완전체를 이룬다.

이러한 4구시 성률의 기본 구조는 A-B 율련도 아니고 b-a 율련도 아닌, 그들의 특정한 결합체인 A-B-b-a인 것이다. 즉, 점식은 실제로 새로운 시율 구조로써 더 이상 단일한 율련이 아니며, 두 개의 같으면서도 약간 다른 율련의 특정한 결합이 기본적 구조를 이룬다. 이 점은 또 다른 각도, 즉 고대 시가 격률의 실제 구성과 분석에서도 살펴볼 수 있다. 예를 들어 한 수의 율시[8구]를 구성하기 위해 대식은 A-B 율련을 3번 더 중첩하지만, 점식은 단지 A-B-b-a 구조를 1번 더 중첩하면 된다.

다른 각도에서 살펴보자. 대식으로 구성된 율시 한 수는 4개의 동일한 구조 단위, 즉 4개의 A-B 율련으로 분해할 수 있다. 그러나 점식으로 구성된 율시 한 수는 서로 관계없는 A-B 율련 2개와 b-a 율련 2개로 분해되는 것이 아니다. 동일한 구조 단위 2개로 분해할 수 있는데, 즉 쌍으로 이루어진 A-B-b-a

---

227) 본 절에서 사용하는 'A-B 율련'이라는 용어의 의미는 대략 어떠한 하나의 율련에 해당한다는 것이지, 어떤 특정한 율련 형식을 가리키는 것이 아니다. 단지 서술의 편의를 위해서 이와 같은 용어를 사용하였다.

구조인 것이다. 대식의 기본 구조인 단일 율련에 비해, 점식의 이러한 새로운 구조는 분명 커다란 발전이며 한 단계 성숙한 것이라 하겠다. 규모가 확대되어 내부 구조가 복잡하고 풍부해졌으며, 시가 성률의 조화 기능은 1연 2구를 넘어 심지어 그 자체[2연 4구]도 뛰어넘었다. 이로써 보다 넓은 예술세계에서 시가의 성률을 조화롭게 하는 역할을 잘 수행할 수 있었으며, 예술적 생명력을 오래도록 간직할 수 있었다.[자세한 내용은 다음에 나온다.]

점식의 세 번째 뚜렷한 특징이자 여기에서 특별히 강조할 점은, 점식이 "가벼움과 무거움이 모두 다르다"라는 원칙적 시율 구조를 부분적으로 깨뜨리긴 했지만, 오히려 더 큰[제·양 성률 이론의 예상을 뛰어넘음] 범주에서 제·양 성률 이론이 추구하는 목표인 시가 성률의 예술적 조화를 실현했다는 것이다.

앞서 제·양 성률 이론은 성률의 조화라는 목적을 실현하기 위한 수단으로 '다름'(異)을 추구했다고 하였는데, 점식 구조에서 이러한 상황은 크게 달라졌다. 한편으로는 홀수 시구부터 짝수 시구까지 매 율련의 두 구는 "다른 음이 서로를 따른다", "가벼움과 무거움이 모두 다르다"라는 기조를 일정하게 유지하면서도, 또 다른 한편으로는 두 연이 결합하는 부분[짝수 구에서 홀수 시구로 연결되는 곳]인 위아래 두 구 사이에 한 층의 '같은'(同)[점합黏合] 관계가 확실하게 도입된다는 것이다. 따라서 점식은 더 넓은 범위 내에서 같음과 다름의 대립적 통일 관계를 형성하게 되었다.

이제 그 관계를 구체적으로 살펴보자. 점식 구조에서 제1구와 제2구[A-B], 제3구와 제4구[b-a]는 모두 대립 관계이고, 제2구와 제3구[B-b]는 점합黏合 관계이며, 제1구와 제4구[A-a]는 멀리서 호응하는 점합 관계이다. 따라서 네 개의 구에는 두 개의 대립 관계와 두 개의 점합 관계가 형성되는데[하나는 잘 보이고 하나는 드러나지 않는다.][228], 이것은 번갈아 서로 이어지기도 하고 대립하면서도 어우러져 질서 정연하다. 세로 방향으로는 시구 사이에 대립과 점합[다름과 같음이라는 다층적인 대립과 통일이 존재하며, 가로 방향서로 연결된 음절 사이으로는 시구마다 "다른 음이 서로를 따르고", "낮음과 높음을 서로 조절함"이 더해진 다. 이러한 점식의 전체 구조는 다름 속에 같음이 있고 같음 속에 다름이 있어서, 서로 연결되고 부족함을 보완하여 변화가 풍부하면서도 질서가 엄격한 생동적 인 기상을 드러낸다.

시각을 조금 달리해 보자. 점식 구조의 내부는 다름과 같음의 대립과 통일이 가득하고 풍부한 내용과 엄격한 질서가 존재하여, 시작과 끝이 서로 호응하고 밀접하게 이어져 빈틈없이 완벽한 '원圓'을 이룬다. 네 개의 율구律句는 첫 번째 율구를 시작점으로 하여, 순서에 따라 '다름－같음－다름'의 세 발전 과정을 거쳐 결국 처음의 시율로 돌아온다. 예를 들어 근체시율의 절구229)에서 첫 번째 구가 입운식入韻式, 즉 측기평수식仄起平收式의 칠언구七言句로 된 형식을 적용해 보면 네 번째 율구는 첫 번째 율구로 완벽하게 되돌아온다. 예를 들어보자.

---

228) 平起仄收式의 오언절구를 예로 들면, 粘式 구조에서의 점합과 대립 관계는 바로 다음 과 같다.

대립 ⎡ 平平平仄仄,
      ⎣ 仄仄仄平平.  ⎤ 점합  ⎤ 점합
대립 ⎡ 仄仄平平仄,  ⎦      ⎦
      ⎣ 平平仄仄平.

*平起仄收式은 첫째 구의 둘째 글자는 평성으로 일어나고, 마지막 글자는 측성으로 거두는 형식을 말한다.

229) 여기에서 제·양의 점식 구조를 논하면서 唐代의 근체 칠언시를 거론하는 것은 주제에 서 벗어난 것이 아니다. 당대의 법칙과 점식 구조의 정신이 완전히 일치할 뿐만 아니 라, 특히 여기에서 설명하려는 문제를 해결할 수도 있으므로 이와 같이 설명하였다.

| 칠언절구七言絶句 | 烏衣巷 | 오의항 |
|---|---|---|

유우석劉禹錫230)

| 측측평평측측평仄仄平平仄仄平, | 朱雀橋邊野草花, | 주작교 언저리엔 들꽃이 만발하고 |
|---|---|---|
| 평평측측측평평平平仄仄仄平平, | 烏衣巷口夕陽斜. | 오의항 어귀에는 석양이 비끼었네. |
| 평평측측평평측平平仄仄平平仄, | 舊時王謝堂前燕, | 옛날 왕도王導와 사안謝安 집에 살던 제비 |
| 측측평평측측평仄仄平平仄仄平, | 飛入尋常百姓家. | 이젠 예사로 백성들 집에 날아드네. |

이처럼 점식 구조의 시작점은 바로 끝점과 같다. 만약 이 구조가 중첩되어 율시, 더 나아가 장률을 이룬다면, 각각의 끝점은 대체로 다음 순환즉, 다음의 점식 구조의 시작점이 된다. 율시, 특히 장률에서는 이처럼 중첩하여 순환하게 되는데, 이렇게 되면 하나의 원이 다른 원에 단단히 맞물려 무한히 뻗어갈 수 있게 된다. 이러한 완전한 원과 무한한 순환의 연장 속에서 우리는 『주역』의 "한 번 음陰하고 한 번 양陽하는 것이 도"231)라는 정신을 분명하게 엿볼 수 있다. 또한 "선창先唱과 화답和答·청음淸音과 탁음濁音이 서로 갈마들어 규칙이 된다"232), "크고 작은 음들이 서로 이루어 주고, 끝과 시작이 순환하여 서로 생겨나게 한다"233), "끝나면서 다시 시작하는 것은 사계절을 상징한다"234), "악樂은 천지의 조화이다"235)와 같은 예술적 조화에는 천도天道가 사계절을 조화시키고 두루 흘러 순환하는 무궁무진한 사상적 특징이 있음을 더욱 분명히 알 수 있다. 다시 말해, 「악기」에 가득한 우주 천지의 위대한 조화 관계나 위대한 조화 정신이 네 개의 율구로 이루어진 이 작은 구조 속에 잘 응축되어

---

230) *劉禹錫(772~842): 中唐의 문학가로서 시문에 능했다. 주요 저서에는 『劉夢得文集』, 『外集』 등이 있다.
231) 『周易』, 「繫辭上」, "一陰一陽之謂道."
232) 『禮記』, 「樂記」, "倡和淸濁, 迭相爲經."
233) 『禮記』, 「樂記」, "小大相成, 終始相生."
234) 『禮記』, 「樂記」, "終始象四時."
235) 『禮記』, 「樂記」, "樂者, 天地之和也."

구현된 것이다. 이 작은 원은 사실 작고 조화로운 하나의 우주이며, 생기발랄함이 가득한 한 편의 예술세계이다.

이러한 점식 구조가 당대唐代 시인들의 예술창작 활동에서 확실히 인식되어 크게 발전한 데에는 적어도 두 가지 원인이 있다. 첫째, 한어漢語 소리의 장단長短·완급緩急과 평전不展·승강升降 등의 고유한 대립 요소를 충분히 활용하여, 비교적 큰 시공간에서 여러 차례 대립하며 연결된 대립·접합 관계의 음성 결합 구조가 형성되었고, 이로써 풍부하고 변화무쌍한 음성(음액)의 조화라는 효과를 확실히 추구하였기 때문이다. 둘째, 이러한 음성 결합 구조에서 보이는 조화 정신은 오랜 문화, 즉 역사가 축적되어 형성된 중국문화 심리구조236)의 유기적 구성과 중국인의 심미적 이상에 대한 보편 예술의 조화(중화) 정신·이상 과도 서로 일치하기 때문이다.

중국에서 보편적 조화 정신은 매우 일찍부터 발달하였고, 그 영향 또한 광범위하였다. 초기의 철학·정치·음악·의술·요리로부터 이후의 서예·회화·원림園林·희곡에 이르기까지 조화 정신이 스며 있지 않은 곳이 없다. 오랜 시간, 이러한 조화 정신을 가진 주체(사람)와 대상(문화예술) 간의 장기적인 상호작용으로, 보편적 조화 정신은 고대 사람들의 문화 심리구조의 중요한 유기적 요소로 깊이 내재화되었으며, 예술적 조화는 고대 사람들이 예술 분야에서 힘써 추구하는 중요한 목표와 이상이 되었다.

조화를 아름다움으로 여기거나 혹은 중요한 심미적 이상으로 간주하는 것은 중국 고대 미학의 주된 특징이다. 분명히 점식 율련 구조는 명확하고 완벽한 예술적 조화 정신으로, 상술한 고대인들의 문화 심리구조와 더불어

---

236) "문화 심리구조'는 李澤厚가 처음으로 제기한 용어이다. 그는 '실천 이성', '啓蒙과 救亡', '유학 4기설', '서체 중용', '문화 심리구조'와 '沈積說', '자연의 인간화'와 '인간의 자연화' 등 자신만의 독보적인 사상 체계를 형성하며 중국 현대 사상과 미학사에 실질적인 영향을 미쳤다.

강한 울림을 일으켰으며, 고대인들의 심미적 이상과도 긴밀하게 결합하였다. 따라서 당대唐代 시인들은 남다른 애정과 지대한 관심을 가지고, 실제 예술의 창작 과정에서 이를 잘 활용하고 충분히 발전시켜 나갔다.

그러나 여기에는 재미있는 현상이 존재했다. 제·양 성률 이론은 "다른 음이 서로를 따른다", "가벼움과 무거움이 모두 다르다" 등 일련의 구체적인 방법을 제시하였으며, 이러한 방법으로 특정 대상인 1연 2구의 시에 평측을 알맞게 배치하여 특정한 율구와 율련을 형성하였다. 이로써 제·양 성률 이론은 시가의 성률 조화 구조를 확립하는 소기의 목적을 달성한 것이다. 그러나 이 율련을 확대 조합하여 시를 이루게 되자, 상황은 크게 바뀌었다. 대식의 방법으로 율련을 결합하여 시의 일부분인 두 구의 음절 성조마다 모두 대립을 강조하자, 특정한 "가벼움과 무거움이 모두 다르다"라는 원칙에는 완전히 부합하였지만, 전체적으로는 오히려 "같은 것에 같은 것을 보태는"237), 즉 같은 형식이 기계적으로 중복되는 오류가 나타나게 된 것이다. 따라서 시 전체의 성률이 매우 단조로워졌고, 결국 전체적인 예술적 조화를 상실하였다.

점식의 방법으로 율련을 결합하여 시의 일부분인 위아래 두 연 사이에 하나의 평측 점합 관계가 더해지자, 부분적으로는 "가벼움과 무거움이 모두 다르다"라는 특정한 원칙은 깨졌으나, 더 넓은 범위에서는 "다른 것으로써 다른 것을 고르게 하는"238) 효과를 얻게 되어, 마침내 시 전체의 성률은 완벽한 조화를 이루게 되었다. 명확하게 다름을 추구한 것이 오히려 뚜렷하게 일치하여 결국 예술 전체의 조화를 상실한 것이며, 같음(同)을 도입한 것이 오히려 다름(異)을 부각시켜 다름과 같음의 대립적 통일을 강조함으로써, 결국 예술 전체의 조화를 이루게 된 것이다.

---

237) 『國語』, 「鄭語」, "若以同裨同."
238) 『國語』, 「鄭語」, "以他平他."

이는 매우 흥미로운 현상이지만, 여기에는 깊은 철학적 이치가 내포되어 있다. 사실 이 현상의 이면에서 지배적인 역할을 하는 것은 바로 보편 예술의 조화관으로서의 중화미이며, 거기에 내재된 것은 예술적 변증 정신이다. 바로 중화미이기 때문에 조화의 구조 속에 여러 다르거나 대립하는 요소가 들어가야 하며, 부분

＊명明 당인唐寅, 「두보시의도杜甫詩意圖」 부분, 상하이박물관 소장

적일 뿐만 아니라 전체적인 예술적 조화를 목표로 삼아야 한다. 그리하여 서로 다른 차원에서 상호 교류하고, 보완과 절제 및 대립 통일의 동태적 조화 관계를 형성해야 한다. 대식은 부분에 얽매여 전체적인 예술적 조화를 잃었지만, 점식은 부분에 얽매이지 않아[하지만 동시에 고려하기도 함] 전체적인 예술적 조화를 얻은 것이다. 이는 중화미의 주요 정신을 충분히 구현하느냐의 여부가 바로 점식 및 대식의 성패와 성쇠의 진정한 관건임을 여실히 보여 주는 것이다.

마지막으로, 점대粘對 규칙[점식 구조]이 당대 시인들에 의해 기본적 격률 규칙으로 확립된 이후 당대唐代 근체시 성률 구조의 대략적 상황을 간략하게 살펴보고자 한다. 쉬칭은 일찍이 『고전시율사古典詩律史』에서 당대의 오율五律[측기측수식仄起仄收式]과 칠률七律[평기측수식平起仄收式]의 성률 구조를 도식화하여 이 문제를 잘 설명하였다. 당대 시율의 대략적인 상황을 쉬칭이 제시한 관련 도식과 논의를 통해 살펴보자. 쉬칭의 도식은 다음과 같다.[예로 든 시는 필자가 골라 첨부한 것이다.]

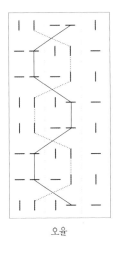

오율

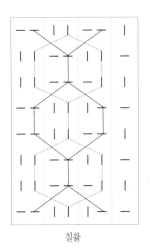

칠률

春望 봄을 기다리며

두보杜甫[239]

國破山河在,  나라는 망했어도 산하는 그대로이니,

城春草木深.  성에는 봄이 왔으나 초목만 무성하네.

感時花濺淚,  때를 느껴 꽃을 보고도 눈물이 흐르고,

恨別鳥驚心.  이별이 한스러워 새소리에도 놀란다네.

烽火連三月,  봉화가 석 달째 이어지니,

家書抵萬金.  가족의 편지는 만금의 값어치네.

白頭搔更短,  흰머리 긁으니 더욱 짧아져,

渾欲不勝簪.  가지런히 하고자 하나 비녀도 이기지 못하네.

239) *杜甫(712~770): 盛唐시대 시인이다. 자는 子美이며, 少陵에 거주했고 工部員外郎이
    된 데서 杜少陵·杜工部라고 하였다. 사회시파의 개척자로서 성취와 업적이 뛰어나
    다는 평가를 받으며 詩聖으로 불린다. 작품집으로 『杜工部集』이 있다.

酬白樂天揚州初逢席上見贈　양주에서 처음 만나 받은 백낙천의 시에 화답하며

유우석劉禹錫

| | |
|---|---|
| 巴山蜀水淒涼地, | 파산과 촉수 거느린 쓸쓸한 땅에, |
| 二十三年棄置身. | 이십삼 년간 버려졌던 처량한 신세여. |
| 懷舊空吟聞笛賦, | 옛 친구들 그리워 공연히 슬픈 노래 불렀는데, |
| 到鄉翻似爛柯人. | 고향에 돌아오니 도낏자루 썩은 줄 몰랐던 옛사람을 닮았구나. |
| 沈舟側畔千帆過, | 가라앉은 배 옆으로 수많은 배가 지나가고, |
| 病樹前頭萬木春. | 병든 나무 곁에서 온갖 나무마다 봄빛을 다투는구나. |
| 今日聽君歌一曲, | 오늘은 그대가 불러 주는 노랫소리 들으며, |
| 暫憑杯酒長精神. | 잠시나마 한잔 술로 정신을 차리네. |

쉬칭은 위의 도식에 대하여 다음과 같이 분석하였다.

이 시율의 도식은 절주節奏의 평측이 서로 엇갈려 질서정연한 망을 이루고 있다. 각 연의 절주마다 가로 부분은 평측이 서로 같고[즉 "다른 음이 서로를 따른다."], 세로 부분은 평측이 서로 대립한다[즉 "가벼움과 무거움이 모두 다르다."]. 한편 모든 두 연의 인접한 두 구에서 절주의 평측이 서로 같아 점합한다. 이처럼 한 연에서의 평측은 서로 대립하고 두 연 사이에서의 평측은 서로 점합하여 한번 대립하고 한번 점합한다. 때로는 서로 교차하고 때로는 평행하게 한 연 한 연이 계속 이어진다. 또한, 처음과 끝 양쪽에 점합 관계의 이음새를 남겨 두어 이 규칙에 따라 계속 이어 나가면 긴 율시의 격률을 구성할 수 있다. 따라서 시의 연이 많든 적든 그 격식은 변하지 않는다. 이러한 시율 형식은 매우 정교하며 조직이 엄격하고 치밀하여, 파악하기 쉽지 않은 시율이다. 따라서 중국뿐만 아니라 다른 나라 시인들도 경탄할 만하다.[240]

---

240) 徐靑, 『古典詩律史』(靑海人民出版社, 1980).

이 절 앞부분의 논의로부터 쉬칭이 도식화한 내용의 분석을 통해, 중화미의 주요 정신이 중국 고대 시가의 성률 이론과 구성 법칙의 활용에 매우 깊이 스며들어 있음을 알 수 있다.

## 5. 예술 전체 조화의 내적 조절 기제로서의 시중時中

이 책 제2장과 제3장에서 시중時中의 의미를 제시한 바 있다. 철학적 차원의 시중은 공자의 중용[유가의 '적합성 원칙']이라는 유기적 구성으로 존재한다. 미학적 차원에는 두 가지 의미가 있는데, 하나는 문예 계승 발전 원칙으로서의 시중이며, 다른 하나는 예술 전체 조화의 조절 기제로서의 시중이다. 문예 계승 발전 원칙으로서의 시중은 일찍이 중화미와 결합하였고, 내적으로는 후자의 역사적 변증 원칙이 되었다. 이 점에 관해서는 이미 제3장에서 논한 바 있으므로 더는 언급하지 않겠다. 여기에서는 예술 전체 조화의 조절 기제로서의 시중에 관하여 부연 설명하고자 한다.

철학적으로 볼 때 시중은 다음과 같은 이론적 특징이 있다. 사물의 발전을 비교적 완전한 운동 과정으로 볼 때, 시중의 초점은 모든 상황 혹은 때에 따라 상대적으로 거기에 알맞아야 할 뿐 아니라, 이 과정이 전체적으로도 조화를 이루어야 한다. 부분적으로 중中이 되는 것과 전체적 조화와의 관계에 대해 유가의 사상가들은 심도 있는 연구를 진행하였다. 연구에 따르면 이 둘의 관계는 일치할 수도 있고, 일치하지 않을 수도 있다. 전자의 경우는 비교적 간단하여 깊이 논하지 않아도 되지만, 후자의 경우는 비교적 복잡하므로 좀 더 논할 필요가 있다. 펑푸는 『유가변증법연구儒家辨證法研究』에서 다음과 같이 논하였다.

그때는 "부드럽게 따르는 것이 창포나 갈대 잎새와 같음"[241]을 허용하고, 이
때는 "군세고 강하며 사납고 강직하여 뜻대로 하지 않는 일이 없음"[242]을 허
용한다. 시중은 구체적인 시간대에 따라 때로는 부드럽고 때로는 강하기도
하며, 때로는 왼쪽이 되고 때로는 오른쪽이 되며, "혹은 멀고 혹은 가까우며,
혹은 떠나고 혹은 머무르는"[243] 것이다. 즉, 한쪽으로 흐르는 것을 허용하여
이른바 "그때는 그때이고 지금은 지금인"[244] 경우가 생기는 것이다. 유가의
입장으로 보면 이러한 접근 방법은 결코 극단으로 치우쳐 중용의 도를 벗어
나는 것이 아니다. 오히려 더욱 현명함으로 나아가는 것이며, 이것이 『중용』
에서 말하는 중용의 도이다. 이는 모든 발전 과정에서 부드럽기도 하고 강하
기도 하며, 왼쪽도 되고 오른쪽도 되며, 가깝기도 하고 멀기도 하며, 떠나기도
하고 머물기도 하는 상태가 예상되기 때문으로, 시간과 과정 전체로 보면 이
역시 중中이 되는 것이다.[245]

이처럼 맹자·순자의 견해에 따르면 부분적으로 모든 곳에서 자신에게 알
맞은 중中을 항상 얻을 필요는 없다. 때로는 비교적 자신에게 알맞도록 한쪽이
나 극단으로 나아가는 것을 허용하게 되는데, 이는 전체적인 조화로 볼 때
항상 없어서는 안 될 유기적인 구성이 된다. 즉 부분의 관점에서는 편향되지만,
전체적인 조화로 보면 이것이 오히려 중中이 된다. 결론적으로 말하면, 부분적
으로 자신에게 알맞은 중中을 얻는 것과 전체 조화 사이에는 일치하면서도
불일치하는 관계가 존재하는 것이다. 양자 간에 불일치하는 관계가 존재하더라
도 그것들은 여전히 통일되어야 한다. 이러한 통일은 필연적인 것으로, 이것은
전체적 조화를 위한 최종 목표이자 결정적 근거가 된다. 다시 말해 시중의

241) 『荀子』, 「不苟」, "柔從若蒲葦."
242) 『荀子』, 「不苟」, "剛強猛毅, 靡所不信."
243) 『孟子』, 「萬章上」, "或遠或近, 或去或不去."
244) 『孟子』, 「公孫丑下」, "彼一時, 此一時也."
245) 龐樸, 『儒家辨證法研究』(中華書局出版, 2009).

초점은 분명 "시간과 과정 전체"에 있는 것이다.

시중의 이러한 특징은 고대예술의 심미 분야에서 예술의 전체적 조화를 위한 중요한 조절 기제가 되었다. 다음은 「악기樂記」·『문심조룡文心雕龍』·『예개藝槪』 가운데 관련된 몇 단락을 예로 들어 이 문제를 좀 더 논하고자 한다. 『예기』「악기」에서는 이상적인 음악에 대해 다음과 같이 묘사하였다.

> 지극한 덕의 광채를 떨치고 사계절의 조화로운 기운을 움직여서 만물의 이치를 드러낸다. 이 때문에 악樂의 맑고 밝음은 하늘을 형상하고, 넓고 큼은 땅을 형상하며, 끝과 시작은 사계절을 형상하고, 주선周旋함은 바람과 비를 형상한다. 오색五色이 무늬를 이루어 문란하지 않으며, 팔풍八風이 율력律曆에 따라 간사하지 않으며, 모든 법도가 도수에 맞아 일정함이 있으니, 크고 작은 음이 서로 이루어 주고 끝과 시작이 서로 생겨나게 하며 선창과 화답·청음淸音과 탁음濁音이 갈마들며 서로의 법칙이 된다.[246]

이 내용은 이미 앞에서 분석한 적이 있지만, 시각을 달리하여 다시 언급하고자 한다. 풍격의 관점에서 살펴보자. 양강의 맑은 기운은 상승하고 음유의 탁한 기운은 하강한다. 각종 예술 풍격은 모두 화和의 기운을 얻어야 하고 또한 각각의 때(時)에 맞게 드러나야 한다. 서로 보완하고 서로 이루어 주며 생겨나게 하고, 여기에서 일어나면 저기에서 호응하고 저쪽에서 울리면 이쪽에서 화답하여 변화하면서도 연결되어야 하는데, 이는 음악예술 풍격에 있어서 전체적인 조화를 이루기 위한 필수적인 조건이다.

이를 통해 다음과 같은 견해를 얻을 수 있다. 예술적 창조와 심미적 감상의

---

246) 『禮記』,「樂記」, "奮至德之光, 動四氣之和, 以著萬物之理. 是故淸明象天, 廣大象地, 終始象四時, 周還象風雨, 五色成文而不亂, 八風從律而不姦, 百度得數而有常, 小大相成, 終始相生, 倡和淸濁, 迭相爲經."

대상인 음악예술 작품의 형성과 전개는 흐르는 시간 속에서 이루어지는 비교적 완전한 운동 과정이라고 할 수 있다.["끝과 시작은 사계절을 형상한다."] 이러한 과정 전체의 조화가 바로 음악예술이 추구하는 중요한 목표이다. 이로부터 출발하여 내부의 모든 시간 또는 각 부분이 모두 그때(時)의 요구에 따라, 각각의 특징을 드러내고 충분히 표현되어 서로 연결되고 교대로 변화하여 전체적으로 조화를 이루어야 한다.

위 인용문 가운데 "사계절의 조화로운 기운을 움직인다"247)라는 말은 음악의 운동 과정 중 모든 구체적 시간에서의 예술적 표현을 나타낸다. 바로 1년 중 사계절의 기후처럼, 만약 그 자체의 알맞음을 얻을 수 있다면[여름에는 덥고 겨울에는 추운 것과 같음] 음악 전체의 조화도 이룰 수 있는 것이며["악은 천지의 조화이다."], 그 자체의 알맞음을 얻을 수 없다면[여름에는 춥고 겨울에는 더운 것과 같음] 음악의 전체적인 조화도 깨지는 것이다.["천지의 도는 추위와 더위가 때에 맞지 않으면 병이 든다."248)]

여기에서의 때(時)는 전체적인 조화의 요구에도 맞아야 하며 구체적 시간에 따른 그때의 중(中)과도 일치해야 한다는 사실을 알 수 있다. 즉, 전체적으로 조화를 이룸과 동시에 부분적인 구체적 시간에서도 알맞은 때(時)와 중(中)을 얻는 다는 것은 일치성, 즉 같은 방향의 관계가 존재하는 것이다. 여기서 음악 작품의 전체적 조화는 악곡의 각 구체적 시간대가 시중(時中) 정신에 맞게 표현되고 변화

---

247) 여기에서 "사계절의 조화로운 기운을 움직인다"에 대한 분석은 다음 문장을 참고하였다. 『禮記』, 「樂記」, "地氣上齊, 天氣下降. 陰陽相摩, 天地相蕩. 鼓之以雷霆, 奮之以風雨, 動之以四時, 暖之以日月, 而百化興焉. 如此, 則樂者天地之和也."(지기는 위로 올라가고 천기는 아래로 내려가며, 음과 양이 서로 갈리고 하늘과 땅이 서로 뒤섞이며, 고동하기를 우레로써 하고 분발하기를 풍우로써 하며, 동하기를 사계절로써 하고 따뜻하게 하기를 해와 달로써 하여 온갖 조화가 일어나니, 이와 같다면 악은 천지의 조화이다.)

248) 『禮記』, 「樂記」, "天地之道, 寒暑不時則疾."

하고 조합됨으로써 이루어진다. 따라서 시중은 음악예술 전체 조화의 내적
조절 기제가 되는 것이다.

다시 『문심조룡』을 살펴보자. 유협은 뛰어난 예술 전체의 조화 사상을 지니
고 있었는데, 그의 이러한 사상은 시중 정신과도 매우 밀접한 관계가 있다.
이 점은 앞서 제4장 제1절에서 예로 든 『문심조룡』 「부회附會」 편에 잘 나타나
있다.

> 대체로 문장 전체에는 나무처럼 가지가 많고, 흐르는 물처럼 갈래가 많다.
> 갈래를 정리하기 위해서는 근원에 연유하고, 가지를 다듬기 위해서는 줄기를
> 따라야 한다. 그러므로 말을 하나로 모으고 뜻이 통하게 하여, 중요한 줄거리
> 를 총괄하는 데 힘써야 한다. 무수한 갈래들을 하나의 귀결점으로 몰아가고,
> 백 가지 생각을 하나로 일치시켜 바르게 해야 한다. 여러 이치가 번잡하더라
> 도 뒤바뀌어 어긋남이 없고, 온갖 말이 무성하더라도 헝클어진 실타래와 같
> 은 혼란함이 없어야 한다. 햇빛을 만나 가지가 나오고, 그늘을 따라 자취를
> 감춘다. 문장의 처음과 끝이 긴밀히 연결되고 내외가 하나가 되어야 한다.[249]

또 「부회」에서는 다음과 같이 말하였다.

> 그러므로 한 마디(寸)를 굽혀 한 자(尺)를 펴고 한 자를 굽혀 한 길(尋)을 펴서,
> 치우친 아름다움(偏善)의 기교를 버리고 갖추어진 아름다움(具美)의 성과를 배
> 워야 한다. 이것이 문장을 다스리고 경영하는 원리이다.[250]

---

249) 劉勰, 『文心雕龍』, 「附會」, "凡大體文章, 類多枝派. 整派者依源, 理枝者循幹. 是以附辭
會義, 務總綱領, 驅萬塗於同歸, 貞百慮於一致, 使衆理雖繁, 而無倒置之乖, 群言雖多, 而
無棼絲之亂. 扶陽而出條, 順陰而藏跡. 首尾周密, 表裏一體."
250) 劉勰, 『文心雕龍』, 「附會」, "故宜詘(屈)寸而信(伸)尺, 枉尺以直尋, 棄偏善之巧, 學具美之
績. 此命篇之經略也."

이 문장은 시중과 전체적 조화와의 관계를 보다 직접적으로 거론한 것으로, 상세히 살펴볼 필요가 있다. 여기에서의 '마디'(寸)와 '자'(尺)는 부분적으로 작고 큰 것이며, '길'(尋)은 전체이다. 마디와 자는 모두 제각각 다른 크기의 예술 용량과 구조, 예술 풍격을 가지고 있다. 그러나 이 모든 것에는 상대적 의미가 있을 뿐이며, 그것들이 구체적으로 실현될 때는 반드시 길이라는 전체적 조화의 아름다움을 궁극적인 귀착점으로 삼아야 한다. 길(尋)의 '갖추어진 아름다움'(具美)에 비로소 절대적 의미가 있는 것이다. 이는 마디와 자가 길을 벗어나서는 절대적으로 자기 발전이나 완성을 이룰 수 없음을 규정한 것이다. 마디와 자를 독립적인 관점에서 보면 이러한 발전과 완성이 지극히 아름다울 수 있지만, 길[전체] 안에 놓였을 때 오히려 전체 조화의 아름다움을 해치는 "치우친 아름다움"(偏善)이 되기 때문이다. 반드시 이러한 "치우친 아름다움"에 "굽힘"을 가하여, 마디와 자로 하여금 전체 조화의 아름다움을 추구하려는 목표와 요구, 그리고 총체적인 법칙을 따르게 해야 한다. 때(時)의 마땅함을 얻어 "가지가 나오고 자취를 감추며", 때로는 나타나고 때로는 숨게도 하며, 억제하거나 이끌고 변통하여 상대적으로 자신을 완성해야 한다.

독립적으로 볼 때 마디와 자가 항상 완벽하지는 않지만, 전체를 놓고 보면 오히려 그때에 맞은 중을 얻을 수 있어 전체적 조화의 아름다움이라는 특정한 요구에 부합하게 된다. 유협이 보기에 전체적 조화의 아름다움과 부분 자체의 아름다움은 일치하기도 하고 그렇지 않을 수도 있다. 전체 속에 있으면서 전체의 조화미를 무시하고, 절대적이고 독립적으로 자체의 "부분적 아름다움"을 발전·완성해 나가는 것은 바람직하지 않은 "치우친 아름다움"일 뿐이다.

전체적 조화미를 전제로 하고 또 이를 궁극의 귀착점으로 삼아 "인시因時", "수시隨時", "추시趨時", "적회適會"[251]함으로써 부분 자체의 상대적인 아름다움을 완성하는 것이야말로 진정으로 바람직한 "부분적 아름다움"인 것이다. 부분적 예술 표현의 자기 발전·완성과 작품의 전체적인 조화의 요구 사이에는 불일치의 관계 즉, 다른 방향의 관계가 존재한다. 이 관계의 해결책인 양자의 통일은 모든 구체적 시간을 통해 전체 조화라는 규범화된 제약 안에서 자신의 "치우친 아름다움"을 지양하고, 상대적으로 자기를 발전시키고 완성해야 비로소 실현될 수 있다. 진정 이것이야말로 부분적으로 때(時)에 맞는 중中이 되는 것이며, 또한 전체적으로 완전한 조화가 이루어진 것이다. "치우친 아름다움의 기교를 버리고 갖추어진 아름다움의 성과를 배워야 한다"는 것은 유협이 제시한 ·부분이 전체에 따른다'는 원칙이다.

마지막으로 『예개藝槪』「문개文槪」의 한 단락을 살펴보자. 유희재劉熙載는 다음과 같이 말하였다.

> 언사言辭는 반드시 음절을 겸하는데, 음절에는 단지 '조화로움'(諧)과 '요拗'252) 가 있을 뿐이다. 얕은 사람들은 조화가 바람직하다는 것만 알고 요拗가 마땅하기에 요拗를 쓴 것임을 알지 못하니, 요拗 또한 조화로움이다. 조화로워서는 안 되는데 조화로우니, 조화로움 또한 요拗인 것이다.253)

일반적으로 문장의 음절에서는 '조화로움'(諧)과 '요拗'가 분명하게 구별되어, 조화로움은 좋지만 요拗는 바람직하지 않다고 여기고, "요拗가 마땅함"과 "조화로워서는 안 됨", 심지어 "요拗 또한 조화로움"이며 "조화로움 또한 요拗"

---

251) 모두 『文心雕龍』에서 자주 쓰인 말이다.
  *'때에 따라', '때에 맞게'라는 뜻이다.
252) *拗: 시를 지을 때 정해진 平仄式에 따르지 않고, 원칙에 벗어난 음을 사용하는 것이다. 정해진 平仄式에 따르지 않는 近體漢詩의 형식을 拗體라고 한다. 絶句·律詩의 변격의 한 가지로 杜甫의 시에서 많이 볼 수 있다.
253) 劉熙載, 『藝槪』, 「文槪」, "言辭者必兼及音節, 音節不外諧與拗, 淺者但知諧之是取, 不知當拗而拗, 拗亦諧也; 不當諧而諧, 諧亦拗也."

라는 말은 존재하지 않는다고 한다. 유희재의 이러한 문제 제기는 음절 전체의 조화로움을 추구한다는 전제하에서 문제를 논한 것이며, 이러한 전제하에서만 다음과 같은 문제를 살펴볼 수 있다. 부분 혹은 전체적 관계에서의 조화로움(諧)과 요拗를 살펴볼 때, 그것이 처한 특별한 위치 혹은 특정한 관계의 법칙에 따라 "요拗가 마땅함"이거나 "조화로워서는 안 됨"의 문제, 또는 "요拗 또한 조화로움"이며 "조화로움 또한 요拗"가 되는 문제가 발생하기 때문이다. 즉 문장 전체의 총체적 조화로 볼 때, 그 가운데 모든 곳의 음절들이 그 자체로 "조화로울 것"을 요구하지 않으며, 더 나아가 부분적으로 "요拗"의 음절을 완전히 배제할 수 없다. 이것은 모두 시중時中의 문제이다.

음절의 흐름이 어느 정도 진행되면 부분적으로 요음拗音을 배합하여 전체 과정의 음절에서 총체적인 조화를 이루어야 하는데 이때가 바로 "요拗가 마땅한" 때이다. 이때 만약 요음을 쓴다면 곧 때에 알맞은 중을 얻게 된다. 이러한 '요拗'를 음절 전체의 관점에서 보면 매우 알맞은 "조화로움"(諧)이 되는 것이다. 이때가 이른바 "조화로워서는 안 되는" 때로, 이때 만약 조화로운 음(諧音)을 쓴다면, 다른 음절과 어우러져 음절 전체의 과정에서 총체적인 조화를 이룰 수 없다. 이러한 부분적 "조화로움"(諧)은 때에 맞는 중을 얻지 못한 것으로, 이를 전체 음절의 관점에서 보면 "요拗"가 되는 것이다. 유희재의 이러한 주장은 이론적으로도 참신할 뿐만 아니라, 문학예술 창작 과정에 늘 존재하는 실정을 잘 보여 주고 있다.

다음으로 먼저 근체시 성률 격식에 있어서 "요拗"와 "요를 구하는 것"(拗救)254)에 대해 예를 들어 설명하고자 한다. 우리는 근체시에서 성률의 평측 규칙이 시 전체 음조音調의 절주와 조화를 형성하고 있음을 잘 알고 있다. 그러

---

254) *요를 구하는 것(拗救): 拗音을 써서 근체시를 짓는 것이다. 엄격한 규칙의 근체시에서 평측을 일부러 어긋나게 하는 것은 '평측의 어긋남'으로 보지 않는다.

나 이러한 격식은 절대 불변하는 것이 아니며, 창작 과정 가운데 구체적 상황에 따라 적절히 조절될 수 있다. "요"와 "요를 구하는 것"은 바로 이러한 조절에 속한다. 근체시의 성률 격식에서 "요를 구하는 것"이란 시구의 어느 한 곳에 평측 규칙에 벗어난 글자를 사용하는 것이다. 시구가 상응하는 다른 곳에서도 일반적인 규칙에 변화를 주어 격식에 벗어난 또 다른 글자로 보완해 줌으로써, 소리의 평측이 시구에서 여전히 균형의 상태를 유지하면서도 시의 음조 절주를 전체적으로 조화롭게 하는 것이다.

예를 들어 두보杜甫의 시 「귀뚜라미」(促織) 가운데 "작고 가냘픈 귀뚜라미, 슬픈 소리가 이렇듯 사람을 울리네"(促織甚微細, 哀音何動人)라는 두 구절을 살펴보자. 이 구절은 '측측평평측, 평평측측평'의 율련 격식에 따라 위 구의 세 번째 글자는 평성을 써야 하고, 아래 구의 세 번째 글자는 측성을 써야 한다. 그러나 지금 이 시에서 위 구의 세 번째 글자는 요拗를 씀으로써 측성이 되었고, 아래 구의 세 번째 글자는 요拗에 따라서 평성을 취하였다. 아래 구절만 따로 보면, 지금의 "평평평측평"은 "평평측측평"의 원칙에도 어긋나며, 평측의 고른 분배에서 있어서도 원래 형식의 조화와 균형만 못하다. 다만 위 구와 결합하게 되면 요拗를 사용한 "측측측평측"과 대칭을 이룬다. 즉, 위 구 세 번째 글자의 요拗로 인해 나타난 성률의 부조화를 아래 구 세 번째 글자에 변화를 주는 것으로써 보완하였고, 거듭하여 위아래 구절이 음조 절주의 조화와 균형을 이루게 된 것이다. 위 구의 세 번째 글자에 요拗를 쓰면 아래 구 세 번째 글자는 유희재가 말한 이른바 "요拗가 마땅함", "조화로워서는 안 됨", "요拗 또한 조화로움", "조화로움 또한 요拗"가 성립되는 것으로 요拗를 쓰지 않으면 안 되는 음절이다. 이것은 시가 음절 전체의 조화라는 측면에서 강한 제약을 받기 때문이다. 이 하나의 사례만 보더라도 유희재의 주장이 타당함을 충분히 알 수 있다.

유희재는 문학작품의 음절을 유기적 전체 또는 운동 과정으로 간주하였고, 부분적이고 구체적인 시간에 따른 상대적인 부정적 요소들이 특정 상황[때(時)]에서는 전체와 전 과정의 조화를 위한 긍정적 요소가 될 수 있다고 여겼다. 또한, 부분적인 긍정적 요소들이 어떤 특정 상황에서는 전체적 조화에 부정적 요소로 작용할 수 있다고 여겼다. 이는 부분 그 자체의 중(中)과 전체적 조화 사이에 일치하는 관계가 존재한다는 것뿐만이 아니라, 상반되는 역방향의 관계도 존재한다는 것을 밝혀낸 것으로, 이것이 바로 양자 사이의 심층적 관계이다. 유희재는 양자 간의 이러한 대립 관계는 필수적이며, 이것이 문예 작품을 전체적으로 조화롭게 통일할 수 있다고 여겼다.

위의 분석을 통해 「악기」·『문심조룡』·『예개』에서의 시중(時中) 정신은 모두 예술의 전체적 조화를 위한 내적 조절 기제로 표현되었음을 확실히 알 수 있다. 이 조절 기제에 대한 작가들의 인식은 끊임없이 심화·발전하고 있을 뿐만이 아니라, 근본적인 일관성도 계속 유지되고 있다. 예술 전체의 과정 가운데 각각의 구체적 시간은 모두 때(時)에 맞는 중(中)을 얻어야 하는데, 이는 이 조절 기제의 가장 기본적인 요구이다.

이러한 구체적 시간에서의 시중에는 사실상 두 가지 의미가 있다. 하나는 구체적 시간대 자체의 측면에서 보는 시중이다. 이는 각각의 구체적 시간마다 상대적이고 독립적인 예술적 의미와 평가 기준이 있기에, 그 자체로 때(時)에 맞는 중(中)을 얻었는가에 관한 문제이다. 다른 하나는 전체적인 조화의 측면에서 보는 시중이다. 이는 각각의 부분은 단지 전체의 일부분이며, 구체적 시간 역시 예술 작품의 완전한 운동 과정 속의 유기적 구성 요소이기 때문에, 그것들이 그때(時)의 중(中)을 얻었는지의 여부와 함께 전체적인 조화의 측면도 살펴보아야 한다. 시중의 이러한 두 가지 의미는 서로 구별되면서도 밀접하게 관련되어 있다.

「악기」의 저자는 양자 간에 일치하는, 즉 같은 방향의 관계를 긍정하였고, 『문심조룡』의 저자는 양자 간에 불일치하는, 즉 다른 방향의 관계가 존재함을 제시하였으며, 『예개』의 저자는 더 나아가 양자 간에 대립하는, 즉 역방향의 관계가 존재한다는 것을 보여 주었다. 이것은 양자 간의 관계가 상당히 복잡하면서도 깊은 관련이 있다는 것이며 동시에, 고대 문예이론가들이 이러한 견해를 점진적으로 심화하여 발전시켰다는 것을 보여 주는 것이다.

다만 그들의 주장에는 항상 근본적으로 일치하는 점이 있다. 즉 양자는 반드시 통일되어야 하며, 통일의 궁극적 근거와 귀착점은 바로 예술의 전체적인 조화이다. 그들의 견해에 따르면, 전체는 부분보다 중요하며, 전체 과정의 조화는 구체적 시간대의 "치우친 아름다움"보다 중요하다. 부분이란 단지 전체라는 살아 있는 생명 가운데 하나의 유기적 요소에 불과하지만, 이러한 요소들 역시 상대적이고 독립적인 생명을 가지고 있다. 따라서 시중의 뜻은 일차적으로 상대적 의미만을 가지지만, 이차적으로는 절대적 의미까지 포함하고 있다. 각 구체적 시간의 상대적이고 독립적인 예술적 표현과 예술적 개성을 경시하거나 무시하는 것이 아니라, 예술의 전체적 조화의 궁극적 의의와 구체적 시간에 대한 규범적 제약을 더욱 강조하는 것이다.

이러한 규범적 제약은 결코 각 부분의 예술적 표현과 예술적 개성을 손상하지 않을 뿐만 아니라, 오히려 그것들이 전체 속에서 각자의 참신한 생명력과 의의를 가질 수 있게 한다. 서로 호응하여 조화를 이루며, 한데 어우러져 서로를 빛나게 하여 완벽하고 조화로운 예술적 통일체를 구성하게 된다. 문예 작품의 각 부분은 전체적 조화의 요구와 부분 자체의 요구가 일치하기도 하고 불일치하기도 하며 심지어는 대립하기도 한다. 그러나 결국에는 반드시 전체의 조화로운 통일이라는 원칙에 따라 자신의 위치를 바로잡고 자신의 표현을 조절함으로써, 궁극적으로 작품의 전체적인 조화에 이르게 된다.

결론적으로 중화미의 유기적 구성으로서의 유가의 시중 정신은 예술의 전체적 조화를 위한 변증법적 색채를 지닌 내적 조절 기제로 명확히 표현되었고, 이로 인해 고대 문예 이론과 적용에 지대한 영향을 미치며 중요한 역할을 하게 된 것이다.

# 제5장

## "온유돈후溫柔敦厚", "발정지례發情止禮"*
### ―특정 예술의 풍격론으로서의 중화미

이 책의 제1장에서 온유돈후를 중화미로 보거나 혹은 중화미를 온유돈후로 보는 것이 현대 학자들의 보편적인 견해임을 제기한 바 있으며, 또한 중화미가 보편적 예술의 조화관이라고 밝히기도 하였다. 그러나 분명한 것은, 유가의 시교詩教는 결코 예술적 조화관이 아니며, 온유돈후 역시 보편적 조화 관계나 관계 구조가 아니다. 그렇다면 과연 시교온유돈후를 중화미라고 할 수 있으며, 그렇게 부르는 것이 마땅한가? 만약 이에 대한 답이 긍정적이라면, 그 사상적 본질과 미학적 특징 그리고 중국미학사에서의 위상과 의의는 또 어떻게 다루고 평가해야 하는가? 이제 제5장과 제6장에서 바로 이러한 문제들에 대해 논의하고 그에 대한 답을 모색해 보고자 한다.

---

* * 發情止禮: 출전은 『詩經』 「毛詩序」, "發乎情, 止乎禮義"(정에서 발하여 예에서 그친다.)이다. 즉 옛 법도의 가르침을 받은 백성의 성정에서 나온 시가 예의에 합당해야 함을 말한 것이다.

## 1. 시교詩教와 중화

토론의 편의를 위하여, 먼저 『예기禮記』 「경해經解」 가운데 시교詩敎에 관한 전형적 표현을 전후 문맥과 함께 인용하였다.

공자께서 말씀하시기를 "그 나라에 들어가면 그 가르침이 어떠한지 알 수 있다. 사람됨이 온유돈후한 것은 『시경詩經』의 가르침이다. 사리를 꿰뚫고 식견이 원대함은 『서경書經』의 가르침이고, 해박하고 화평함은 『악경樂經』의 가르침이며, 깨끗하고 고요하며 정미함은 『주역周易』의 가르침이고, 공경하고 검약하며 장중함은 『예기禮記』의 가르침이며, 사실에 맞게 문사文辭를 엮음은 『춘추春秋』의 가르침이다. 그러므로 『시경』의 가르침이 잘못되면 어리석어지고, 『서경』의 가르침이 잘못되면 속이게 되며, 『악경』의 가르침이 잘못되면 지나치게 되고, 『주역』의 가르침이 잘못되면 해치게 되며, 『예기』의 가르침이 잘못되면 번다해지고, 『춘추』의 가르침이 잘못되면 어지러워진다. 그러니 그 사람됨이 온유돈후하면서도 어리석지 않으면 『시경』의 가르침을 깊이 아는 것이고, 사리를 꿰뚫고 식견이 원대하면서도 속이지 않으면 『서경』의 가르침을 깊이 아는 것이며, 해박하고 화평하면서도 지나치지 않으면 『악경』의 가르침을 깊이 아는 것이고, 깨끗하고 고요하며 정미하게 알면서도 해치지 않으면 『주역』의 가르침을 깊이 아는 것이며, 공경하고 검약하며 장중하면서도 번다하지 않으면 『예기』의 가르침을 깊이 아는 것이고, 사실에 맞게 문사를 엮으면서도 어지럽지 않으면 『춘추』의 가르침을 깊이 아는 것이다."[1]

위 문장은 육예六藝의 가르침을 논하면서 시교詩敎를 으뜸으로 여기고 있지

---

1) 『禮記』, 「經解」, "入其國, 其敎可知也. 其爲人也溫柔敦厚, 詩敎也. 疏通知遠, 書敎也. 廣博易良, 樂敎也. 潔靜精微, 易敎也. 恭儉莊敬, 禮敎也. 屬辭比事, 春秋敎也. 故詩之失愚, 書之失誣, 樂之失奢, 易之失賊, 禮之失煩, 春秋之失亂. 其爲人也溫柔敦厚而不愚, 則深於詩者矣. 疏通知遠而不誣, 則深於書者矣. 廣博易良而不奢, 則深於樂者矣. 潔靜精微而不賊, 則深於易者矣. 恭儉莊敬而不煩, 則深於禮者矣. 屬辭比事而不亂, 則深於春秋者矣."

만 '중화中和'에 대해서는 한마디도 언급하지 않았다. 이는 시교와 보편 예술의 조화관은 분명히 다르다는 것을 보여 준다. 시교가 온유돈후로 표상되면서도 다른 한 극단으로 '어리석음'(愚)을 언급하고 있다. 그러나 결코 어리석음과 온유 돈후가 서로 더하고 덜어 내어 조화로운 관계를 이루는 것은 아니다. 어리석음 은 온유돈후가 나아갈 수 있는 나쁜 질적 변화이므로, "어리석지 않음"으로 그 "잘못됨"(失)을 방지하여, 온유돈후가 처음부터 끝까지 작가가 생각하는 올 바른 한계를 항상 유지할 수 있게 해야 한다. 따라서 위 이론의 핵심은 항상 한쪽 극단(온유돈후)을 표상하는 데 있으며, 보편적 조화관(둘 혹은 다수 사이에서의 대립적 연결 등을 강조함)과는 그다지 관련이 없다.

그렇다면 과연 시교를 중화미라고 할 수 있는가? 필자는 이에 대해 긍정적 으로 생각한다. 이는 시교가 비록 예술적 조화와는 별 상관이 없지만, 중국미학 사에서 확실히 여러 경로를 통해 중화와 소통하였고, 어떤 의미에서는 중화·중 화미의 또 하나의 대표적 전형으로 자리 잡았기 때문이다. 물론 시교와 소통한 중화의 의미는 보편적 조화관으로서의 중화와는 매우 다르다. 따라서 온유돈후 한 중화미도 「악기」로 대표되는 중화미와는 본질적으로 구별된다. 지금부터 이것이 여러 경로를 통해 어떻게 중화와 서로 소통하여 중화미로 불리게 되었는 지 살펴보고자 한다.

먼저, 우리는 시교와 한대漢代 유가儒家에서 나온 「모시서毛詩序」와의 연계를 통해 중화와의 관계를 고찰하고자 한다. 시교와 「모시서」와의 관련성은 공영달 孔穎達이 시교詩敎를 해석한 다음 문장에서 매우 분명하게 나타난다.

> "온유돈후溫柔敦厚는 『시경詩經』의 가르침이다"에서 온溫은 안색이 따스하고 윤기가 나는 것이며, 유柔는 성정性情이 온화하고 부드러운 것을 말한다. 『시 경』은 간언과 풍자를 완곡하게 하여, 일의 실정을 직접적으로 말하지 않는다.

그래서 온유하고 돈후함을 『시경』의 가르침이라고 한 것이다.

"그 사람됨이 온유돈후하면서도 어리석지 않으면 『시경』의 가르침을 깊이 아는 것"이라고 하였는데, 『시경』으로 백성을 가르치면 돈후敦厚함을 쓰되, 의리義理로 절제할 수 있다. 백성이 비록 돈후하더라도 어리석음에 이르지 않게 하려면 윗사람이 『시경』의 의리에 통달해야 『시경』으로 백성을 가르칠 수 있다. 그러므로 『시경』의 가르침을 깊이 아는 것이라고 하였다. 예를 들어 『시경』에서 찬미·비판·풍자·은유로써 사람들을 가르치니, 이것이 『시경』의 가르침이다.2)

「모시서」에서는 시의 교화 작용["선왕은 이것으로써3) 부부의 도를 다스리고 효도와 공경하는 마음을 이루며 인륜을 도탑게 하고 교화를 아름답게 하며 풍속을 바꾸었다"4), "윗사람은 풍風5)으로써 아랫사람을 교화한다"6)]과 예의禮義로써 성정性情을 절제하는 작용["변풍變風은 정에서 발하여 예의에서 그친다"7)], 그리고 시가의 찬미·비판·풍자·은유 작용["송頌이란 훌륭한 덕의 모습을 찬미한 것이다"8), "아랫사람은 풍風으로써 윗사람을 풍자한다"9)] 및 윗사람이 하는 정치에 대한 풍자는 완곡하게 에둘러서 해야 함["문장을 위주로 하여 완곡하게 돌려서 간한다"10)]을 강조하고 있다.

위의 인용문에서 공영달은 「모시서」의 모든 이론적 요점11)을 활용하여

---

2) 孔穎達, 『禮記正義』, 「經解」, "溫柔敦厚, 詩教也者, 溫謂顏色溫潤, 柔謂情性和柔. 詩依違諷諫, 不指切事情, 故云溫柔敦厚, 是詩教也, 其爲人也, 溫柔敦厚而不愚, 則深於詩者也. 此一經以詩化民, 雖用敦厚, 能以義節之, 欲使民雖敦厚不至於愚, 則是在上深達於詩之義理, 能以詩教民也, 故云深於詩者也. 若以詩辭美刺諷喻以教人, 是詩教也."
3) 이는 위 문장의 『시경』을 가리킨다.
4) 『詩經』, 「毛詩序」, "先王以是經夫婦, 成孝敬, 厚人倫, 美教化, 移風俗."
5) 風은 『詩經』의 15개 國風, 즉 선진시기의 15개 지방의 민간 시가를 가리킨다.(朱熹, 『詩集傳』, "風者, 民俗歌謠之詩也.")
6) 『詩經』, 「毛詩序」, "上以風化下."
7) 『詩經』, 「毛詩序」, "變風發乎情, 止乎禮義."
8) 『詩經』, 「毛詩序」, "頌者, 美盛德之形容."
9) 『詩經』, 「毛詩序」, "下以風刺上."
10) 『詩經』, 「毛詩序」, "主文而譎諫."

명확하게 시교를 해석하였다. 일반적으로 공영달이 지은 『예기정의禮記正義』는 "증거가 상세하고 의리가 정밀하여 정현鄭玄의 주해註解와 함께 쌍절雙絕을 이룬다고 할 만하다."12) 그가 여기에서 「모시서」를 인용하여 시교를 해석한 것 또한 상세하고 정밀하여 후대 학자들이 널리 인정하였다. 이는 시교와 「모시서」가 깊은 내적 연관성을 가지고 있으며, 고대 사람들에게는 그 이론적 본질이 기본적으로 동일하게 인식되었다는 것을 보여 준다.

「모시서」에서는 "변풍變風은 정情에서 발하여 예의禮義에서 그친다"에 대하여, "정에서 발하였다는 것은 백성의 본성이요, 예의에서 그친다는 것은 선왕의 은택"13)이라고 하였다. 이는 시가詩歌에서 감정을 표현하는 것은 인간의 본성에 의해 결정되지만, 이 감정이 발현함은 반드시 예의를 바탕으로 절제해야 비로소 선왕의 정도正道와 은택에 부합한다는 것이다. 고대에는 「모시서」에서 제시한 "정에서 발하여 예의에서 그친다"라는 말이 널리 사용되었고, 거의 온유돈후와 동의어로 인식되었다. 한편, "정에서 발하여 예의에서 그친다"라는 문장의 형식과 내용은 『예기禮記』 「중용中庸」의 중요한 관점과도 매우 가깝다는 것을 알 수 있다.

「중용」에서 말한 "희노애락이 발하지 않은 것을 중中이라 하고, 발하여 모두 절도에 맞는 것을 화和라고 한다"14)라는 것에 대해 주희朱熹는 "희노애락은 정情이요, 이것이 발하지 않은 것은 성性"15)이라고 하였다. 분명히 「중용」의 이 부분에서는 인간의 본성이 정상적으로 발현되는 것이기 때문에, 인간의 감정이

---

11) "『시경』으로 백성을 가르침", "의리로 절제함", "『시경』의 찬미·비판·풍자·은유", "『시경』은 간언과 풍자를 완곡하게 하며, 일의 실정을 직접적으로 말하지 않는다" 등등이다.
12) 趙吉惠·郭厚安 主編, 『中國儒學辭典』(遼寧人民出版社, 1989), p.343.
13) 『詩經』, 「毛詩序」, "發乎情, 民之性也. 止乎禮義, 先王之澤也."
14) 『禮記』, 「中庸」, "喜怒哀樂之未發, 謂之中, 發而皆中節, 謂之和."
15) 朱熹, 『中庸章句』, "喜怒哀樂, 情也, 其未發, 則性也."

발현함을 긍정한다. 그러나 이러한 발함·발현은 반드시 "모두 절도에 맞아야"하고, 일정하게 절제되어야 한다. 인간 감정의 발함·인간 본성의 발현을 긍정한다는 점과 인간의 감정이 발함에 반드시 상당한 절제가 필요하다는 점에서 「모시서」와 「중용」은 이론적인 내용부터 표현의 형식까지 매우 유사하다.

「중용」에서는 이 이론을 '중화中和'라고 한다. 이렇게 되면 「모시서」의 "정에서 발하여 예의에서 그친다"라는 말은 한편으로는 온유돈후와 거의 같은 의미이며, 다른 한편으로는 「중용」 첫 단락의 '중화'와 매우 유사하여, 둘을 긴밀하게 연결하는 하나의 다리가 된다는 것이 분명하다. 사실, 온유돈후는 본래 인간의 특별한 성정性情이며, 그것은 특정한 규범에 따라 절제를 받는["의리義理로 그것을 절제하는"] 성정이다. "정에서 발하여 절도에 맞는" 이론적 특징을 가진 중화이론은 확실히 「모시서」와 「중용」에서 완전히 일치한다. 따라서 현대의 많은 학자가 온유돈후와 중화를 동일시하는 데는[16) 그럴 만한 이치와 근거가 있다.

이어서, 중화와 온유돈후에 관한 후대 사람들의 이해를 통해 양자 간의 구체적 관계를 좀 더 살피고자 한다. 첫째, 중화와 온유돈후는 모두 '호협함(豪俠)·호탕함(豪曠)·호방함(豪放)'과 서로 구별되면서 대립한다. 청대淸代 오교吳喬[17)는 『위로시화圍爐詩話』에서 "시는 온유돈후를 가르침으로 여기니, 호협한 것은 시라고 할 수 없다"[18)라고 말하였으며, 청대 장겸의張謙宜[19) 역시 같은

---

16) 제1장에서는 朱自淸의 관련설을 언급하였다. 여기서는 黃坤의 관련설을 살펴보자. "'희노애락이 발하지 않은 것을 중이라 하고, 발하여 모두 절도에 맞는 것을 화라고 한다.'(喜怒哀樂之未發謂之中, 發而皆中節謂之和.) 이처럼 하게 되면 중용의 도를 얻어 온유하고 돈후하게 될 수 있다." "「모시서」에서는 온유돈후를 '發乎情, 止乎禮義(정에서 발하여 예의에서 그친다.)라는 일곱 글자로 표현하였다. '정에서 발하는' 것은 「중용」에서 말하는 '희로애락'이고, '예의에서 그치는' 것은 '발하여 모두 절도에 맞는 것'이다."(黃坤, 『"溫柔敦厚"析』, 文藝理論硏究, 1983(3))

17) *吳喬(1610~1694): 明末淸初의 시인이며 사학가이다. 저서에는 『手臂錄』, 『圍爐詩話』가 있다.

18) 吳喬, 『圍爐詩話』, "詩以優柔敦厚爲教, 非可豪擧者也."

의미를 달리 표현하였다.

　　호방하면서도 오직 충후忠厚[20]할 수 있는 것은 소릉少陵두보이다.[21]

　　여기에서 '오직'이라는 글자는, 장겸의가 보기에 호방함과 온유돈후함을
겸할 수 있는 사람은 오직 두보뿐이며, 일반적으로는 둘을 공존시킬 수 없음을
말한다. 한편, 유희재는 "호탕함은 중화의 법칙이 아니다"[22]라고 분명하게 말
하였다. 이들의 말을 종합하면, 중화는 '호협함·호탕함·호방함과 서로 구별
되고 대립한다는 점에서 온유돈후와 완전히 일치한다.
　　둘째, 중화와 온유돈후는 '원망'(怨)과 비슷한 감정과도 서로 구별되고 대립
한다. 유희재는 『예개藝槪』「시개詩槪」에서 조식曹植의 시 두 구절을 인용하여
이에 대해 긍정적으로 말하였다.

　　조자건曹子建조식은 「증정의왕찬贈丁儀王粲」에서 "기쁨과 원망은 올바른 법칙
　　이 아니다. 중화만이 진실로 변치 않는 법칙이 될 만하다"라고 하였는데, 이
　　는 풍아風雅의 정통을 헤아림에 충분한 의미가 있다.[23]

---

19) *張謙宜(1650~1733): 淸代의 경학가·문학이론가·시인이다. 저서에는 『絸齋詩談』, 『尙
　　書說略』 등이 있다.
20) 일본 학자인 아오키 마사루(靑木正兒)는 "시를 논하는 사람들은 '시인의 충후한 뜻'을
　　자주 말하는데, '충후'는 온유돈후라는 말이다"(靑木正兒, 隋樹森 譯, 『中國文學槪說』,
　　重慶出版社, 1982)라고 하였다. 그의 말이 매우 옳다.
21) 張謙宜, 『絸齋詩談』, "豪放而獨存忠厚者, 少陵是也."
22) 劉熙載, 『藝槪』, 「詩槪」, "豪曠非中之則."
　　유희재는 뛰어난 예술적 조화 관념을 가지고 있었지만(앞의 내용 참조), 중화와 연관
　　시키지는 않았다. 또한, 그는 여러 차례 중화를 언급하면서도 중화에 대해 명확한 정
　　의를 내리지 않았다. 그러나 『藝槪』를 종합해 보면 중화는 온유돈후와 매우 비슷하다.
23) 劉熙載, 『藝槪』, 「詩槪」, "曹子建贈丁儀王粲有云, 歡怨非貞則, 中和誠可經. 此意足推風
　　雅正宗."

조식은 기쁨(歡)과 원망(怨)의 감정을 시로 표현하는 것은 정도正道의 본보기가 될 수 없으며, 중화야말로 시인들이 마땅히 따라야 할 모범이라고 여겼다. 결국, 중화는 기쁨·원망과 구별되면서도 대립하는 구체적 감정 혹은 감정의 원칙으로 간주된다. 시교에 대해 말하자면, 비록 어떠한 비판적 감정의 표현에 대해 반대하지 않는다고 하더라도 예의禮義로 이러한 감정과 표현을 엄격히 제한하고 있다. 이처럼 시교는 원망의 감정[24]을 자유롭게 표현하는 것과는 큰 차이가 있다.

현대의 많은 학자는 중국 고대 문학 이론과 실제에서, 온유돈후와 원망(怨)[25]이라는 두 감정 사이에는 긴 시간 동안의 깊은 대립이 존재해 왔다고 여겼다. 이렇듯 중화는 원망과 구별되고 대립한다는 점에서 온유돈후와 일치한다. 이처럼 중화와 온유돈후가 두 가지 중요한 측면에서 일치한다면, 양자 간에는 매우 밀접한 관계가 있을 가능성이 크다. 그러나 위의 여러 인용문에서는 이들의 관계가 약간 복잡하게 표현되어 있다.

그렇다면 중화와 온유돈후의 관계를 좀 더 직접적으로 표현한 곳은 없는가? 먼저, 서상영徐上瀛의 『대환각금보大還閣琴譜』 한 단락을 보면, 다음과 같이 이 둘을 직접적으로 동일시하고 있다.

> 거문고의 현에서 음을 취함에 오직 중화가 중요하다. 중화의 묘용妙用은 온윤溫潤함을 온전히 하는 것이다.[26]

---

24) 여기서는 기쁨의 감정에 대해서는 말하지 않겠다.
25) "시는 원망할 수 있다"(詩可以怨), "울분을 토하여 글에 나타내다"(發憤著書), "이별함에 원망을 시에 기탁하다"(離群托詩以怨), "평정을 얻지 못하면 소리를 낸다"(不平則鳴), "곤궁한 후라야 공교해진다"(窮而後工) 등을 말한다.
  *이 문장의 출전은 본 책 제1장 제2절에서 밝혔다.
26) 徐上瀛, 『大還閣琴譜』, "凡弦上取音, 惟貴中和. 而中和之妙用, 全於溫潤之."

또 청대 심덕잠(沈德潛27))의 시론 두 단락을 살펴보자.

시를 지음에 먼저 종지(宗旨)를 살피고 뒤이어 체재(體裁)를 논하며 이어서 음절을 논하고 또 신운(神韻28))을 논하여 결국, 중정화평(中正和平)으로 귀결된다.29)

시는 도를 위한 것이니 공자가 제자들과 아들 백어(伯魚)를 가르친 수많은 말들은 여기에서 벗어나지 않는다. 그 훌륭한 말(立言)은 모두 온유돈후로 귀결되는데, 이것은 고금을 막론하고 똑같다.30)

심덕잠의 이 두 단락을 통틀어 볼 때, 두 개의 "귀결된다"(一歸於)라는 말에 뒤따르는 내용을 눈여겨보면 "중정화평"[즉 중화]과 "온유돈후"는 대체로 같은 의미이다. 이렇게 심덕잠은 중화와 온유돈후를 시가 이론에서 직접적으로 동일시하기 시작하였다.

고대 사람들이 중화와 온유돈후를 동일시한 것에 대해, 단어의 의미 분석으로도 그 근거를 찾을 수 있는가? 필자는 그렇다고 생각한다. 중(中)의 경우, 앞에서 언급했던 "정확·적합"이라는 의미 외에 "중간·중앙"이라는 의미도 있으며, 어떤 유학자들은 이를 "예의(禮義)"로 규정짓기도 한다. 예를 들어 "양 끝을 잡아 그 중을 쓴다"(執兩用中)라는 관점에서 보면 중은 양쪽 끝 사이의 일정한 지점이다. 화(和)의 경우, 앞서 논했던 "조화"(和諧)라는 의미 외에 "온화하고 부드럽다"

---

27) *沈德潛(1673~1769): 淸代의 정치가이자 시인이다. 건륭제에게 詩才를 인정받았으며, 陳群과 함께 '東南의 二老'로 불렸다. 시에서 온유돈후를 강조하여 中正和平으로 돌아가야 함을 주장하였으며, 음률의 조화를 중시하는 格調說을 주창하였다. 편저로는 『古詩源』, 『唐詩別裁集』, 『說詩晬語』 등이 있다.

28) *神韻: 신비스러우며 高雅한 운치, 즉 고상한 품격에서 나타나는 風致나 멋을 말한다.

29) 沈德潛, 『重訂「唐詩別裁」集』, 「序」, "作詩之先審宗指, 繼論體裁, 繼論音節, 繼論神韻, 而一歸於中正和平."

30) 沈德潛, 『淸詩別裁集』, 「凡例」, "詩之爲道, 不外孔子敎小子敎伯魚數言, 其立言一歸於溫柔敦厚, 無古今一也."

(和柔)는 의미도 있다. 『사해辭海』31)[1977년판]에서 '화'의 첫 번째 항목은 "온화溫和, 화완和緩"인데, 성어인 "온화한 바람과 보슬비"(和風細雨), "온화한 얼굴"(和顔悅色), "온화하면서도 장엄하다"(和而能壯)[청대唐代 영호덕분令狐德棻32)이 문장을 논한 말] 등에서의 화和는 모두 이러한 의미이다.

이러한 중中[양쪽 끝 사이의 일정한 지점·예의禮義]과 화和[화유和柔, 온화溫和, 화완和緩]의 결합인 중화는, 예의와 절제를 강조하면서도 온화함과 부드러움을 특징으로 하는 온유돈후와 매우 유사하며 심지어는 동일하다. 양자 간의 이러한 관계는 일찍이 고대 문예 이론에서도 상당히 명확하게 표현되었다. 먼저 명대明代 허학이許學夷33)의 『시원변체詩源辯體』 중 두 단락을 살펴보자.

> 풍인風人의 시는 성정의 바름뿐만 아니라 문장의 성운聲韻과 기세의 조화를 얻었기 때문에, 그 말이 완곡하면서 돈후하고 부드러우면서도 급박하지 않으니, 오래도록 변치 않는 시인의 법칙이 된다.34)

> 굴원屈原의 충성은 충직하였으나 지나쳤다는 것이 오랜 정설이다. 오늘날에는 다만 그 말의 공교工巧함으로 인해 치우침도 지나침도 없다고 하여, 위대한 성인의 영역인 중화에 억지로 올리려 하니 후대에 누가 그것을 신뢰하겠는가?35)

『시경』의 작가들[풍인風人]은 "문장의 성운聲韻과 기세의 조화를 얻어서" 말을

---

31) *『辭海』: 글자에 어휘를 추가한 字典이다. 어문사전의 기능과 백과사전의 기능이 일체화된 종합형 辭書이다.
32) *令狐德棻(583~666): 唐代의 史學家이며 藏書家이다.
33) *許學夷(1563~1633): 明代의 시론가로, 저서에는 『許山人詩集』, 『詩源辯體』가 있다.
34) 許學夷, 『詩源辯體』, "風人之詩出乎性情之正, 而復得於聲氣之和, 故其言微婉而敦厚, 優柔而不迫, 爲萬古詩人之經."
35) 許學夷, 『詩源辯體』, "屈原之忠, 忠而過, 乃千古定論. 今但以其辭之工也, 而謂其無偏無過, 欲強躋之於大聖中和之域, 後世其孰信之."

완곡하고 부드럽게 하였기 때문에 당연히 '화和'는 "온화하고 부드러움"(和柔)이라고 할 수 있다. 굴원이 "충직하였으나 지나쳤다"라는 것은 군신의 예에 어긋나는 것이며, 예에서 벗어나면 "위대한 성인의 영역인 중화"에 들어갈 수 없는 것이다. 이로써 예가 곧 중이 됨을 알 수 있다.36) 예에 어긋나면 "성정의 바름"을 얻을 수 없다. 뒤집어 말하면 위 문장의 "성정의 바름뿐만 아니다"라는 것은, 성정의 발현에 있어서 "예의에서 그칠"(止乎禮義) 수 있고 중을 얻을 수 있다는 것이다. 이 때문에 허학이는 "성정의 바름뿐만 아니라 문장의 성운聲韻과 기세의 조화를 얻었다"라는 문장이 온유돈후"완곡하면서 돈후하고 부드러우면서도 급하지 않다")가 된다고 분명히 말하였으며, 또한 이것이 그가 말한 "위대한 성인의 중화"인 것이다.

이상의 논의를 통해, 시교와 중화 사이에는 매우 긴밀하면서도 내적인 여러 관계가 존재하며, 온유돈후는 충분히 중화미라고 부를 수 있다는 사실을 알게 되었다. 그러나 이러한 중화미는 보편 예술의 조화관으로서의 중화미와는 질적으로 다르다. 예술 활동으로 보면 이것은 예의禮義로써 내적 절제를 이룬 온화하고 부드러운 구체적 풍격이다. 이것을 이론의 형식으로 표현한다면 바로 하나의 특정 예술의 풍격론이라고 할 수 있을 것이다.


## 2. 시교의 이론적 특징

특정 예술의 풍격론으로서의 시교詩敎는 크게 다섯 가지 이론적 특징을 가지고 있다. 이 절에서는 후대의 문학 이론 및 실제와 관련하여 이러한 특징에

---

36) 이 단락은 풍격의 관점이 아니라 봉건적·윤리적 관점에서 논한 것이다. 즉 和가 아닌 中의 관점에서 설명하면 禮에 어긋남은 중화에 도달할 수 없다는 것이다.

대해 논의하고자 한다.

첫째, 문학의 현실적 의미와 사회적 기능을 매우 중시하여 정치적 교화와 윤리적 색채가 짙다는 것이다. 공영달孔穎達은 시교에 대해 "시로써 백성을 교화시킨다" · "백성을 돈후하게 하더라도 어리석음에 이르지 않는다"라고 하였으며, 「모시서毛詩序」에서는 "윗사람은 풍風으로써 아랫사람을 교화한다" · "아랫사람은 풍風으로써 윗사람을 풍자한다" · "선왕이 시로써 부부의 도를 다스리고 효도와 공경심을 이루어 인륜을 도탑게 하고 교화를 아름답게 하며 풍속을 바꾸었다"[37]라고 하였다.

우리는 이러한 설들을 통해, 시교가 정치적 교화와 윤리적 의미, 현실적 의미와 사회적 기능을 매우 강조하고 있음을 알 수 있다. 시교의 이러한 이론적 주장은 후대에 큰 호응을 받으며 발전하였고 그 영향 또한 심원하였다. 여기에서 우리는 먼저 당대唐代의 시성詩聖인 두보杜甫를 예로 들어, 시교의 이러한 이론적 특징이 후대에 어떠한 영향을 미쳤는지 그 실상에 대해 구체적으로 살펴보고자 한다.

우리는 두보의 시가 내용 면에서는 매우 풍부하고, 예술적 풍격은 "침울돈좌沈鬱頓挫"[38]하며 "푸른 바닷속 고래"(鯨魚碧海)와 "난초 위 물총새"(翡翠蘭苕)[39]의 아름다움을 겸하고 있고, 또 기상이 웅대하고 경지가 광활하여 모든 만물을 망라하고 포용한 바다나 대지와 같아서, 실로 시교나 온유돈후로 개괄할 수

---

37) 『毛詩』에 관한 논술과 시교는 그 이론의 요지가 매우 비슷한 부분이 많으므로, 이 책에서는 시교를 논할 때 「毛詩序」에 나오는 이론의 요지와 연결 지어 설명하였다.
38) *沈鬱頓挫: 두보 시의 풍격을 나타내는 말로, 시의 풍격이 심오하고 함축되어 있으며 語勢에서는 멈춤의 전환이 있는 시풍이다.
39) *푸른 바닷속 고래(鯨魚碧海)와 난초 위 물총새(翡翠蘭苕): 두보가 「戱爲六絶」에서 "간혹 물총새가 난초 위에 있는 것은 볼 수 있지만, 아직까지 푸른 바닷속에서 고래를 끌어내지는 못하였네"(或看翡翠蘭苕上, 未掣鯨魚碧海中)라며 당시의 문풍을 비판한 내용이다.

없음을 잘 알고 있다.

그러나 결국, 한 가지 점에서는 시교와 통한다. 그것은 바로 국운의 정세, 군신君臣 간의 윤리, 민생의 어려움, 친구 간의 도의道義, 인륜과 가족애 등에 지대한 관심을 가진다는 점이다. 이는 시교가 정치적 교화와 윤리를 중시하고 현실적 의의와 사회적 기능을 중요하게 생각하는 특징과 일맥상통한다. 후대에 두보와 그의 시에 대해 평론한 몇 가지 내용을 살펴보자.

호방하면서도 오직 충후忠厚할 수 있는 것은 소릉少陵(두보)이다.

'삼리三吏'·'삼별三別'40)은 악부樂府의 변조로 거의 모든 것을 토로하면서도 성정의 도타움을 해치지 않았으며, 사람을 사랑하는 뜻이 깊다.41)

(청淸) 장겸의張謙宜, 『견재시담絸齋詩談』42)

자첨子瞻(소식)은 「왕정국시집서王定國詩集敍」43)에서 "〈변풍變風은〉 정情에서 나와 예의禮義에 그쳤으니, 그치는 바가 없는 것보다는 나을 뿐이다. 그러나 정에서 나와 충효忠孝에서 그친 것으로 보면 어찌 그 시詩를 같다고 할 수 있겠는가? 고금의 시인은 많지만, 두보를 으뜸으로 치는 것은 두보가 객지살이하면서 굶주림과 추위에 시달리고 종신토록 등용되지 못하였으나, 밥 한술 뜨는 짧은 시간에도 군주를 잊지 않음 때문이 아니겠는가?"라고 하였다.

---

40) *三吏·三別: 전란의 참혹한 현실을 그린 두보의 작품으로, 삼리는 「新安吏」, 「石壕吏」, 「潼關吏」이고, 삼별은 「新婚別」, 「無家別」, 「垂老別」을 말한다.

41) 張謙宜, 『絸齋詩談』, "豪放而獨存忠厚者, 少陵是也."; "三吏, 三別乃樂府變調, 傾吐殆盡, 而不妨其厚, 愛人之意深也.

42) 이 책에 인용된 詩話는 모두 淸代의 何文煥이 편집한 『歷代詩話』, 淸代의 丁福保가 편집한 『歷代詩話續編』·『淸詩話』, 현대의 郭紹虞가 선별하여 편집한 『淸詩話續編』, 郭紹虞·王文生이 편집한 『中國歷代文論選』(4권본) 등에 보인다.

43) *「王定國詩集敍」: 宋代의 蘇軾이 神宗 元豐 6년(1083) 말에 쓴 산문으로 시인 王定國과의 우정을 서술하였다. 진지하고 명랑하며 낙천적인 왕정국의 품격을 찬양한 내용이다.

자미子美[두보]는 임금·어버이·형제·붕우·백성을 한시라도 생각하지 않은 적이 없었다.[44]

(청淸) 오교吳喬, 『위로시화圍爐詩話』

두완화杜浣花[두보]의 일거수일투족은 군주에게 충성하고 나라를 사랑하며 백성들의 시련을 슬퍼하지 않음이 없었으니, 비록 친구와 술잔을 기울이면서도 한시도 잊지 않았다.

한 권의 두보 시집은 글자마다 흰 무지개요, 소리마다 푸른 피(碧血)[45]이다.[46]

(청淸) 설설薛雪, 『일표시화一瓢詩話』

호방함과 마찬가지로 솔직함["거의 모든 것을 토로하다."] 역시 일반적으로 온유돈후와 서로 구별되고 대립하는 개념이다.[47] 그러나 장겸의張謙宜는 호방함과 솔직함이 두보 시의 충후함을 막을 수 없다고 하였다. 이러한 이유로, 장겸의는 두보 시에서 중요한 점은 "사람을 사랑하는 뜻이 깊은 것"이라고 하였다. "사람을 사랑하는 뜻이 깊다"라는 것은 지난 몇 편의 논평에서 언급한 바와 같이, 임금·어버이·붕우·나라의 혼란이 다스려짐·당시의 민생 등에 대한 두보의 깊은 애정이라고 할 수 있다. 이러한 정감을 소식蘇軾의 언어로 표현하면 "성정

---

44) 吳喬, 『圍爐詩話』, "蘇軾王定國詩集敍曰,……發乎情, 止乎禮義, 賢於無所止者而已. 若夫發乎情, 止乎忠孝, 豈可同日而語哉. 古今詩人衆矣, 而首推子美, 豈非流落饑寒, 終身不用, 而一飯未嘗忘君也歟."; "子美於君親兄弟朋友黎民, 無一刻不關其念."

45) *푸른 피(碧血): 『莊子』의 「外物」에 나오는 내용이다. 周나라 敬王의 대부였던 萇弘이 忠諫하였으나 받아들여지지 않았고, 오히려 모함으로 쫓거나 蜀에서 자결하였다. 촉 땅의 사람들이 그의 충정과 억울함을 동정하여 장사를 지내주었는데, 3년 후에 파보니 그의 피가 모두 푸른색으로 변해 있었다고 한다.

46) 薛雪, 『一瓢詩話』, "杜浣花一舉一動, 無不是忠君愛國憫時傷亂之心, 雖友朋杯酒間, 未嘗一刻忘之."; "一部杜浣花集, 字字白虹, 聲聲碧血."

47) 예를 들면 吳喬의 『圍爐詩話』에서는 "온유돈후함은 집안의 법도이며 선조의 가르침이지만, 宋詩는 대부분 솔직하여 옛사람과는 다르다"(優柔敦厚, 乃家法祖訓. 宋詩多率直, 違於前人)라고 하였다.

두보杜甫, 「석호리石壕吏 시의도詩意圖」

性情에서 나와 충효忠孝에서 그친 것"이라고 할 수 있는데, 이것은 "정情에서 나와 예의禮義에서 그친 것"보다 한층 더 나아간 것이다.

사실 두보 시에 나타난 이러한 정감은 시교의 요구에 완전히 부합한다. 장겸의는 이를 높이 평가했기 때문에, 호방함과 솔직함이 모두 두보 시의 충후함을 방해하지 못했다고 여긴 것이다. 다음은 우리에게 잘 알려진 아래의 시구 속에서, 앞서 언급했던 두보 시에 담긴 정감을 구체적으로 다시 음미해 보고자 한다.

임금을 도와 요순처럼 높여 주고,
다시 풍속을 순후하게 하려 하네.[48]

그대가 만약 재상(台輔)에 오르거든,
위태로움에 임하여 몸을 아끼지 말게.[49]

시절을 구제함에 구태여 죽음을 아낄까,

---

48) 杜甫, 「奉贈韋左丞丈二十二韻」, "致君堯舜上, 再使風俗淳."
49) 杜甫, 「奉送嚴公入朝十韻」, "公若登台輔, 臨危莫愛身."

제5장 "온유돈후溫柔敦厚", "발정지례發情止禮"    231

적막함이 장사의 마음 놀라게 하는구나.[50]


병거는 덜컹덜컹 말은 히히힝,
병사들은 저마다 활과 화살 허리에 찼네.
아버지와 처자식이 달리며 서로 전송하니,
뿌연 먼지 일어 함양교咸陽橋도 보이지 않네.
옷 부여잡고 발 구르며 길을 막고 통곡하니,
통곡 소리 위로 올라 구름을 뚫는 듯하네.
……
변방에 흘린 피가 바다를 이뤘건만,
무황武皇의 정벌 의지 꺾이지 않았네.
……
그대는 보지 못했는가? 청해성 저 호숫가,
예부터 거두는 이 하나 없는 그 백골을.
갓 죽은 귀신 괴로워 원망하고 옛 귀신은 울부짖노니,
하늘 흐리고 비 내리면 울음소리 구슬프다네.[51]


나라는 망했어도 산하는 그대로이니,
성에는 봄이 왔건만 초목만 무성하네.
때를 느껴 꽃을 보고도 눈물이 흐르고,
이별이 한스러워 새소리에도 놀란다네.
봉화가 끊이지 않고 석 달째 이어지니,
가족의 편지는 만금의 값어치네.
흰머리 긁으니 더욱 짧아져,
가지런히 하고자 하나 비녀도 이기지 못하네.[52]

---

50) 杜甫, 「歲暮」, "濟時敢愛死, 寂寞壯心驚."
51) 杜甫, 「兵車行」, "車轔轔, 馬蕭蕭, 行人弓箭各在腰. 爺孃妻子走相送, 塵埃不見咸陽橋. 牽衣頓足攔道哭, 哭聲直上干雲霄.……邊庭流血成海水, 武皇開邊意未已.……君不見, 青海頭, 古來白骨無人收. 新鬼煩冤舊鬼哭, 天陰雨濕聲啾啾."

오늘 밤 부주鄜州에 떠 있을 저 달을,

아내 홀로 방에서 보고 있으리라.

멀리 있는 안쓰러운 어린 딸자식,

장안長安의 아비는 기억도 못 하겠지!

자욱한 안개에 고운 머리카락 적시고,

백옥 같은 흰 팔은 달빛에 차갑게 빛나리라.

언제나 고요한 방 휘장에 기대어,

달빛 아래서 함께 눈물 자국 지울까?53)


한 해(窮年) 내내 백성들(黎元) 걱정에,54)

오장이 타들어 가도록 탄식하였네.

……

궁궐 뜰에서 나누어 주는 비단은,

본디 가난한 아낙네들이 내놓은 것이라네.

그 지아비와 가족을 채찍질해서,

마구 거두어들여 대궐에 바친 것이라네.

……

관료의 집에는 술과 고기 향이 넘쳐나는데,

길에는 얼어 죽은 해골이 널려 있네.55)


어찌하면 넓고 큰 집 수만 칸을 얻어,

천하의 추운 선비를 덮어 기뻐 웃게 할 거나.

비바람에 흔들리지 않는 편안한 산과 같이,

---

52) 杜甫, 「春望」, "國破山河在, 城春草木深. 感時花濺淚, 恨別鳥驚心. 烽火連三月, 家書抵萬金. 白頭搔更短, 渾欲不勝簪."

53) 杜甫, 「月夜」, "今夜鄜州月, 閨中只獨看. 遙憐小兒女, 未解憶長安. 香霧雲鬟濕, 淸輝玉臂寒. 何時倚虛幌, 雙照淚痕乾."

54) 窮年은 1년이고, 黎元은 백성을 말한다.

55) 杜甫, 「自京赴奉先縣咏懷五百字」, "窮年憂黎元, 歎息腸內熱. ……彤庭所分帛, 本自寒女出. 鞭撻其夫家, 聚斂貢城闕. ……朱門酒肉臭, 路有凍死骨."

아아, 언젠가 눈앞에 큰 집이 우뚝 나타난다면,
내 집만이 홀로 부서져 얼어 죽어도 좋으리.56)

두보의 시에서 이처럼 "임금을 위하고 신하를 위하고 백성을 위하고 만물을
위하고 만사를 위하여 지은"57) 시구는 실제로 너무 많아 일일이 다 열거할
수가 없다. 그의 유명한 현실주의 시인 '삼리三吏', '삼별三別', 「비진도悲陳陶」,
「북정北征」, 「강촌삼수羌村三首」 등은 언급할 필요도 없다.

위와 같이 손에 잡히는 대로 뽑아낸 몇 가지의 예시만 보더라도, 두보의
"일거수일투족은 임금에게 충성하고 나라를 사랑하며 백성들의 시련을 슬퍼하
지 않음이 없으며" 또한 두보의 시상당 부분의 시가 뚜렷한 정치·윤리적 색채를
띠고 있음을 확실히 알 수 있다. 이는 두보가 매우 깊이 있는 감정·뛰어난
역량·강한 예술적 표현력을 소유하고 있으면서, 그것을 다면적이고 다층적으
로 현실에 밀착하여 보여 줌으로써, "글자마다 흰 무지개요, 소리마다 푸른
피"와 같은 사람의 마음을 뒤흔드는 예술적 효과를 얻을 수 있었던 것이다.
이 때문에 중국문학사에서 전무후무한 '시사詩史'를 이루었다.

일본 학자 아오키 마사루(靑木正兒)58)는 『중국문학개설中國文學槪說』의 시교에
관한 논의59)에서 "그온유돈후 뜻을 가장 잘 체득한 뛰어난 작가는 당唐의 두보이
다"60)라고 주장하였다. 앞서 말한 바와 같이, 일반적으로 두보에게 붙는 '시성詩
聖'과 '두시杜詩'라는 장엄한 시사詩史는 시교詩敎의 범주를 완전히 초월하며 결코

---

56) 杜甫, 「茅屋爲秋風所破歌」, "安得廣廈千萬間, 大庇天下寒士俱歡顏, 風雨不動安如山. 嗚
呼何時眼前突兀見此屋, 吾廬獨破受凍死亦足."
57) *白居易, 「新樂府序」, "爲君爲臣爲民爲物爲事而作."
58) *아오키 마사루(靑木正兒, 1887~1964): 일본의 한학자로 국립 야마구치대학 교수를
지냈다.
59) 아오키 마사루의 이 논의는 앞으로 모두 거론할 예정이므로 여기서는 생략한다.
60) *靑木正兒, 『中國文學槪說』(重慶出版社, 1982).

온유돈후에 구애되지 않는다. 그러나 시가가 정치적 교화[61]와 윤리적 의미, 현실적 의미와 사회적 기능을 중시한다는 점에서 두보의 시는 확실히 시교와 일맥상통한다. 다시 말해, 위에서 논한 시교의 이론적 측면이 두보 시의 예술 활동 과정에서 잘 구현되고 충분히 발휘된 것이다. 필자는 바로 이런 의미에서 아오키 마사루의 견해에 충분한 논리와 근거가 있다고 생각한다. 이로써 우리는 시교의 첫 번째 이론적 특징과 그것이 후대에 미친 영향에 대해 분명히 알 수 있었다.

시교의 두 번째 이론적 특징은 "시언지詩言志"[62]의 전통을 계승하여 특정한 전제하에서 시가 주체의 마음과 감정을 표현하는 데 중점을 둔다는 것이다. 따라서 여기에는 주체의 '사람됨'(爲人)이 포함된다. 청대淸代의 위원魏源[63]은 『시비흥전詩比興箋』[64] 「서序」에서 다음과 같이 말하였다.

『소명문선昭明文選』[65]은 아름다운 문장만을 취하였고, 이선李善의 『문선주文選注』[66]는 오로지 물상의 명칭만을 주해註解하여 시인이 말한 뜻을 묻지 않았으니, 시교詩敎가 쇠퇴하였다. 종영鍾嶸의 『시품詩品』[67]·사공도司空圖의 『시품詩

---

(61) 시교는 '政敎' 즉 정치적 교화를 중시하지만 두보의 시는 '敎化'에 미치지는 못하였다. 그러나 첫째, 두보의 시는 창작이지 이론이 아니며, 둘째, 내용에서 '교화'의 요구에 상당 부분 부합한다.

(62) *출처: 『書經』, 「虞書·舜典」, "詩言志, 歌永言".

(63) *魏源(1794~1857): 淸代 사상가이자 사학자이다. 역사지리학에 정통했으며, 저서에 『海國圖志』, 『古微堂集』 등이 있다.

(64) *『詩比興箋』: 淸나라의 陳沆이 漢·魏·唐의 시 300편을 논한 책이다.

(65) *『昭明文選』: 南朝 梁나라의 昭明태자가 편찬한 문집으로, 30권 38류로 분류되어 있다. 先秦에서 梁代까지의 시문과 사부를 선별하여 수록하였으며, 현존하는 중국 최초의 문학 총서이다.

(66) *『文選注』: 唐代의 李善이 중국 최초의 시문집인 『文選』을 주석한 책이다.

(67) *鍾嶸의 『詩品』: 南朝 梁나라의 종영이 지은 것으로 현존하는 중국의 가장 오래된 詩評 서적이다. 漢魏 이래 오언고시를 우열에 따라 상·중·하 3품으로 나누어 평하였으며, 아울러 고시의 원류와 전승 관계를 분석하였다.

品』<sup>(68)</sup>·엄우嚴羽의『창랑시화滄浪詩話』<sup>69)</sup>는 음절과 성조에만 사로잡혀 시인이 말한 뜻을 묻지 않았으니, 이 또한 시교가 쇠퇴한 것이다.<sup>70)</sup>

위원이 보기에, "시인이 말한 뜻을 묻지 않았다"는 것은 곧 시교가 쇠퇴한 것이며, 시교는 시인이 말한 특정한 "뜻"과 밀접한 관계가 있는 것이다. 이는 곧 시교가 "시언지詩言志"라는 중국의 오랜 전통과 직결됨을 말한다. 위원의 이러한 견해에 일리가 있는가? 필자는 그렇다고 생각한다.

"시언지"에 관한 설은 일찍이 『상서尙書』, 『장자莊子』, 『순자荀子』 등 선진先秦 시기의 전적에서 보이기 시작했으며, 주쯔칭(朱自淸)은 이를 중국시론의 "개산의 강령"(開山的綱領)<sup>71)</sup>으로 여겼다. 또 원이둬(聞一多)<sup>72)</sup>는 "시언지"에서의 "지志"가 초기에는 기억·기록·회포라는 세 가지 의미를 지니다가, 한대漢代에 이르러 주로 "사람의 생각"[즉, "회포"]을 나타내게 되었다고 주장하였다.<sup>73)</sup> 한대漢代의 「모시서毛詩序」에서는 "정과 뜻은 하나이다"(情志合一)<sup>74)</sup>라는 설에 대해 다음과 같이 말하였다.

---

(68) *司空圖의 『詩品』: 『二十四詩品』으로, 唐나라의 사공도가 쓴 詩評 서적이다. 시가의 풍격을 24품으로 나누었으며 풍격의 특징을 4언 12구의 운문으로 서술하였다.

(69) *『滄浪詩話』: 南宋 말기에 嚴羽가 쓴 시론서이다. 당시 성행했던 江西派와 四靈派의 弊風을 고치고 시의 표준을 세우기 위하여 구체적인 사실을 들어 논증하였다. 宋나라 의 시풍을 전체적으로 비판하고, 盛唐의 시를 법으로 삼아야 한다고 하였다.

(70) 魏源, 『詩比興箋序』, "自昭明文選專取藻翰, 李善選注專詁名象, 不問詩人所言何志, 而詩 教一敵, 自鍾嶸, 司空圖, 嚴滄浪有詩品, 詩話之學, 專揣於音節風調, 不問詩人所言何志, 而詩教再敵."

(71) 朱自淸, 『詩言志辨』, 「序」(開明書店, 1947).

(72) *聞一多(1899~1946): 격률시를 제창한 중국의 시인이자 학자로, 저서에는 『紅燭』, 『易 林瓊枝』 등이 있다.

(73) 鄭臨川 評述, 『聞一多論古典文學』(重慶出版社, 1984), p.10.

(74) 「毛詩序」에 이러한 관념이 있을 뿐만 아니라, 당나라의 孔穎達도 "자신에게 있으면 정이 되고 정이 동하면 뜻이 되니, 정과 뜻은 하나이다"(在己爲情, 情動爲志, 情志一 也)라고 명확하게 주장한 바 있다.

시라는 것은 뜻을 표현한 것이니, 마음에 있으면 뜻이 되고, 말로 나타내면 시가 된다. 정情이 마음속에서 동하면 말에 나타난다.[75]

즉, 시는 사람의 마음속에 있는 정과 뜻[지향, 흉금, 회포]을 표현한 것이다. 다시 말해 시는 모름지기 사람의 정情과 뜻(志)을 아울러 표현해야 한다. 시교가 비록 "시언지"의 전통과 직접 관련되지는 않는다고 하더라도 다음과 같은 두 가지를 분명히 제시하고 있다. 첫째, 시교의 온유돈후는 본래 하나의 특정한 감정이며, "정지합일情志合一"의 관념으로 보면 이러한 정과 "뜻"은 서로 배치되지 않으며 조화롭게 통일된다. 둘째, 시교와 「모시서」의 관계는 매우 밀접하다. 이로써 보면 시교는 "시언지"의 전통과 내적인 관계가 있으며, 따라서 후대 사람들이 시교를 "시언지"와 서로 통한다고 여기는데, 이러한 시각도 당연히 일리가 있다고 하겠다.

시교는 교화를 강조하는데, 교화의 중요한 목적은 뭇 백성의 "사람됨"을 온유돈후하게 만드는 것이다. 이 목적을 달성하려면, 시에 담겨 있는 감정과 뜻이 반드시 온유돈후["의리義理로 절제하고, 예의禮義에서 그침"]해야 하며, 이러한 감정과 뜻을 표현하는 시인의 "사람됨"이 먼저 온유돈후해야 한다. 따라서 처음에는 시의 교화 작용과 교화를 받는 자[백성]의 "사람됨"을 중시하였고, 더 발전하여 시에 담긴 감정과 뜻 그리고 시인의 "사람됨"까지 중시하게 된 것이다. 이와 같은 점은 시교에 내포된 합리적인 논리라고 할 수 있다.

시에서 교화 작용을 중시하고 "백성"의 "사람됨"을 중시하는 문제에 관해서는, 이미 『예기禮記』「경해經解」와 「모시서毛詩序」의 시교에 관한 공영달孔穎達의 주해註解에서 여러 차례 논하였으므로 더 언급하지 않겠다. 여기에서는 후대 사람들이 어떻게 시교의 정신을 살려 시를 평가하고, 시인의 "사람됨"에서

75) 『詩經』, 「毛詩序」, "詩者, 志之所之也, 在心爲志, 發言爲詩. 情動於中而形於言."

요구한 것은 무엇이었는지 구체적으로 살펴보고자 한다. 먼저 시에 관한 몇 편의 논평을 보자.

『시경』국풍國風은 색을 좋아하고, 『시경』소아小雅는 원망하고 비난하였으니, 정情에서 나왔다. 그러나 음란하지도 않고 어지럽지 않아 예의에서 그쳤으니, 성性이다.[76]

(청淸) 오교吳喬, 『위로시화圍爐詩話』

소릉少陵(두보)은 「신혼별新婚別」에서 "출정하는 군사에게 딸을 시집보내느니 차라리 길가에 버리겠다"라고 하였으니, 이는 원망함에 가깝다. 그러나 "이제 임은 전쟁터로 가시니"라는 구절부터는 점차 전환하여 전쟁에 힘쓰기를 당부하였으니, 정에서 나와 예의에서 그친 것이다.[77]

(청淸) 심덕잠沈德潛, 『설시수어說詩晬語』

그 말류末流가 심한 것은 시끄럽게 떠들어 대면서 충후忠厚한 풍에서 완전히 어긋났으니, 거의 책망하고 꾸짖는 것을 시라고 여겼다. 시가 이 지경에 이르게 된 것은 위태로움이며 불행이라고 할 수 있다.[78]

(송宋) 엄우嚴羽, 『창랑시화滄浪詩話』, 「시변詩辨」

"온유돈후는 『시경』의 가르침이다." 이것은 『시경』 300편을 바탕으로 천고의 시를 짓는 사람의 심법心法을 극진하게 설명한 말이다. 무릇 각박하고 인색한 사람은 결코 시를 지을 수 없다.…… 가슴속에 여유가 있고 마음에 베푸는 정이 있고, 눈앞에 보이는 풍경이 모두 고아古雅하고 생생하고 부드러우며 가

---

76) 吳喬, 『圍爐詩話』, "國風好色, 小雅怨誹, 發乎情也. 不淫不亂, 止乎禮義, 性也."
77) 沈德潛, 『說詩晬語』, "少陵新婚別云, 嫁女與征夫, 不如棄路旁, 近於怨矣. 而君今往死地以下, 層層轉換, 勉以努力戎行, 發乎情止乎禮義也."
78) 嚴羽, 『滄浪詩話』, 「詩辨」, "其末流甚者, 叫噪怒張, 殊乖忠厚之風, 殆以罵詈爲詩. 詩而至此, 可謂一危也, 可謂不幸也."

습속에 품은 뜻이 모두 온화하고 자애롭지 않다면 어떻게 좋은 시를 지을 수 있겠는가?[79]

(청淸) 하소기何紹基,<br>「제풍로천소상책논시題馮魯川小像冊論詩」

시를 지을 때는 먼저 토대가 필요한데 마음(胸襟)이 바로 그 토대이다. 마음이 있어야 그 성정性情과 지혜를 실을 수 있으니, 만남에 따라 생겨나고 생겨남에 따라 성해진다.

유공권柳公權은 "마음이 바르면 붓도 바르다"(心正則筆正)라고 하였다. 마음이 바르다면 바르지 않을 것이 없으니, 시를 배우는 자는 이것이 더욱 절실하다는 것을 알아야 한다. 시는 성정을 말함으로써 감정이 발현하여 지극함이 되니, 만약 마음이 바르지 않다면 어찌 심사숙고하며 좋은 시구를 찾을 수 있겠는가?[80]

•당唐 유공권柳公權, 「현비탑비玄秘塔碑」

(청淸) 설설薛雪, 『일표시화一瓢詩話』

후대의 시론 중에 이와 비슷한 표현들은 수없이 많다. 시를 논평하는 사람들은 그들의 논평에서 항상 '온유돈후溫柔敦厚'와 '발정지례發情止禮'로써 시를 평가하는 중요한 기준으로 삼았으며, 시인의 주관적 성정을 수양하기 위해 꼭 필요한 가치로 여겼다. 위에서 말한 바와 같이, 시교의 첫 번째 이론적 특징은 바로

---

79) 何紹基, 「題馮魯川小像冊論詩」, "溫柔敦厚, 詩教也. 此語將三百篇根氏說明, 將千古做詩人用心之法道盡, 凡刻薄各嗇冊種人, 必不會做詩.……非胸中有餘地, 腕下有餘情, 看得眼前景物都是古茂和藹, 體量胸中意思全是愷悌慈祥, 如何能有好詩做出來."

80) 薛雪, 『一瓢詩話』, "作詩必先有詩之基, 胸襟是也. 有胸襟然後能載其性情智慧, 隨遇發生, 隨生卽盛."; "柳公權云, 心正則筆正. 要知心正則無不正, 學詩者尤爲吃緊. 蓋詩以道性情, 感發所至, 心若不正, 豈可含毫覓句."

시가 정치적 교화와 윤리적 의미·현실 사회적 기능을 중시한다는 것이었다.

여기서는 이러한 특징으로 인해 시교가 시인의 성정과 마음의 표현을 완전히 부정하는 쪽으로는 이어지지 않았다는 점을 지적하고자 한다.[예를 들어 후대에 나타난 "작문해도作文害道"81)와 같은 의미나 경향이 전혀 없다.] 바로 이로써 시교는 "시언지"의 전통과 결합하여 주체에 대한 성정과 마음의 표현을 긍정하고, 더 나아가 주체의 "사람됨"을 명확하고 구체적으로 요구한다는 것을 알 수 있다. 다만 이러한 긍정과 요구는 상당 부분 유가의 윤리와 도덕["예의禮義"와 같은]의 강한 제약을 받아 뚜렷하게 각인된 것이다.

시교의 세 번째 이론적 특징은 완곡하면서도 함축되어 있어, 말 너머에 숨은 뜻이 있고 운치가 매우 깊다는 것이다. 사람마다 그 마음과 성정은 본래 각양각색이므로, 시에 표현된 성정 역시 으레 다양하다. 그러나 「모시서」에서는 시를 논함에 있어 칭송[찬미(美)]과 비판[풍자(刺)]이라는 양극단에 치중하였고, 그중에서도 풍자의 시를 위주로 하였다.

「모시서」에서 "아랫사람은 풍風으로써 윗사람을 풍자한다. 문장을 위주로 하여 완곡하게 돌려서 간하니 이것을 말하는 자는 죄가 되지 않고, 이것을 듣는 자는 경계로 삼을 수 있다"82)라고 하였는데, "문장을 위주로 한다"는 것은 문사文辭의 운용을 중시한 것이고, "완곡하게 돌려서 간한다"는 것은 은근한 말로 간언하며 직언하지 않는 것이다. 즉, 시를 지어 아랫사람[신하]이 윗사람[군주]을 비판하고 간언할 때는 그 진의眞義를 직언으로 하지 않고 반드시 감화력이 풍부하면서도 완곡한 언사로 표현해야 한다는 것이다.[문장을 위주로 한다.] 이렇게 하면 아랫사람은 자기의 소임을 다하여 의견을 전달할 수 있을 뿐만 아니

---

81) *作文害道: 程頤가 주장한 것으로, 송나라 도학자들의 문학에 관한 인식 중 하나이다. 글을 짓는 일이 도를 해치는 일이 된다는 의미로, 그들은 글을 짓는 일이 사물을 즐기다가 근본 뜻을 잃어버리는 玩物喪志가 될 수 있다고 여겼다.

82) 『詩經』, 「毛詩序」, "下以風刺上. 主文而譎諫, 言之者無罪, 聞之者足以戒."

라, 윗사람에게 죄를 얻지 않게 된다. 윗사람 또한 간언을 받아들여 부족함을 경계하기 쉬울 뿐만 아니라 체면이 손상되지 않아서, 간언한 자에게 거꾸로 위해를 입히지 않는다.

후대 사람들은 「모시서」의 "풍風으로써 풍자한다"라는 설을 늘 시교와 연관시켰는데, 시교를 해석한 공영달을 예로 들 수 있다. "풍으로써 풍자한다"라는 설은 주로 봉건정치와 인륜 관계에서 비롯되었다. 그렇지만 여기에서 출발하여 제기된 "문장을 위주로 하여 완곡하게 돌려서 간한다"는 말은 시의 예술적 표현에서 의미하는 바가 매우 크다. 구체적으로, 그것은 중국시에서 "함축"이라는 예술적 표현 방법[예술 풍격을 겸함]의 형성과 발전에 중대한 영향을 끼친 것이다. 이에 대한 구체적인 논의를 위해, 다음의 시화詩話를 먼저 살펴보자.

풍자하는 시는 더욱 함축되어야 하니, 날카로움을 드러내는 것은 시인의 돈후한 가르침이 아니다. 예를 들어 원元나라 사람[진부陳孚]이 쓴 「박랑사博浪沙」에서 "어찌하여 12금인金人 외에 아직도 민간에는 녹이지 않은 철기鐵器가 남아 있는가?"라고 하였다.…… 이는 재치는 있으나 깊이가 부족한 표현이다. …… 의산義山[이상은83)]은 「한궁사漢宮詞」에서 한무제漢武帝를 풍자하여 "측근 중에 사마상여司馬相如는 소갈증이 매우 심하였거늘, 금경金莖의 이슬 한 잔도 하사하지 않았네"84)라고 하였다. 이는 뜻과 상관없는 빼어난 말이다. 허정묘許丁卯85)는 「학선이수學仙二首」에서 "삼산三山에 신선이 산다고 들었거늘 사는

---

83) *義山(812~858): 晩唐의 시인 李商隱으로, 자가 義山이다. 詩風이 정밀하고 화려하며, 宋代 초기 華美한 西崑體詩의 기본이 되었다. 주요 저서에는 『李義山詩集』, 『樊南文集』 등이 있다.

84) *司馬相如(B.C.179~B.C.118)는 한나라의 저명한 문장가로 漢武帝 때 벼슬하였는데, 심한 消渴症을 앓았다. 金莖은 한무제가 세웠던 承露盤의 銅柱이다. 무제가 일찍이 신선을 사모한 나머지, 建章宮에 銅으로 仙人掌을 만들어 세워서 승로반을 받쳐 들고 이슬을 받게 하여 그 이슬을 옥가루에 타서 마셨다는 고사에서 유래한다.

85) *許丁卯(791~858): 唐나라의 시인으로 이름은 許渾이다. 성년이 되어 京口 丁卯澗으로 이사하여 許丁卯라 불렸다. 비분강개하는 정열을 회고의 시로 표현하였으며, 저서

곳을 알지 못한 채, 무릉茂陵에는 송백松栢과 가을바람만 가득하네"라고 하였다. 이는 뛰어나면서도 바름을 해치지 않았으니 우매함을 일깨우기에 충분하다. 또한 「도경진시황묘途經秦始皇墓」에서는 "푸른 산 가을 풀에 덮여 있는 것은 같지만, 행인들은 한문제漢文帝의 무덤에만 절을 하네"라고 하였다. 이는 삼엄하면서도 자취를 드러내지 않았다.[86)]

(청淸) 반덕여潘德與[87)], 『양일재시화養一齋詩話』

위의 시화에서는 네 연聯의 시구를 언급하였는데, 이상은李商隱의[샘의 시를 오해한 것[자세한 내용은 아래에 보인다.] 외에 나머지 시에 대한 분석은 모두 일리가 있다. 『사기史記』「진시황본기秦始皇本紀」에 따르면, 진시황은 일찍이 "천하의 병기를 거두어 함양에 모아서 녹여 편경(鐘鐻)과 12개의 금인金人을 만들었는데 그 무게는 각각 천석千石으로 이것을 궁정宮廷에 두었다."[88)] 삼 년 후 "시황제가 동쪽을 유람하다 양무陽武의 박랑사博浪沙에 이르렀는데, 도적에게 놀라는 일이 있었다."[89)] 원元나라의 진부陳孚는 「박랑사博浪沙」에서 다음과 같이 진시황을 풍자하였다. 진시황이 이미 천하의 병기를 모두 거두었고 12금인金人[동인銅人]을 주조하였는데, 어떻게 금속 병기[철퇴]를 든 도적에게 공격당할 수 있었겠는가? 민간에 아직도 녹이지 않은 철기가 남아 있는 것으로 보아, "천하의 병기를 모두 거두려던" 진시황의 계획은 불가능했으며 실패했음을 알 수 있다.

---

에는 시집인 『丁卯集』이 있다.

86) 潘德與, 『養一齋詩話』, "凡作譏諷詩, 尤要蘊藉, 發露尖穎, 皆非詩人敦厚之教. 如元人博浪沙云, 如何十二金人外, 猶有民間鐵未銷.……機警有餘, 深厚不足.……義山譏漢武云, 侍臣最有相如渴, 不賜金莖露一杯. 意無關系, 聰明語耳. 許丁卯則云, 聞有三山未知處, 茂陵松栢滿西風. 雋不傷雅, 又足喚醒痴愚. 始皇墓云, 一種青山秋草里, 路人唯拜漢文陵. 亦森竦而無發露痕也."

87) *潘德與(1785~1839): 淸代의 학자로, 저서에는 『養一齋集』, 『春秋綱領』, 『四書義試帖』 등이 있다.

88) 『史記』, 「秦始皇本紀」, "收天下兵聚之威陽, 銷以爲鍾鐻, 金人十二, 重各千石, 置廷宮中."

89) 『史記』, 「秦始皇本紀」, "始皇東遊. 至陽武博浪沙中, 爲盜所惊."

이 시구詩句는 진시황의 행적으로 그의 터무니없음을 풍자하였기 때문에 물론 재치는 있다. 그러나 숨은 뜻을 노골적으로 남김없이 드러냈으며, 어투가 매우 날카로워 마치 진시황의 코앞에 대고 직접 따지는 것 같다. 이를 시교의 관점에서 보면 분명 인륜의 예와 돈후한 뜻에 어긋나며, 감상자의 시각에서 보더라도 여운이 많지는 않다.

당나라 허혼許渾허정묘의 두 연聯의 시는 이와 다르다. 『사기史記』「효무본기孝武本紀」에 따르면, 한무제는 방사方士를 독실하게 믿어 수차례 사람을 보내기도 하고, 직접 동해로 가서 전설 속의 봉래蓬來와 같은 바닷가 신산神山을 찾아 장생을 기원하고자 하였다. 한무제를 풍자한 허혼의 시에서 앞 구句는 신선을 찾는 일을, 다음 구句는 무덤의 풍경을 묘사하였다. 한무제의 결말을 가지고 그가 행한 일을 풍자하였는데, 그 의도 역시 매우 재치 있어 "뛰어나다"(雋)고 하였다.

그러나 그가 구사한 시어에는 눈여겨볼 만한 점이 더 있다. 앞 구에서 무제가 신선을 찾는 일을 묘사할 때, 그의 행동에 대해서는 한마디도 언급하지 않고, 다만 "삼산에 신선이 산다고 들었거늘 사는 곳을 알지 못한 채"라는 종잡을 수 없는 표현으로 가볍게 넘어갔다. 그리고 다음 구에서는 순전히 경치만을 묘사하여, 가을바람이 가득하고 송백이 푸르른데 무제의 무릉茂陵은 일대의 서풍과 송백 속에 고요히 잠들어 있다고 하였다. 질책이나 따져 물음, 심지어는 비판하거나 의견을 제시하는 어떤 말도 없다.

단지 앞 구는 어렴풋하게 주제와 동떨어지는 듯하면서도 은근히 주제와 부합하는 특이하고 완곡한 말뿐이며, 다음 구에는 외롭고 쓸쓸해 보이는 숲속의 풍경만이 선명하게 그려져 있을 뿐이다. 그러나 "삼산에 신선이 산다고 들었거늘"이라는 구절은 끊임없이 신선을 믿고 찾았던 한무제의 지난 일을 우리의 머릿속 깊은 곳으로부터 계속 떠오르게 하지 않는가? 그리고 "무릉茂陵이 서풍과 송백 속에 잠들어 있다"라는 구절에서는 변함없는 인생의 귀착점에는 제왕도 예외일 수 없음을 명확하게 밝히고 있다.

이 두 구의 결합에서 무제의 황당무계한 행동과 그를 비판하고자 한 저자[허흔]의 뜻을 직접 말하지 않았다고 하더라도 확실히 알 수 있다. 이 두 구의 시를 시교의 관점에서 보면, 확실히 "완곡하게 돌려서 간하면서" 동시에 "문장을 위주로 하였기" 때문에, 반덕여潘德與는 이에 대해 뛰어나면서도 아정雅正으로 귀결되니 우매함을 일깨우기에 충분하다고 하였다. 감상자의 시각에서 평가해 보더라도, 확실히 정감과 풍경이 모두 풍부하여 오래도록 완상玩賞해도 여운이 남는 좋은 구절이다.

반덕여가 거론한 허혼의 두 번째 시에서는 작자[및 "행인"]의 한문제漢文帝에 대한 찬양과 진시황에 대한 비판이 함축적이면서도 명확하게 표현되어 있다. 이것은 "삼산에 신선이 산다고 들었거늘"이라는 시구와 함께 '동공이곡同工異曲'[90]의 훌륭함을 지녔기에, "삼엄하면서도 자취를 드러내지 않았다"라고 평하였으니 그중 좋은 것은 독자 스스로 음미해 보길 바란다.

시교에서 출발하여, 풍자의 시에서는 완곡하며 함축이 있어야 한다고 여겨졌다. 이는 고대의 많은 시인과 시론가에 의해 공감대를 형성하여 중국시가의 하나의 특징 혹은 전통으로 자리 잡았으며, 이러한 특징은 다른 유형의 시 창작과 평가에도 영향을 주었다. 심덕잠沈德潛은 『설시수어說詩晬語』에서 다음과 같이 평론하였다.

「척호陟岵」는 효자가 가족을 그리워하는 내용이다. 세 단락에 걸쳐, 아버지·어머니·형이 자신을 염려함을 묘사할 뿐, 자신이 가족을 그리워하는 마음은

---

90) *同工異曲: 곡은 달라도 훌륭한 솜씨는 똑같다는 뜻으로, 서로 다른 사람의 문장이나 언변 등이 똑같이 훌륭함을 말한다.

말하지 않았다. 말로 표현할 수 있는 정은 오히려 깊이가 얕은 법이다. 너무 깊은 정은 말로 형용할 수 없다.[91]

「척호」는 『시경』 위풍魏風의 하나로, 부역에 동원된 사람이 머나먼 전장에서 부모와 형을 그리워하는 내용이다. 심덕잠은 이 시를 효자가 가족을 그리워하는 시로 보아도 좋다고 여겼는데, 이는 그가 항상 시교[효·우애 등의 윤리 강죄의 관점에서 시를 대하고 있음을 보여 준다.[심덕잠이 시를 논한 요지要旨는 온유돈후이다.]

심덕잠이 이 시의 예술적 표현 방법을 극찬한 데에는 일리가 있다. 이 시는 전장에서 부역하는 이가 가족을 그리워하는 마음을 표현하면서도, 그 그리운 마음을 결코 표면적으로 드러내지 않았다. 다만 가족이 그를 그리워하고 있음을 묘사하였는데, 이것이 바로 첫 번째 곡절曲折이다. 더욱이 그에 대한 가족들의 그리움은 결국 그의 상상을 통해 표현된다. 이는 그가 가족을 그리워하는 상황에서 스스로 상상력을 동원하여 그의 머릿속에 떠올린 것인데, 이로써 곡절과 완곡이 배가되었다. 이 두 차례의 곡절을 거치며 가족을 그리워하는 이의 마음이 더욱 심도 있게 표현되었는데, 이 때문에 더욱 진지하고 의미심장하게 느껴진다.[92]

---

91) 沈德潛, 『說詩晬語』, "陟岵孝子之思親也. 三段中但念父母兄之思己, 而不言己之思父母與兄. 蓋一說出, 情便淺也. 情到極深, 每說不出."

92) 「척호」는 전장에서 부역하는 이가 아버지·어머니·형을 그리워하는 내용을 세 절로 나누어 각각 표현하였다. 이 세 절은 몇몇 글자에 변화가 있는 것을 제외하면, 기본적인 구조와 글귀가 거의 같다. 여기에 제1절을 제시하고 趙浩如 선생의 번역(『詩經選譯』, 上海古籍出版社, 1980)을 첨부하였으니 독자들은 참고하길 바란다.

陟彼岵兮, 瞻望父兮.　　거친 풀 무성한 구릉에 올라, 오래전 헤어진 아버지의 모습 멀리 바라보네.
父曰: "嗟!　　아버지께서 말씀하시네. "아!
予子行役, 夙夜無已.　　내 아들 외지에서 힘들게 부역하며, 밤낮으로 편치 않겠구나.
上慎旃哉! 猶來無止!"　　아들아, 부디 몸조심해라. 그리고 오래 지체하지 말고 어서 돌아오렴!"

「척호」를 지은 시기는 당연히 시교보다 먼저이며, 완곡하고 함축적인 표현법은 옛날부터 있던 것이다. 여기서 주목할 점은, 이 시에 대한 심덕잠의 평가가 순수하게 시교에 입각하여 그 인식을 드러내고 있다는 것이다. 이는 시교의 정신[예술적 감정의 순수하고 깊은 것을 추구하는 것]이 고대예술의 표현 방법을 이론적으로 밝혀 충실하게 발휘할 수 있게 하는 데에 도움을 준다는 것을 말한다. 요컨대, 시교에서 출발하여 시의 예술적 표현에 있어 완곡하면서도 함축성을 중시함으로써, 말 너머에 숨은 뜻이 있으며 깊은 정취를 지닌 예술적 효과를 얻고자 한 것이다. 이것은 이미 고대의 많은 시인과 시론가에게 만연해 있는 풍조였다. 예를 들면 다음과 같다.

> 은미하지도 완곡하지도 않으며 감정을 솔직하게 표현한 것은 시라고 할 수 없다. 딱 보면 다 보여서 말 너머에 다하지 못한 뜻이 없는 것은 시라고 할 수 없다.

> 옛사람의 시는 말 너머에 숨은 뜻이 있으므로 여유롭고 함축된 맛이 있으니, 이른바 온후화평溫厚和平이다.[93]
>
> (청淸) 전동지田同之, 『서포시설西圃詩說』

> 종종 시인의 뜻이 함축되어 있어서 바로 드러나지 않고 말 밖에 많은 뜻이 숨어 있는데, 「석인碩人」[94]을 읽어 보면 그러함을 알 수 있다.…… 완곡하고 진지하여 풍취가 풍부하면서도 함축된 맛이 있다.[95]
>
> (청淸) 전문田雯, 『고환당집古歡堂集』, 「잡저雜著」, 권3

---

93) 田同之, 『西圃詩說』, "不微不婉, 徑情直發, 不可爲詩. 一覽而盡, 言外無餘, 不可爲詩.";
"古人詩意在言外, 故從容不迫, 蘊蓄有味, 所謂溫厚和平也."
94) 「碩人」은 『詩經』 衛風에 있는 시이다.
95) 田雯, 『古歡堂集』, 雜著, 卷三, "風人之旨, 往往含蓄不露, 意在言外, 讀碩人篇, 大槪可睹矣.……婉摯多風, 蘊藉有味."

"온유돈후는 『시경』의 가르침이다."…… 시는 글자 너머에 묘미가 있어야 하고, 소리 너머에 운치가 있어야 하며, 제목 너머에 의미가 있어야 한다. 또 강상綱常을 받들어야 하며 명분과 도리를 내포해야 한다.[96]

(청淸) 하소기何紹基, 『제풍로천소상책題馮魯川小像冊』, 「논시論詩」

이상의 인용문을 통해 완곡함과 함축성이 바로 시교의 두드러진 이론적 특징임을 알 수 있었다.

시교의 네 번째 이론적 특징은 비흥比興을 빌려 표현하는 것이다. 청나라 초순焦循[97]은 『모시보소毛詩補疏』 「서序」에서 "시에서 온유돈후한 것은 직설적으로 말하지 않고 비흥으로 표현한다"[98]라고 하였다. 이는 시에서 온유돈후한 정신을 구현하려면 반드시 비흥을 빌려야 한다는 말이다. 그렇다면 비흥이란 무엇인가? 비흥은 중국시에서 매우 중시되는 두 가지 예술적 표현 방법으로, 『시경詩經』과 초사楚辭 이래로 줄곧 널리 사용되었으나, 대체 무엇을 비흥이라고 하는지 예나 지금이나 의견이 분분하다. 여러 사람의 설을 종합하면 그 뜻은 대략 다음과 같다.

비比는 바로 오늘날의 비유법인 명유明喩 · 은유隱喩 · 차유借喩 등과 같은 것이다.[99] 흥興에 내포된 의미는 비교적 복잡하다. 첫째, 시에서는 의탁寄托하여 표현해야 함을 강조한다. 정현鄭玄은 흥興이란 사물에 의탁하여 감흥을 불러일으키는 것이라고 하였는데, 사물에 의탁하려면 반드시 의탁하는 대상사라나 감정이 있어야 한다. 둘째, 시의 의도를 직접 말하지 않고 그것을 사물에 의탁하

---

96) 何紹基, 『題馮魯川小像冊』, 「論詩」, "溫柔敦厚, 詩教也.……詩要有字外味, 有聲外韻, 有題外意, 又要扶持綱常, 涵抱名理."
97) *焦循(1763~1820): 淸나라의 경학자이자 戲曲 이론가이다. 經史와 戲曲에 정통했고, 특히 『周易』에 조예가 깊었다. 저서로 『易章句』, 『孟子正義』 등이 있다.
98) 焦循의 이 문장은 淸代 皮錫瑞의 『經學通論』에서 인용하였다.
99) 鄭玄 注, 『周禮』, 「大師」, "比者, 比方於物."

는 것으로, 즉 사물로써 우의寓意하고 사물에 의탁하여 비유한다.100) 이렇게 보면 흥은 비유에 가깝다. 셋째, 사물에 깃들어 있는 사리事理와 감정이 매우 심오하고 완곡하며 은미하다.101) 넷째, 흥은 시의 처음을 일으키는 독특한 방식이다.102) 다섯째, 끝없는 여운을 주는 결말이기도 하다.103)

분명히, 비흥이 가지고 있는 이러한 특징들은 시교의 정신을 전달하는 데에 매우 적합하다. 예를 들어, 위에서 우리는 시교가 정치적 교화·윤리적 의의와 현실적 의의를 중시한다는 것을 살펴보았다. 이처럼 시교는 예의와 인륜에 부합하는 충실한 내용을 요구하지만, 정치적·예술적 차원을 고려할 때 이러한 내용을 직접 표현하기보다는 완곡하게 돌려서 말해야 한다. 이때, 비흥의 방법을 써서 표현한다면 더할 나위 없이 좋다. 예를 들어 청대 이중화李重華104)는 다음과 같이 말하였다.

> 세상의 수많은 정 가운데 남녀의 정보다 깊은 것은 없다. 이 때문에 군신과 친구 사이에서 직언을 용납하지 않을 때 대부분 남녀를 빌려 표현하는데, 국풍國風과 「이소離騷」가 대표적이다.105)

이는 실로 남녀의 애틋한 사랑을 빌려, 향초와 미인을 군신 관계에 비유하고 친구 사이의 정을 의탁하는 것이다. 이로써 "직언을 용납하지 않으면서도" 마땅히 혹은 반드시 말해야 하는 뜻을 전달할 수 있을 뿐만 아니라, 훌륭한완곡

---

100) 劉勰, 『文心雕龍』, 「比興」, "興之托諭, 婉而成章."
101) 劉勰, 『文心雕龍』, 「比興」, "比顯而興隱."
102) 劉勰, 『文心雕龍』, 「比興」, "興者, 起也."
103) 鍾嶸, 『詩品』, "文已盡而意有餘, 興也."
104) *李重華(1682~1755): 淸代의 시인이다. 저서에는 『貞一齋詩說』, 『詩話』 등이 있다.
105) 李重華, 『貞一齋詩說』, "天地間情莫深於男女, 以故君臣朋友, 不容直致者, 多半借男女言之. 風與騷, 其大較已."

하고 진지하면서도 풍취가 풍부핸 예술적 효과도 얻을 수 있다. 이렇게 비흥의 기법은 『시경詩經』과 초사楚辭에서 시작되어 중국시가의 훌륭한 전통이 되었다. 이러한 전통은 분명 시교의 정신과 매우 잘 부합한다.

또 다른 예로, 우리는 위에서 시교가 한편으로는 시로써 백성을 교화해야 함을 강조하면서도, 다른 한편으로는 시인의 감정과 의지를 잘 표현하는 것도 중요시한다는 사실을 알 수 있었다. 그러나 백성을 교화한다는 것은 결코 시로써 도리를 따지는 것이 아니라, 깊고 두터우며 독실한돈후핸 시의 정감으로 사람을 감화시키는 것이다. 이처럼 시인이 표현하려는 감정은 반드시 깊고 두터워야 하며, 이러한 감정은 풍부한 예술적 감화력으로 표현되어야 한다. 이렇게 되면, 사물에 의탁하여 완곡하고 깊은 뜻을 은유적으로 표현할 수 있다. 따라서 끝없는 여운과 함께 오래도록 음미할 수 있는 비흥의 기법이야말로, 빌리기에 충분한 가치가 있다고 할 수 있겠다. 그래서 선인先人들은 종종 다음과 같이 말하였다.

> 시가 온유돈후하다는 것은 직설적으로 말하지 않고 비흥으로 표현한다는 것이다. 이치를 말하지 않고 감정을 표현하며, 남을 설복시키려 하지 않고 그들을 감동시킨다.[106)

일은 분명하게 설명하기 어렵고 이치는 말로 다 표현하기 어려우니, 항상 비슷한 사물에 의탁하여 그것을 형용한다. 답답한 감정을 펼치고자 천기가 접촉하는 것을 따르니, 매번 사물을 빌려 마음을 담아서 그것을 표현해야 한다. 비흥을 빌려서 표현하고 노래와 탄식을 반복하여 마음속의 즐거움과 괴로움을 넌지시 전하고자 한다면 그 말은 얕더라도 그 정감은 깊을 것이다. 만약

---

106) 焦循, 『毛詩補疏』, 「序」, "夫詩溫柔敦厚者也, 不質直言之, 而比興言之. 不言理而言情, 不務勝人而務感人."

직설적으로 표현한다면 결코 함축된 깊은 뜻을 드러낼 수 없으며, 무정한 말
로는 사람의 마음을 감동시키기 어렵다.[107]

이 두 단락은 시교의 교화 목적을 실현하려면 감정에 기대어 사람을 감동시
켜야 하며, 깊고 왕성한 감정을 잘 표현하기 위해서는 항상 구체적이고 형상화
된 사물·경물景物, 혹은 비유하는 것비슷한 사물에 의탁에 의탁해야 함을 분명히
보여 준다. 그러므로 시교는 "사물에 비유함"과 "사물에 의탁하여 감흥을 불러
일으킴"을 주요 특징으로 하는 비흥의 두 가지 법칙을 특히 중시하게 되었다.
결국, 시교가 강조하고 있는 것은 시에 나타난 감정과 그 표현은 반드시
부드럽고 온화해야 하며, 격동적이거나 급박해서는 안 된다는 것이다. 만약
비흥의 두 가지 법칙으로 완곡하게 사물에 의탁하여 감정을 전달한다면, 직설적
으로 감정을 표현하는 것보다특히 비판적인 감정을 직설적으로 표현함 조금 더 부드럽
게 완화하여 전달할 수 있다. 그래서 위원魏源은 "감정을 격하게 표현해서는
안 되며 비유로써 전달해야 한다"[108]고 하였다. 결론적으로 여러 각도로 볼
때 시교는 예술의 표현 방법에 있어 비흥에 크게 의존하고 있으며, 비흥과
시교는 매우 깊은 내적 연관성을 가지고 있다고 하겠다.[109]
다음은 고대 시인들이 임금을 풍자할 때, 비흥의 방법으로 "문장을 위주로
하여 완곡하게 간한다"라는 정치적 교화와 예술의 목적을 어떻게 이루었는지
시 한 수를 예로 들어 간략히 분석하고자 한다. 이 시는 앞서 비평가에 의해

---

107) 沈德潛, 『說詩晬語』, "事難顯陳, 理難言罄, 每托物連類以形之, 鬱情欲舒, 天機適觸, 每
借物引懷以抒之, 比興互陳, 反復唱歎, 而中藏之歡愉慘戚, 隱躍欲傳, 其言淺, 其情深也.
倘質直敷陳, 絶無蘊蓄, 以無情之語而欲動人之情, 難矣."
108) 魏源, 『詩比興箋』, 「序」, "情不可以激也, 則有譬而喻焉."
109) 朱自淸이 쓴 『詩言志辨』의 다음과 같은 문장은 참고할 만하다. "시교가 비록 공자의
말을 빌렸지만, 『毛詩』「大序」의 의미를 차용한 듯하다. 그것은 비흥과 매우 밀접한
관련이 있다."

제기되었던 것으로, 그들이 "뜻과 상관없는 빼어난 말"이라 평했던 이상은李商隱
의 「한궁사漢宮詞」이다. 전문全文은 다음과 같다.

청작青雀이 서쪽으로 날아가 끝내 돌아오지 않으니,
군왕은 오래도록 집령대集靈臺에서 기다렸다네.
측근 중에 사마상여司馬相如는 소갈증이 매우 심했거늘,
금경金莖의 이슬 한 잔도 하사하지 않았네.[110]

「한궁사」는 한무제漢武帝의 이야기이다. 청작은 서왕모西王母가 신조神鳥로
삼은 전설 속의 파랑새이다. 집령대集靈臺는 집령궁集靈宮, 집선궁集仙宮과 같이
무제가 신선을 구하기 위해 지은 건축물을 말한다. 상여相如는 전한 때 부賦로
이름을 떨친 사마상여司馬相如이며 갈渴은 소갈병으로 오늘날의 당뇨병을 말하
는데, 『한서漢書』에 따르면 사마상여는 "항상 소갈병이 있었다"[111]고 하였다.
금경金莖의 이슬이란 무제가 장안長安에 장궁章宮을 짓기 전에, 신명대神明臺를
만들고 거기에 구리로 주조한 신선의 손에 쟁반을 받쳐 모은 이슬이다. 무제는
이것을 옥가루와 함께 마셔 장생을 바랐다. 이 시에 대하여 기윤紀昀[112]은 "글자
마다 곡절과 전환이 있어 놀라움을 금할 수 없으니, 깊이와 완곡함을 자아낸
다"[113]라고 평하였다.[114]

한편 현대 학자 저우전푸(周振甫)는 다음과 같이 논평하고 구체적으로 분석

---

110) 李商隱, 『漢宮詞』, "青雀西飛竟未回, 君王長在集靈台. 侍臣最有相如渴, 不賜金莖露一杯."
111) 『漢書』, "常有消渴病."
112) *紀昀(1724~1805): 淸代의 정치가이자 문학가이다. 『四庫全書』를 편찬하였으며, 저서
　　로 『閱微草堂筆記』 등이 있다.
113) *紀昀, 『玉溪生詩說』, "筆筆折轉, 惊動非常, 而出之以深婉."
114) 紀昀의 평론·周振甫의 분석 및 아래 인용한 何焯의 평론·程夢星의 주해는 모두 周
　　振甫 選注, 『李商隱選集』(上海古籍出版社, 1986), p.128에서 인용하였다.

하였다.

신선을 기다리는 누대를 지었는데 청작靑雀이 오지 않았다는 것은 신선이 오
지도 않는데 군왕이 공연히 누대에서 기다린다는 것이다. 신선의 손으로 쟁
반을 받쳐 이슬을 받아 장생을 구하면서도 어째서 사마상여에게는 이슬을 주
어 소갈병을 치료해 주지 않았는가? 병도 고치지 못하면서 하물며 장생을 얻
을 수 있겠는가? 이러한 의도는 함축되어 있어서 드러나지 않는다. 청작이
돌아오지 않았다는 것은 신선을 구하지만 오지 않았다는 의미이고, 오래도록
누대에 있었다는 것은 헛수고라는 뜻이며, 뒤의 두 구句는 병을 고칠 수 없음
을 말한다. 그래서 글자마다 곡절과 전환이 있다고 하였으니, 즉 글자마다
다 말하지 못한 뜻이 담겨 있다.115)

이러한 분석을 통해 이 시에 함축된 뜻과 곡절을 알 수 있다. 그렇다면
비흥과는 도대체 무슨 관계가 있는 것인가? 잠시 정몽성程夢星116)의 주해注解를
살펴보자.

"고考 무종武宗 회창會昌 5년845년 정월에 남쪽 교외에 망선대望仙臺를 지은"
것을 두 번째 구句에 표현했다면, 이는 사실에 견주어 글을 지은 것으로 매우
친절하다.117)

이러한 주해를 통해 원래 이 시가 한무제의 이야기를 빌려 당唐 무종이
신선과 장생을 추구하는 것을 풍자하고 있음을 알 수 있다. 이것이 바로 "주注를
낸 후에 봐야 한다"118)는 것이다. 시 속에는 은미하여 미처 드러내지 못한

---

115) 周振甫 選注, 『李商隱選集』(上海古籍出版社, 1986), p.128.
116) *程夢星(1678~1747): 淸代의 시인이다. 저서에는 『今有堂詩集』, 『茗柯詞』 등이 있다.
117) 周振甫 選注, 『李商隱選集』(上海古籍出版社, 1986), p.128.
118) 劉勰은 『文心雕龍』 「比興」에서, 興에 내포된 뜻이 비교적 깊고 은미하기 때문에 어떤

숨겨진 깊은 뜻이 함축되어 있다. 이로써 이 시에 대한 선인先人의 긍정적 평가가 확실히 일리 있음을 알 수 있다. 예를 들면, "의도가 매우 완곡하다"(用意最曲)[기윤], "사실에 견주어 글을 지은 것으로 매우 친절하다"(比事屬辭, 最爲親切)[정몽성], "깊이 있고 완곡하여 드러내지 않으니, 바로 풍간체이다"(深婉不露, 方是諷諫體)[하작何焯]119) 등이다.

이상은의 이 짧은 시는 표면적으로는 전대前代의 제왕을 풍자하여 시어에 곡절이 있으면서도 격렬하지 않다. 그러나 내적으로는 당대當代의 군왕에 대한 풍자를 오로지 비흥으로 표현함으로써 결국 단 한 글자도 지적하지 않았다. 정치적 교화와 윤리적 관점에서 볼 때, 이러한 방법은 아랫사람이 윗사람을 풍자함에 군신 간의 예의禮義, 즉 "정에서 발하여 예의에서 그친다"라는 요구를 충족할 수 있다. 예술적 표현으로 보면 전체적으로 비흥의 방법을 사용했기 때문에, 그 풍자함이 "완곡하여 말함에 끝이 없는"120) 훌륭한 예술적 효과를 얻을 수 있었다. 따라서 「한궁사」는 바로 시교에 입각하여 비흥을 빌려 표현함으로써 상당히 성공한 하나의 예라고 할 수 있다.

시교의 다섯 번째 이론적 특징은 온화하고 부드러운 예술적 풍격을 강조하는 것이다. 시의 예술적 풍격이 반드시 온화하고 부드러워야 함을 강조하는 것은 시교의 또 다른 중요한 이론적 특징이다. 온유돈후와 시교를 총체적으로 보면, 대체로 온유돈후는 온화하고 부드러운 유형의 구체적인 예술 풍격이라고 할 수 있으며, 시교는 시가의 온유하고 부드러운 풍격의 특징[앞에서 논했던 많은 특징]을 강조하는 특정한 예술 풍격론이라고 할 수 있다.

---

경우에는 "注를 낸 후에 봐야 한다"(發注而後見)고 하였다. 즉 관련된 주해를 보아야만 비로소 그 함의를 이해할 수 있다는 것이다.
119) 周振甫 選注, 『李商隱選集』(上海古籍出版社, 1986), p.128.
　*何焯(1661~1722): 淸代의 작가이자 서예가이다.
120) 沈德潛, 『說詩晬語』, "諷刺之詞, 直詰易盡, 婉道無窮."

이 점에 대해서는 위에서 인용한 선인先人들의 논술, 예를 들어 "온溫은 안색이 따스하고 윤기가 나는 것이며, 유柔는 성정이 온화하고 부드러운 것을 말한다"[121], "풍인風人의 시는…… 그 말이 완곡하면서도 돈후하고 부드러우면서도 급박하지 않으니, 오래도록 변치 않는 시인의 법칙이 된다"[122], "시는 온유돈후를 가르침으로 여기니, 호협한 것은 시라고 할 수 없다"[123] 등의 논술과 "시에는 여섯 가지 요점이 있다. 마음은 충후忠厚해야 하고, 뜻은 변하지 않아야 하며, 말은 함축되어야 하고, 의미는 분명해야 하며, 기개는 온화하면서 고상해야 하고[124], 범위는 넓고 커야 한다"[125], "시는 온화하고 부드러움을 귀하게 여기며 솔직하고 급한 것을 꺼린다"[126] 등의 논술에서 분명하게 살펴보았으므로, 앞으로 더는 논하지 않겠다.

다만 여기서 강조하고 싶은 점은 온유돈후는 구체적인 예술 풍격으로서, 일반적인 예술 풍격으로만 이해되어서는 안 된다는 것이다. 왜냐하면, 예술 풍격이란 대체로 어떠한 종류의 예술적 내용과 어떤 특정한 예술적 표현의 통일체라고 할 수 있지만, 온유돈후는 2천 년 동안 다양한 원인에 의해 형성된 역사적·예술적 혹은 비예술적 요소[127]들을 너무 많이 축적하고 있으며 그 요소들이 내부에서 부드럽고 온화한 풍격과 하나로 융화되어 그 풍격의 내용이 매우 풍부해졌기 때문이다.

중국 문학사와 미학사에 있어 역사적으로 이처럼 뚜렷한 정치적 교화·윤

---

121) 孔穎達, 『禮記正義』, 「經解」, "溫謂顔色溫潤, 柔謂情性和柔."
122) 許學夷, 『詩源辯體』, "風人之詩,……其言微婉而敦厚, 優柔而不迫, 爲萬古詩人之經."
123) 吳喬, 『圍爐詩話』, "詩以優柔敦厚爲敎, 非可豪擧者也."
124) 중요 표시는 인용한 사람의 판단이다.
125) 王壽昌, 『小淸華園詩談』, "詩有六要, 心要忠厚, 意要纏綿, 語要含蓄, 義要分明, 氣度要和雅, 規模要廣大."
126) 吳喬, 『圍爐詩話』, "詩貴和緩優柔, 而忌率直迫切."
127) 이를테면 정치적 교화와 禮義·감정을 표현하고 뜻을 말함·주체의 수양·문장을 위주로 완곡하게 간함·함축과 완곡함·比興을 빌려 표현함 등이다.

리적 색채와 풍부한 예술적 함의를 지닌 구체적 예술 풍격은 실로 흔치 않다. 그러므로 온유돈후는 부드러운 유형의 예술 풍격이지만, 부드러운 유형의 일반적인 부드러운 특징만 있을 뿐 위에서 논한 여러 가지 특정한 내용이 결여된 예술적 풍격이라고 해서는 안 될 것이다.

지금까지 시교의 다섯 가지 이론적 특징에 대해 논하였다. 마지막으로 특별히 강조하고 싶은 것은, 시교의 다섯 가지 이론적 특징이 중화의 특정한 요구와 모두 일치한다는 점이다. 본 장 제1절에서 제시하였듯이, 유학자와 고대 시론가에 의해 중中은 예의禮義 · 충효 · 성정性情의 바름 등으로 여겨졌으며, 화和는 곧 부드러움으로 인식되었다. 시가문학에서 유가儒家의 예의와 충효를 고취하려 한다면, 시의 현실적 · 사회적 · 윤리적 의의를 부정할 수 없음은 물론 이를 적극적으로 긍정해야 하며, 성정의 바름에 부합하는 주체적 정서의 표현 역시 긍정해야 한다. 아울러 기왕에 시를 통해 예의와 충효를 고취하려 한다면, 당연히 그 시의 중요한 예술적 특성에도 주목하여 그것이 충분히 발휘되도록 해야 한다.

솔직하고 호기롭게 예의 · 충효 · 성정의 바름을 공공연히 어기는 것도 물론 안 되거니와, 예의와 충효를 솔직하고 호기롭게 전해서도 안 된다. 그렇게 하면 사람이 짜증만 날 뿐이다. 정감을 통해 감동을 주는 문학적 특성을 빌려 진심을 토로해야 할 뿐 아니라, 깊은 이치를 내포하는 동시에 완곡하고 함축적이면서 부드럽지만 급박하지 않게 예술적으로 표현해야 한다. 이렇게 되면 독자들은 시가 창조해 낸 깊이 있는 예술적 분위기 속에서 시의 정감과 이치에 쉽게 감동할 수 있으며, 진정으로 공감하게 된다. 시를 빌려 예의를 고취하기 위해서는 이런 방법이 가장 좋다. 그러므로 시를 통해 예의 · 충효 · 성정의 바름中中을 고취하여 표현하고자 한다면, 함축과 완곡 · 비흥 · 온화함과 부드러움 등의 예술적 방법과 예술적 풍격을 특히 중시하고 강조해야 한다.

중화中和에서 출발하여 시[문학예술]의 현실적·사회적·윤리적 의의를 중시하고, 시가 표현하려는 주체적 정서를 강조하며, 함축과 완곡·비흥·온화함과 부드러움 등의 방법이나 풍격을 존중하는 것은, 중국 고대 문예 미학에 있어 단지 추론에 불과한 것이 아니며 분명한 사실인 것이다. 그러므로 위에서 논한 시교의 다섯 가지 이론적 특징이 중화에 내재된 특정한 요구와 서로 일치한다고 하였다.

마지막으로 강조하고 싶은 것은, 시교는 중화미라고 불릴 만한 충분한 자격을 지니고 있을 뿐만 아니라, 마땅히 중화미의 전형으로 여겨져야 한다는 점이다. 예로부터 중화에 관한 논술이 적지 않았지만 비교적 분산되어 있었는데, 비로소 '시교'에 이러한 중화미의 이론적 특징이 잘 집약되어 있고 분명하게 표현되어 있기 때문이다.


## 3. 시교의 존숭과 붕괴

중국시가의 역사에서 시교는 오랜 기간에 걸쳐 최고의 존숭을 받아 왔다. 시교가 나온 지 얼마 지나지 않아 굴원屈原에 관한 논쟁에서 큰 파장이 있었다. 먼저 서한西漢의 유안劉安[128)]과 사마천司馬遷이 굴원을 크게 칭찬하였는가 하면, 이어 동한東漢의 반고班固는 굴원이 자신의 재주를 드러내어 자기를 과시하며 군주를 원망했다고 비판하였다. 마지막으로 동한의 왕일王逸[129)]은 도리어 반고

---

128) *劉安(B.C.179?~B.C.122): 前漢의 사상가이자 학자이다. 漢高祖의 손자로 아버지의 뒤를 이어 淮南王에 봉해졌다. 儒家를 속세의 학문이라 공격하며, 유교 중심의 이론과 대항하였다. 주요 저서에는 빈객들과 함께 저술한 『淮南子』가 있다.

129) *王逸(89?~158): 後漢의 문예가이다. 그가 지은 『楚辭章句』는 가장 완정한 『초사』의 注本으로, 비록 견강부회하거나 정밀하지 못한 곳이 있기는 하지만, 문자를 訓析하고

를 반박하였는데, 굴원의 글은 풍간諷諫에 속하며 『시경』 몇몇 편의 풍간에 비해 유유자적하고 온화하다고 하였다. 분명, 반고의 비판과 왕일의 반박은 모두 시교의 정신에 근거한 것이다.

반고는 굴원이 "정情에서 발하였지만" 사실상 "예의禮義에서 그치지 못했음"을 비판하였는데, 이는 재주를 드러내 자기를 과시하여 군신 간의 예의에 어긋났으며, 온유돈후의 원칙에도 위배된다는 것이다. 반면에 왕일은 실제로 굴원의 글이 "문장을 위주로 하여 완곡하게 돌려서 간하는 것"130)에 속하여 온유돈후한 정신에 부합한다고 하였다.

누구의 설이 더 일리 있든지 간에 우리는 이 논쟁에서, 시교가 시를 비평하는 중요한 기준으로 여겨졌으며 논쟁하는 쌍방이 모두 이를 존숭했다는 점에 주목할 필요가 있다. 한대漢代 이후부터 사람들은 항상 시교를 존숭했다. 예를 들어 유협劉勰은 "시는 주로 뜻을 말한다.…… 아름답게 수식하고 완곡하게 비유하여 온유함이 그 속에 있으니 마침내 마음속 깊이 다가온다"131)라고 하였고, 심덕잠沈德潛은 "온유돈후는 최고의 법칙이다"132)라고 하였다. 청대淸代의 시화詩話인 『정거서언靜居緖言』에서는 다음과 같이 말하였다.

시의 도道는 "생각에 사특함이 없는"133) 것이고, 시의 가르침은 "온유돈후"라고 하였는데, 후세에 비록 여기에 미치지는 못하더라도, 어찌 배우기를 그만두겠는가. 배우기를 그만둔다면 고루하고 황당무계해지지 않겠는가.134)

---

근거를 밝히고 있어 고대의 이론을 잘 보존하고 있다.

130) 『詩經』, 「毛詩序」, "主文而譎諫."
131) 劉勰, 『文心雕龍』, 「宗經」, "詩主言志,……藻辭譎喻, 溫柔在誦, 故最附深衷矣."
132) 沈德潛, 『說詩晬語』, "溫柔敦厚, 斯爲極則."
133) *『詩經』, 「駉」, "思無邪."
134) 저자 미상, 『靜居緖言』, "詩之爲道曰思無邪, 爲敎曰溫柔敦厚, 後世雖有不逮, 烏可舍是而學. 舍是而學, 不將陋而誕歟."

중국시의 역사에서 시교의 독보적인 위상은 이러한 많은 논술을 통해 충분히 확인할 수 있다.

온유돈후는 특정한 의미를 지닌 예술 풍격이다. 만약 이것을 절대적인 "최고의 법칙"으로 간주하여 유일한 목표나 기준으로 삼는다면, 다른 모든 예술 풍격이나 예술 작품을 배척하는 셈이 될 것이다. 사실 이렇게 '여러 예술 풍격을 배격하고 오직 시교만을 존숭했던' 상황은 적잖이 찾아볼 수 있었는데, 여기에서 몇 가지 예를 살펴보자. 수隋나라 말의 대유학자인 왕통王通[135])은 『중설中說』「사군事君」에서 다음과 같이 말하였다.

사령운謝靈運[136])은 소인이다. 그 글은 오만하니, 군자라면 삼갈 줄 안다. 심휴
문沈休文[137])은 소인이다. 그 글은 수사적修辭的이니, 군자라면 법으로 삼을 만
하다. 포조鮑照[138])와 강엄江淹[139])은 옛날의 견자狷者[140])이니, 거친 글로 원망한
다. 오균吳均[141])과 공치규孔稚珪[142])는 옛날의 광자狂者[143])이니, 괴이한 글로 분

---

135) *王通(584~617): 隋나라의 사상가로 당나라 王勃의 조부이다. 시·서·예·역에 통
달하였고, 『中說』을 남겼다.

136) *謝靈運(385~433): 南北朝의 山水詩人이다. 그 당시에 문학적 표현 대상이 아니었던
산수자연의 아름다움을 시의 주제로 삼았다는 점에서 문학사적으로 상당한 의의를
지닌다. 대표 시로는 「登池上樓」, 「草去郡」 등이 있다.

137) *沈休文(441~513): 南朝 梁나라의 시인으로 이름은 約이다. 저서에 『沈隱侯集』, 『宋書』
1백 권이 있다.

138) *鮑照(421~465): 六朝 宋나라의 시인으로 특히 樂府에 뛰어났다. 오언시가 전성하던
육조시대에 칠언시에 주목하였다.

139) *江淹(444~505): 南朝의 문인으로 유·불·도에 통달했다.

140) *狷者: 지식은 미치지 못하지만, 절조와 행실을 지킬 줄 아는 사람(狷者, 知未及而守有
餘)을 말한다. 『論語』, 「子路」, "子曰, 不得中行而與之, 必也狂狷乎. 狂者進取狷者有所
不爲也"에 대한 주희의 주석에 보인다.

141) *吳均(469~520): 南朝 梁나라의 문인이다. 날마다 시를 지었는데, 문체가 淸拔하고
古氣가 있어 당시 '吳均體'로 불렸다. 저서에 『續齊諧記』, 『十二洲記』 등이 있다.

142) *孔稚珪(447~501): 南北朝 南齊의 문인이다. 개구리의 울음소리는 자연의 음악이라
하여 뜰의 풀도 베지 않을 정도로 詩作과 吟詠을 즐겼다. 저서에 『北山移文』이 있다.

143) *狂者: 뜻은 지극히 높으나, 행동이 말을 따라가지 못하는 사람(狂者, 志極高而行不掩)

노한다. 사장謝莊[144]과 왕융王融[145]은 옛날의 섬인纖人[146]이니, 그 글은 자질구
레하다. 서릉徐陵[147]과 유신庾信[148]은 옛날의 과시하는 사람이니, 그 글은 황
당무계하다.…… 사조謝朓[149]는 식견이 얕은 사람이니, 그 글은 조급하다. 강
총江總[150]은 속이기를 좋아하는 사람이니, 그 글은 허무맹랑하다. 이들은 모
두 옛날에 사람을 이롭게 하지 않는 자들이다.…… 안연지顔延之[151] · 왕검王
儉[152] · 임방任昉[153]에게는 군자의 마음이 있으니, 요약된 글로 법칙에 맞았
다.[154]


안연지 · 왕검 · 임방 세 사람을 제외하고는, 남북조 당시의 유명한 시인,
후세에 문장을 전했던 사람들, 고금에 명성을 떨쳤던 묵객과 시인들, 그리고

---

을 말한다. 『論語』, 「子路」, "子曰, 不得中行而與之, 必也狂狷乎. 狂者進取狷者有所不
爲也"에 대한 주희의 주석에 보인다.

144) *謝莊(421~466): 南朝 宋나라의 문인으로 賦의 대가이다. 「月賦」가 대표작이며, 저서
에 『謝光祿集』이 있다.

145) *王融(467~493): 南朝 齊나라의 정치가 겸 문인이다. 문사가 아름답고 풍성하여 칭송
받았다. 문집 10권이 있었으나 소실되었고, 명나라 사람이 편집한 『王寧朔集』이 있다.

146) *纖人: 도량이 좁고 간사한 사람을 말한다.

147) *徐陵(507~583): 南朝 陳나라의 문예가이다. 저서에 『徐孝穆集』이 있고, 『玉臺新詠』
을 편집했다.

148) *庾信(513~581): 南北朝의 문예가이다. 남북조의 시문을 집대성하고, 梁나라의 화려
한 작풍과 그 형식을 달리하여 唐代 율시의 선구가 되는 작품을 썼다. 저서에 『庾子山
文集』 20권이 있다.

149) *謝朓(464~499): 六朝 齊나라의 시인이다. 音調에 뜻을 담은 시풍인 永明體에 뛰어났
다. 주요 저서에는 『謝宣城詩集』이 있다.

150) *江總(519~594): 南朝 陳나라의 문예가이다. 문집 30권이 있었지만 없어졌고, 명나라
때 만들어진 『江令君集』이 전한다. 작품에 「于長安歸還揚州」와 「閨怨篇」 등이 있다.

151) *顔延之(384~456): 南朝 宋나라의 문예가이다. 謝靈運과 함께 '顔謝'라고 불렸다.

152) *王儉(452~489): 南朝 齊나라의 문예가이다. 『三禮』에 정통하여, 『元徽四部書目』과 『古
今喪服集記』를 남겼다.

153) *任昉(460~508): 南朝 梁나라의 문장가이다. 원래 문집 33권이 있었지만 모두 없어졌
고 명나라 때 편집한 『任彦升集』이 전한다.

154) 王通, 『中說』, 「事君」, "謝靈運小人哉. 其文傲, 君子則謹. 沈休文小人哉. 其文冶, 君子則
典. 鮑照江淹, 古之狷者也, 其文急以怨. 吳筠孔珪, 古之狂者也, 其文怪以怒. 謝莊王融,
古之纖人也, 其文碎. 徐陵庾信, 古之誇人也, 其文誕.……謝朓淺人也, 其文捷. 江總詭人
也, 其文虛. 皆古之不利人也.……顔延之王儉, 任昉有君子之心焉, 其文約以則."

그들의 시풍과 문풍은 모두 왕통으로부터 호된 질책을 받았다. 왕통의 평가를
통해 극도의 편벽되고 황당무계함이 일목요연하게 잘 드러났으므로 더 말할
필요가 없다.

주목할 것은 왕통이 문학비평에서 작가의 '사람됨'을 높이 평가하고 그
사람됨에 '군자君子의 마음'이 있는지를 중시하였으며, 또한 군자의 삼감·법칙
으로 삼음·요약됨·법칙에 맞는 문풍을 예찬했다는 점으로, 이것이 바로 시교
의 정신과 일치하는 점이다. 대유학자인 왕통은 이처럼 시교 정신에 가까운
견해와 언어로 매우 광범위하게 '하나를 칭찬하고 백을 폄하하여' 평가하였다.
이로써 극도의 존숭을 받은 시교 이면의 강한 배타성을 짐작할 수 있다. 반덕여
潘德與가 다른 각도에서 논한 『양일재시화養一齋詩話』의 문장을 다시 살펴보자.

　　앞에서 풍자시는 함축을 귀하게 여긴다고 하였는데, 다른 시대의 일을 논할
　　때는 마땅히 이처럼 해야 한다. 신하는 자신이 몸담은 조정에 대해서는 다만
　　입을 다물고 시를 짓지 않을 뿐이다. 장호張祜155)는 「괵국부인虢國夫人」156)이
　　라는 시에서, "연지와 분이 오히려 얼굴을 더럽힐까 싫어하여, 맑은 얼굴에
　　고운 눈썹을 그리고 임금(至尊)께 아침 문안드리네"157)라고 하였고, 이상은李
　　商隱은 「여산유감驪山有感」에서, "새벽마다 장생전長生殿158)으로 행차하는데,
　　금수레를 따르지 않는 이는 수왕壽王뿐이네"159)라고 하였다. 당나라 사람들은
　　이러한 악습을 많이 범하였다. 이상은은 두보의 시를 즐겨 배웠는데, 두보

---

155) *張祜(생몰 미상): 唐나라의 시인이다. 淮南에 거주하면서 杜牧과 교유했다. 『張承吉
　　文集』에 460여 수의 시가 전한다.
156) *虢國夫人: 당 현종 때 양귀비의 언니다. 교만하고 사치스럽고 음란했으며, 아름다운
　　미모를 자랑하며 화장하지 않은 민낯으로 황제를 만났다고 전해진다.
157) *張祜, 「集靈臺」, "却嫌脂粉汚顏色, 淡掃蛾眉朝至尊."
158) *長生殿: 중국 華淸宮에 있는 전각의 이름으로, 唐 玄宗이 華淸宮이라 고쳐 양귀비와
　　함께 지내던 곳이다.
159) *李商隱, 「驪山有感」, "平明每幸長生殿, 不從金輿惟壽."
　　壽王은 唐 玄宗의 18번째 아들 李瑁으로 양귀비의 남편이다.

시에 어찌 이처럼 맹렬한 곳이 있었는가?[160]

「모시서」에서 풍자시에 대해 "문장을 위주로 하여 완곡하게 돌려서 간해야
함"[161]을 요구하는 것보다, 반덕어가 풍자시에 관해 규정하고 요구한 것은
더욱 명확하고 엄격했다. 그가 풍자시에서 확실히 정해 놓은 소재의 범위에
대한 성역聖域, 이른바 "당나라 사람들의 악습"에 대한 분개에서, 우리는 이단에
대한 시교의 강한 배타성을 다시 한 번 확인할 수 있다.

또 예술 풍격의 관점에서 시교에 입각해 중국문학사의 여러 명가를 비판한
논자들도 있었다. 왕수창王壽昌[162]은 『소청화원시담小淸華園詩談』에서, 오직 『시
경』 300편만이 성정性情의 바름을 얻었으며 후대 시인들의 시는 모두 '치우치고
난잡한' 폐단이 있다고 하였다. 예를 들어 조조曹操[163]는 심험深險함에, 완적阮籍
은 울분에, 도잠陶潛[164]은 고상함에, 포조鮑照는 세태를 한탄함에, 강엄江淹은
지나친 화려함에, 서릉徐陵·유신庾信은 화려한 묘사에, 왕발王勃[165]·양형楊

---

160) 潘德與, 『養一齋詩話』, "前謂刺譏詩貴含蓄, 論異代事猶當如此. 臣子於其本朝, 直可絶口
    不作詩耳. 張祜號國夫人詩, 却嫌脂粉汚顔色, 淡掃蛾眉朝至尊. 李商隱驪山詩, 平明每幸
    長生殿, 不從金輿惟壽王. 唐人多犯此惡習. 商隱愛學杜詩, 杜詩中豈有此等猖狂處."
161) 『詩經』, 「毛詩序」, "主文而譎諫."
162) *王壽昌(1863~1925): 淸末民初의 관리이자 문인이다. 법률뿐만 아니라 프랑스어에
    정통했고, 시서화에 모두 능했다. 저서에는 『曉齋遺稿』가 있다.
163) *曹操(155~220): 後漢 말기의 정치인으로, 華北을 거의 통일하여, 魏王이라 불렸다.
    아들 曹丕가 漢을 멸망시키고 魏를 세워 武帝에 추존되었다. 시에도 뛰어나 악부시
    22수가 전해지는데 풍격이 힘차고 굳세다.
164) *陶潛(365~427): 東晉 말부터 南朝 宋代 초기의 시인이다. 중국문학사에서 걸출한 시
    인 중 한 사람으로 唐代 이후 六朝 최고의 시인으로 일컬어졌다. 平淡自然한 시풍으
    로 알려졌지만, 평담한 가운데 웅건함이 있고 자연스러운 가운데 정교함이 있다. 당
    나라의 孟浩然, 王維 등 많은 시인에게 영향을 주었다. 주요 작품으로 「桃花源記」,
    「歸去來辭」 등이 있다.
165) *王勃(650~676): 初唐의 시인으로 楊炯·盧照鄰·駱賓王과 함께 初唐四傑로 불린다.
    종래의 婉媚한 六朝詩를 벗어나 참신하고 건전한 정감을 읊어 盛唐詩의 선구자가 되
    었으며, 특히 오언절구에 뛰어났다. 시문집 『王子安集』 등이 있다.

*명明 왕중옥王仲玉, 「도연
명상陶淵明像」, 베이징 고궁
박물원 소장

◀송宋 양해梁楷, 「이백행음
도李白行吟圖」, 도쿄국립박물
관 소장

炯166)·노조린盧照鄰167)·낙빈
왕駱賓王168)은 경박함에, 이백李
白169)은 호방함에, 맹교孟郊170)
는 엄격함에, 이하李賀171)는 기
이하고 환상적인 것에, 백거이
白居易는 담박함에, 원진元稹172)
은 부드러운 아름다움에, 이상
은李商隱은 기이함에, 온정균溫庭
筠173)은 유약함에 치우쳤다고
하였다.

또한 "진지한 성정性情으로
나라를 걱정하고 임금을 사랑했던" 두보조차도 "지나치게 슬퍼하고 분노함"으

---

166) *楊炯(650~692): 初唐四傑의 한 사람으로, 박학하고 문장에 뛰어났다. 그의 유작으로
『盈川集』 10권 등이 있다.

167) *盧照鄰(650?~687?): 初唐四傑의 한 사람으로, 그의 작품 칠언율시 「長安古意」에 실
린 '桑田碧海'의 고사로 유명하다. 저서로 『盧丞之集』이 있다.

168) *駱賓王(640?~684?): 初唐四傑의 한 사람으로, 六朝의 시풍을 계승하면서도 격조가
淸麗했고, 노조린과 함께 七言歌行에 뛰어났다. 대표작으로는 「帝京篇」이 있다.

169) *李白(701~762): 盛唐의 시인으로 詩仙이라 불리며 杜甫와 더불어 시의 양대 산맥을
이루었다. 그의 시는 서정성이 뛰어났으며 한 방면에 국한되지 않고 풍격과 시의 제
재가 다양했다. 작품집으로 『李太白集』이 있다.

170) *孟郊(751~814): 中唐의 시인으로 오언고시에 뛰어났다. 괴로운 체험을 통한 현실을
바탕으로 구절을 다듬어 최고의 표현을 찾아 시를 지었다. 작품집에 『孟東野集』이
있다.

171) *李賀(790~816): 中唐의 시인으로 시풍이 몽환적이고 기이하여 鬼才라는 평을 받았
다. 저서에 『昌穀集』이 있다.

172) *元稹(779~831): 中唐의 시인으로 白居易와 新樂府운동을 제창하여 '元白'이라 불렸
다. 시로써 정치를 바꾸고자 하여 사회시를 주로 썼으며, 작품집에 『元氏長慶集』이
있다.

173) *溫庭筠(812~870): 晚唐의 시인으로 음률에 정통하며 詞에도 뛰어났다. 저서에 『溫飛
卿集』이 있다.

로 인해 "변풍變風174), 변아變雅175)가 되어 마침내는 성세盛世의 소리가 되지
못했다"라고 하였으며, "성정이 바른 당대唐代 대유학자인" 한유韓愈176)마저도
"지은 시가 왕왕 지나치게 호방함을 면치 못했다"라고 하였다. 이러한 폐단을
한 차례 지적한 후에 왕수창王壽昌은 다음과 같이 마무리하였다.

> 요컨대 예로부터 작가들에게는 각각 장단점이 있다. 배우는 자들이 그 장점
> 을 취하고 단점은 버린다면 순화馴化되고 온유돈후에 이르게 되어177) 아雅·
> 송頌의 소리를 다시 듣게 될 것이다.178)

시교를 중심으로 하여 왕수창은 오색찬란한 특색을 지닌 여러 시인의 시풍
을 '치우침'과 '폐단'으로 여겼으며, 마침내 온유돈후의 취지로 돌아가 "그 장점
을 취하고 단점을 버리는" 대대적인 변혁을 요구하였다. 그는 이러한 변혁을
통해 온유돈후한 예술 풍격과 다른 모든 것들을 순화하여 하나로 귀결시키고,
궁극적으로는 시교의 지휘 아래 통일하고자 하였다. 그러나 문학예술은 본래
생기발랄하고 색채가 풍부한 바다이며, 각각 다른 색채와 각기 다른 풍모로
사방팔방에서 용솟음치며 흘러오는 수많은 강과 개울은 생명의 원천이 된다.
그것은 결코 단일해서도 동화되어서도 안 된다. 그렇게 되면 생명의 원천이
박탈되어 그 광채와 생기를 잃고 결국 사지에 놓이게 될 것이기 때문이다.
그러므로 시교를 존숭하여 여러 예술 풍격을 배격하는 것은 일정한 사회 사조의

---

174) *變風: 『詩經』 國風의 邶風에서 豳風에 이르는 135편의 총칭이다.
175) *變雅: 『詩經』의 變小雅와 變大雅를 통틀어 이르는 말이다.
176) *韓愈(768~824): 唐나라의 유명한 문학가이자 사상가로 자는 退之, 호는 昌黎이다.
   당송팔대가의 한 사람으로, 騈儷文을 비판하고 古文을 주장하였다. 시문집에 『昌黎先
   生集』 등이 있다.
177) 중요 표시는 인용한 사람의 판단이다.
178) 王壽昌, 『小淸華園詩談』, "要之古來作者, 各有短長. 學者貴取其所長, 棄其所短, 馴而至
   於溫柔敦厚之歸, 則雅頌之音, 庶可復睹耳."

토대가 될 수는 있으나, 결국에는 일부 논자의 일방적인 생각에 불과할 뿐 문학 활동에서 결코 실현될 수는 없다. 이는 문학과 예술의 발전 법칙에 근본적으로 위배되기 때문이다.

그리하여 우리는 중국문학사에 있어 두 흐름을 볼 수 있다. 한편으로는 "청산도 흐르는 물줄기를 막을 수 없으니 결국 동쪽으로 흘러가는"[179] 것처럼 각양각색의 예술 풍격과 견해들이 여전히 왕성하게 번창하며 아름다움과 기묘함을 겨루는 것을 볼 수 있다. 또 다른 한편으로는 시교만을 존숭하기 위해 갖가지 성역을 설정하여 금지령을 내리는 것이다. 이렇게 되면 시교는 다양한 예술적 풍격 및 견해들과 직접적으로 대립하게 되어 붕괴될 운명에 놓일 것이다.

다음은 시교가 이론 분야에서 어떠한 도전을 받고 결국 붕괴로 치닫게 되는지 네 가지 측면에서 살펴보고자 한다. 첫째, 어떤 이론가는 시교에 대하여 형식적인 태도를 취하였다. 예를 들어 유협劉勰은 "시는 뜻을 주로 말한다.……아름답게 수식하고 완곡하게 비유하여 온유함이 그 속에 있으니 마침내 마음속 깊이 다가온다"[180]는 전통적인 설법으로 시교의 정신을 구현하였다. 그러나 실제로 그는 결코 "온유함이 그 속에 있다는" 것을 시를 가늠하는 기본적인 기준, 심지어는 [한발 물러서세] 중요한 기준으로조차 삼지 않았다. 유협은 "강개慷慨하며", "절개가 굳세고 기개가 힘찬"[181] 건안문학建安文學[182]을 인정하여 "결언結言이 바르고", "의기意氣가 빼어나며", "문채가 풍부하고 높이 날아오르는" 풍골風骨을 표방했다.[183] 또 그는 시가 분노·슬픔·원망 등의 정당한 감정을

---

179) *辛棄疾, 「菩薩蠻·書江西造口壁」, "靑山遮不住, 畢竟東流去."
180) 劉勰, 『文心雕龍』, 「宗經」, "詩主言志,……藻辭譎喻, 溫柔在誦, 故最附深衷矣."
181) 劉勰, 『文心雕龍』, 「時序」, "雅好慷慨."; "梗槪多氣."
182) *建安文學: 後漢 獻帝(196~220)의 연호에서 비롯된 명칭으로, 曹操와 그의 아들 曹丕·曹植 그리고 建安七子가 대표적이다. 당시의 혼란한 사회상을 비분강개한 탄식과 격양된 심사로 표현하여 주로 오언고시에 담아냈다. 이러한 특징을 중국문학사에서는 '建安風骨'이라고 한다.

표현해야 한다고 하였는데[184] 이는 모두 유
협의 문학적 견해와 심미적 취향일 뿐, "온유
함이 그 속에 있다는" 것과는 거리가 멀다.
일찍이 그는 시교를 추어올리기는 하였으나,
오랜 시간 시교는 경시되었다.

•「조조상曹操像」

　둘째, 진심으로 시교를 존숭하였으나 실
제 시론에서 예술적 시야와 열망이 크게 확
장되어 부지불식간에 시교의 테두리를 벗어
난 시론가도 있었다. 예를 들어 심덕잠은 시교의 숭상에 노력을 아끼지 않았으
나 시교를 고취했던『설시수어說詩晬語』에서도 이러한 내용을 쉽게 찾아볼 수
있다.

　　초사楚辭의 「구가九歌」는 슬프면서도 아름답고, 「구장九章」은 슬프면서도 처
　　절하다.

　　태백太白[이백]이 세상 밖으로 떨어지려 하니, 형국이 저절로 변하여 큰 강에
　　바람이 없는데도 파도가 저절로 솟구쳐서 흰 구름이 모이고 흩어지더니 바람
　　따라 사라졌다.

　　소릉少陵[두보]의 가행歌行[185]은 건장궁建章宮[186]처럼 규모가 크다. 거록鉅鹿[187]

---

183) 劉勰,『文心雕龍』,「風骨」, "結言端直, 意氣駿爽, 藻耀而高翔."
184) "幽王과 厲王이 昏迷하여 「板」·「蕩」의 시에서는 노여워하였고, 平王이 微弱하여 「黍
　　離」의 시에서는 슬퍼하였다."(劉勰,『文心雕龍』,「時序」, "幽厲昏而板蕩怒, 平王微而黍
　　離哀.")
185) *歌行: 고대 樂府詩에서 발전된 古詩의 한 형태로 音節과 格律 면에서 비교적 자유로
　　운 시체이다.
186) *建章宮: 漢나라 武帝 때 長安의 城西에 세운 궁전이다.

*원元 장악張渥, 「구가도九歌圖」 부분, 상하이박물관 소장

의 전투처럼 제후 모두가 벽壁 위에서 지켜보다가 무릎을 꿇고 앞으로 나아
가지만, 감히 쳐다볼 수 없다. 큰 바닷물에 장풍이 솟구치는 것처럼 진흙과
모래가 날리며 괴물을 춤추게 하니 영험함과 우둔함이 모두 모였다. 그의 시
는 이태백과 달라 각기 그 극을 이룬다.

이헌길李獻吉[이몽양李夢陽]은 웅혼雄渾하고 비장悲壯하며, 격동시키고 날아오른
다. 하중묵何仲默[하경명何景明188)]은 수려하고 준수하며, 날아오르듯 질주한다.
모두 소릉을 준칙으로 삼았으나 지은 바가 각기 달라 한 시대를 주름잡았
다.189)

위의 논의에서 심덕잠은 초사楚辭의 「구가九歌」·「구장九章」 그리고 이백·
두보·명대明代 이몽양·하경명 등의 시를 인정하였다. 그러나 그가 인정한 대

---

187) *鉅鹿: 중국 河北省 남부에 있었던 縣의 이름으로, 項羽와 秦나라 군대가 싸웠던 곳이다.
188) *何仲默(1483~1521): 明代의 시인으로 이름은 景明이다. 古文운동을 제창하여 당시
   의 문체에 큰 영향을 주었다. 저서에 『大復集』이 있다.
189) 沈德潛, 『說詩晬語』, "九歌哀而艷, 九章哀而切."; "太白想落天外, 局自變生, 大江無風,
   濤浪自湧, 白雲卷舒, 從風變滅."; "少陵歌行, 如建章之宮, 千門萬戶, 如鉅鹿之戰, 諸侯
   皆從壁上觀, 膝行而前, 不敢仰視, 如大海之水, 長風鼓蕩, 揚泥沙而舞怪物, 靈蠢畢集. 與
   太白各不相似, 而各造其極."; "李獻吉雄渾悲壯, 鼓蕩飛揚. 何仲默秀朗俊逸, 回翔馳驟.
   同是憲章少陵, 而所造各異, 駸駸乎一代之盛矣."

상은 '감정의 유형'이나 '예술적 표현' 혹은 '예술적 풍격'의 측면에서 시교의 취지와는 크게 다르다.[190) 심덕잠이 이러한 점을 인정했다는 것은 그의 예술적 관점이 이미 시교라는 테두리에서 크게 벗어났음을 보여 준다.

셋째, 시교라는 '정통'의 기치를 견지하며 시교를 빌려 자신의 주장을 완성하려 하면서도, 오히려 시교를 다른 방향으로 잘못 이해한 시론가도 있었다. 예를 들어 시에서 성정性情은 '중절中節'로 표현해야 하며 '화평和平'을 귀하게 여겨야 하는데 이것이 바로 시교의 본모습이다. 일반적으로 성정의 표현은 봉건적 예의禮義에 부합해야 하며, 조화롭고 온화해야 한다. 그러나 장겸의張謙宜는 『견재시담親齋詩談』에서 중절과 화평에 대해 다음과 같은 견해를 밝혔다.

> 사람들은 흔히 시는 화평和平을 귀하게 여기니, 남의 기분을 상하게만 하지 않으면 된다고 말한다. 하지만 『시경』에 "어찌 빨리 죽지 않는가"(胡不遄死)[191), "승냥이와 호랑이도 먹지 않는다"(豺虎不食)[192)와 같이 살벌하게 남을 욕하는 내용이 있는데, 이를 도리에 어긋난 것이라고 할 수 있는가? 마땅히 욕해야 할 일에 욕하는 것은 마치 도적을 때려잡는 것과 같다. 이는 바로 사람의 감정을 절도에 맞게 하는 것이기 때문에 이것을 '화和'라고 한다. 또 사람은 마음이 아프면 울어야 하고 억울하면 하소연해야 한다. 이렇게 해야 비로소 마음이 편안해지므로 이것을 '평平'이라고 한다. 사람들은 먼저 이 두 글자를 이해하지도 못하면서, 무슨 시를 논하는가![193)

---

190) 여기에서 말하는 감정의 유형은 "슬프면서도 아름다움"·"슬프면서도 처절함"·"비장함"이고, 예술적 표현은 "세상 밖에 떨어지려고 하니, 형국이 저절로 변함"·"건장궁처럼 규모가 큼"이고, 예술적 풍격은 "흰 구름이 모이고 흩어짐"·"장풍이 솟구침"·"웅혼하고 비장함"·"수려하고 준수함"이다.

191) 『詩經』,「鄘風·相鼠」, "胡不遄死."

192) 『詩經』,「小雅·巷伯」, "豺虎不食."

193) 張謙宜, 『親齋詩談』, "人多謂詩貴和平, 只要不傷觸人. 其實三百篇中有罵人極狠者, 如胡不遄死豺虎不食等句, 謂之乖戾乎. 蓋罵其所當罵, 如敲撲加諸盜賊, 正是人情中節處, 故謂之和. 又如人有痛心, 便須著哭, 人有冤枉, 須容其訴, 如此心下才松頦, 故謂之平. 只這兩字, 人先懂不得, 又講甚詩."

아프면 울고 억울하면 하소연하고 욕할 만하면 욕하는 것은 물론 일리 있는 주장이지만, 이는 일반적인 시교에서 출발한 '중절'이나 '화평'과는 확연히 구분된다. 하지만 장겸의는 이것만이 중절이고 화평이라고 단언하였다. 그렇다면 그는 분명히 시교라는 언사言辭로 또 다른 이론적 주장을 폄으로써, 시교의 실제를 왜곡하고 부정한 것이다. 또 시교에 대해 잘못 이해한 좀 더 특이한 내용이 있다. 섭섭葉燮[194]이 쓴 『원시原詩』의 내용을 살펴보자.

> 한漢·위魏의 말에는 한·위의 온유돈후가 있고, 당唐·송宋·원元의 말에는 당·송·원의 온유돈후가 있다. 이는 풀 한 포기 나무 한 그루도 천지의 양춘陽春이 아니고서는 생겨날 수 없는 것과 같다. 초목은 헤아릴 수 없이 많고, 그것이 생겨나는 상황 또한 무수하다. 일찍이 일률적으로 똑같은 모양이었던 적은 없지만 모두 따스한 봄기운을 지니지 않은 것도 없다. 어떤 것은 천지의 양춘을 얻었고 어떤 것은 얻지 못했다고 왈가왈부할 것이 있겠는가? 또 온유돈후의 뜻 역시 작자가 신묘하게 밝히는[195] 데에 달려 있다. 만약 반드시 우기고 고집한다면, 「항백巷伯」의 "투비投畀"[196]라는 글 또한 이러한 말과 부합하기 어려울 것이다.[197]

온유돈후란 무엇인가? 섭섭이 보기에 온유돈후는 시대별로 달라서 "우기고 고집해서는" 안 된다. 또 반드시 "신묘하게 밝혀야 하는 것"으로 애초부터

---

194) *葉燮(1627~1703): 淸代의 시인으로 시학 이론을 연구하여 업적을 남겼다. 저서로 『已畦文集』, 『原詩』 등이 있다.

195) *『周易』, 「繫辭上」, "神而明之, 存乎其人."

196) *投畀: 『詩經』 「小雅·巷伯」의 "승냥이와 호랑이에게 던져 준다"(投畀豺虎)는 말로 매우 미워함을 말한다. 이 시는 참소로 궁형을 당한 자가 참소한 자를 미워하여 지은 것이다.

197) 葉燮, 『原詩』, "漢魏之辭, 有漢魏之溫柔敦厚, 唐宋元之辭, 有唐宋元之溫柔敦厚. 譬之一草一木, 無不得天地之陽春以發生. 草木以億萬計, 其發生之情狀亦以億萬計, 而未嘗有相同一定之形, 無不盎然皆其陽春之意. 豈得曰, 若者得天地之陽春, 而若者爲不得者哉. 且溫柔敦厚之旨, 亦在作者神而明之, 如必執而泥之, 則巷伯投畀之章, 亦難合於斯言矣."

정해진 것이 없기에 사람들 스스로 정신을 집중하여 깨달아야 한다. 이것은 모든 예술 작품 및 예술 표현 형식 속에 널리 퍼져 있다.[일률적인 모양이었던 적 없는 무수한 초목 속에 양춘이 존재하는 것과 같다.] 섭섭의 시교에 대한 오해 내지 부정은 상당히 대담했으며 그 방식 또한 독특했다. 예컨대 장겸의가 시교를 특정한 의미를 지닌 구체적인 것으로 곡해했다면, 섭섭은 시교의 구체성을 철저히 무너뜨리고 시교를 전혀 종잡을 수 없는 구체적이지 못한 공허한 존재, 즉 내용도 의미도 없는 공허한 장식품으로 변화시켜 버렸다. 이쯤 되면 비록 중절·화평의 온유돈후를 입으로는 여전히 일반적인 것으로 인정하고 있다고 하면서도, 자세히 따져 보면 시교가 과연 그들의 시론 속에 남아 있기는 한 것인가?!

마지막으로, 어떤 시론가는 공공연하게 나서서 직접 시교를 의심하고 반대하였다. 이러한 인물이 극소수이긴 하지만 존재하였다. 필자의 소견으로는 청나라의 원매袁枚[198])가 매우 두드러진 인물로 보인다. 원매는 「답심대종백론시서答沈大宗伯論詩書」에서 심덕잠에 대해 다음과 같이 말하였다.

> 시가 온유함을 귀하게 여기는 것은 말로 다 할 수 없으며, 반드시 인륜과 일용에 관계되어야 한다.…… 내 입으로 감히 심덕잠 선생을 비난할 수 없지만, 마음속 깊이 선생을 옳다고 생각하지는 않는다. 어째서인가? 대경戴經[199])으로

---

198) *袁枚(1716~1797): 淸代의 시인으로 性靈說을 제창하였다. 일반적으로 성령설은 원매의 시론으로 알려져 있으나, 사실 明代 公安派의 童心說을 계승·발전시킨 것이다. "오직 성령만을 서술할 뿐, 격투에 얽매이지 않는다"(獨抒性靈, 不拘格套)고 하였는데, 여기에서 성령이란 성정과 비슷한 말로서 외부 사물에 대한 작가 자신의 독특한 체득을 말한다. 양명 좌파의 영향을 받아 진실한 감정과 개성의 표현을 강조하였다. 성령설은 정통문학 또는 복고파가 문단을 지배하고 있던 시기에 이단으로 취급되기도 했다. 저서에 시문집 『小倉山房文集』, 『隨園詩話』 등이 있다.

199) 『禮記』는 西漢의 예학자인 戴聖이 편찬하여 유가 13經의 하나가 되었으므로 이렇게 칭하였다.

공자의 말씀을 근거로 삼기에는 충분치 않으며, 오직 『논어』만이 근거가 될 수 있기 때문이다. 공자는 "〈시는 의지를〉 흥기시킬 수 있으며, 무리 지을 수 있다"[200]라고 하였는데, 이는 함축성을 뜻하는 것으로 『시경』의 「백주柏舟」와 「중곡유퇴中谷有蓷」가 그 예이다. 또 "〈정치의 득실을〉 관찰할 수 있으며 원망할 수 있다"[201]고 하였는데, 이는 말로 다 표현함을 뜻하는 것으로 "요염한 여인이 화를 부채질하네"[202]와 "승냥이와 호랑이에게 던져 준다"[203]는 것이 그러한 예이다. …… 나는 책을 읽을 때 항상 공자를 기준으로 삼기 때문에, 지론持論에서 심 선생과 조금 차이가 있을 수밖에 없다.[204]

여기에서 원매는 시교의 지존적 지위를 부인하고 시교를 시의 본보기로 삼는 것에 반대하였는데, 그 직접적인 원인과 근거는 두 가지이다. 첫 번째는 "대경戴經으로 공자의 말씀을 근거로 삼기에는 충분치 않다는" 것이다. 즉 『예기』의 시교가 비록 공자의 입에서 나왔다고 하더라도 『예기』에 실린 공자의 말을 절대 신뢰할 수 없다는 것이다.[꼭 공자의 말이라고 할 수는 없다.] 두 번째는 시교가 공자 자신이 말한 "'시는 흥기시킬 수 있으며 관찰할 수 있으며 무리 지을 수 있으며 원망할 수 있다'라는 주장과 명백하게 어긋난다는 점이다.

더 자세히 고찰해 보면 원매가 시교에 대해 따져 묻는 데에는 한층 더 깊은 원인이 있음을 알 수 있다. 바로 시교와 그가 주장한 성령性靈 및 시중時中 정신이 첨예하게 대립하고 있다는 점이다. 예를 들어 같은 글에서, 원매는 다음

---

200) *『論語』, 「陽貨」, "可以興, 可以觀."
201) *『論語』, 「陽貨」, "可以群, 可以怨."
202) *『詩經』, 「小雅·十月之交」, "豔妻煽方處."
203) *『詩經』, 「小雅·巷伯」, "投畀豺虎."
204) 袁枚, 『小倉山房文集』, 「答沈大宗伯論詩書」, "至所云詩貴溫柔, 不可說盡, 又必關系人倫日用.……仆口不敢非先生, 而心不敢是先生. 何也. 孔子之言, 戴經不足據也, 惟論語爲足據. 子曰, 可以興, 可以群, 此指含蓄者言之, 如柏舟中谷是也. 曰, 可以觀, 可以怨, 此指說盡者言之, 如豔妻煽方處, 投畀豺虎之類也.……仆讀書常折衷於孔子, 故持論不得不小異於先生."

과 같이 시중 정신이 충만한 글을 썼다.

*명明 서위徐渭, 「묵죽도墨竹圖」 부분,
워싱턴D.C.프리어미술관 소장

지금의 푸른 대나무가 어찌 옛날의 푸른
대나무와 같겠는가? 그렇지만 지금 푸른
대나무가 없다고 말할 수 없다. 자연의
소리가 하루라도 끊이지 않는다면, 사람
의 소리 또한 하루도 끊어짐이 없을 것
이다. 맹자는 "지금 음악이 옛 음악과 같
다"[205)고 하였다. 이 때문에 나는 '요순堯
舜이 변하여 탕무湯武가 되었지만, 요순을 배운 자가 탕무의 도에 능하지 않으
며,…… 당시唐詩가 변하여 송원宋元의 시가 되었지만, 당시를 배운 자가 송원
의 시에 능하지 않다고 한 것이다.…… 왜 그러한가? 변해야 하는 것이 변
한 것은 서로 마음을 전했기 때문이며, 변해야 하는데 변하지 못한 것은 형적
形迹을 고수하기 때문이다.[206)

이와 같은 주장을 견지하는 원매의 입장에서는 온유돈후가 많은 말들을
대표하여 백대百代의 규범이 됨으로써 지존의 지위를 차지하는 것을 당연히
용납할 수 없었을 것이다. 이에 그는 시교의 두 가지 약점[공자의 말이 아니며,
공자가 말한 것과 차이가 있다.[207)]을 예리하게 파악하여 시교의 지존적·정통적 지위
에 상당히 강력한 공개 도전장을 내민 것이다.

이상 네 가지 측면에서, 우리는 시교가 붕괴되어 가는 대략적인 상황을

---

205) 『孟子』, 「梁惠王下」, "今之樂, 由古之樂也."
206) 袁枚, 『小倉山房文集』, 「答沈大宗伯論詩書」, "今之綠竹, 豈古之綠竹乎. 然而不得謂今無
綠竹也. 天籟一日不斷, 則人籟一日不絶. 孟子曰今之樂猶古之樂, 故枚嘗謂變堯舜者, 湯
武也. 然學堯舜者, 莫善於湯武……變唐詩者, 宋元也. 然學唐詩者, 莫善於宋元……何也.
當變而變, 其相傳者心也. 當變而不變, 其拘守者跡也."
207) 유가의 입장에서 문제를 보면, 이것은 명확한 두 가지 약점에 해당한다.

살펴보았다. 서한西漢에서 청대에 이르기까지 대략 2천여 년의 역사 속에서, 온유돈후는 유가의 시교로서 중국 문학과 예술에서 지존의 지위를 얻었지만, 결국 이러한 지존의 지위는 완전히 무너졌다. 그러나 이 과정에서 온유돈후는 중국 문학과 예술에 방대하고 심오한 영향을 미쳤다. 요컨대 온유돈후가 갖는 시교로서의 지위는 비록 무너졌지만, 함축적이면서도 구체적인 예술 풍격과 특정한 예술 풍격론으로서의 예술적·이론적 가치와 의미는 결코 사라지지 않았다. 그리고 변함없이 중국 문학과 예술사에서 객관적이고 찬란한 역사적 존재로 남아 있다!

# 제6장

## "동정動靜이 때를 잃지 않으니 그 도가 광명하다"*
### —중화미의 역사적 의의와 현실적 의의

## 1. 두 중화미 이론의 간략한 비교

앞에서 우리는 근본적으로 서로 다른 두 이론이 '중화'라는 동일한 개념을 공유하고 있음을 살펴보았다. 두 이론은 여러 방면에서 차이를 보이는데 이에 대해서는 이미 위의 각 장에서 논의한 바 있다. 그 역사적 의의와 현실적 의의에 대한 논의에 앞서, 두 이론의 차이점과 공통점을 간단히 정리하여 독자들의 이해를 돕고자 한다. 이번 논의에서 '보편 예술의 조화관으로서의 중화미'를 '중화미'로, '특정 예술의 풍격론으로서의 중화미'를 '시교'로 칭할 것이다. 먼저 차이점에 대해 살펴보자.

첫째, 두 중화미 이론이 발생할 때의 사회 역사·정치 문화적 배경이 달랐다는 점을 들 수 있다. 중화미는 춘추 말기로부터 전국시기에 생겨났다. 그 당시 주周 왕실의 통치가 와해되어 제후들이 병립하였고 군웅은 분쟁을 일삼았으며, 자국을 강화하고 적국을 약화시키기 위해 국가마다 중시하는 문화와 학문이

---

* 『周易』, 艮卦, "動靜不失其時, 其道光明."

제각각이었다. 전체적으로 보면 정치·사상·문화 환경이 모두 비교적 풍부했다고 할 수 있다. 이 때문에 음악 등의 예술이 상당히 발달했을 뿐만 아니라, 사상과 문화의 측면에서도 '백가쟁명百家爭鳴'1)이라는 번영의 국면을 맞이하였다. 이러한 사상과 문화적 환경 속에서 문예사상이 받는 정치적 제약은 그리 강하지 않았다. 시교는 한대漢代에 생겨난 것이다.2) 이때는 하나로 대통합하려는 통치 정권이 재건되었던 시기로, 이 통치 정권의 운조運祚를 오래도록 확고하게 유지하기 위해 유학을 '일존一尊'으로 규정하고 유학 고유의 예의교화禮義敎化를 더욱 강조하였다. 이러한 영향으로 결국 문예사상은 정치의 매우 강한 제약을 받게 된 것이다.

둘째, 사상적 기초가 다르고 계승된 문예사상의 근원도 다르다는 점이다. 중화미의 사상적 기초는 주로 선진先秦의 상중尙中사상·공자의 중용사상·선진의 상화尙和사상이며, 다른 사상(예컨대 음양陰陽사상)에서도 영향을 받았다. 그 문예사상의 근원은 바로 초기 악론樂論에서 강조되었던 예술의 조화 사상이다. 이에 반해 시교의 사상적 기초는 주로 유가의 윤리정치적 교화 사상이며, 문예사상의 근원은 윤리정치적 교화 및 실용과 공리를 중시하는 유가 전통의 문예관['시언지詩言志' 전통 포함]이다.

---

1) *百家爭鳴: 천하의 수많은 학파와 학자들이 소리 내어 각자의 지론을 자유롭게 논쟁하는 일을 말한다.
2) 古今의 학자 대부분은 시교가 반드시 공자의 입에서 나오지 않았다고 하더라도 그 사상과 정신은 공자와 일맥상통한다고 생각한다. 필자는 시교가 정통적인 유가사상에 속하지만, 공자의 사상·정신과는 적잖이 중요한 차이가 있다고 생각한다. 이것은 사실상 漢代의 정치 현실과 사회 사조가 당시의 문예사상에 반영된 것으로, 분명 先秦의 유학을 계승하면서도 한나라 유학만의 매우 독특한 특징이 담겨 있다. 이 문제를 여기에서 논증하는 것은 적합하지 않으며, 별도의 지면을 빌려 전문적으로 논하겠다.(再版附記: 초판 때 마무리하지 못한 것에 대해 보충 설명하면, 이 책은 1990년에 원고가 완성되었다. 이후 필자는 「유가 시교의 사상적 성질을 논하다」[論儒家詩敎的思想性質]라는 글을 『思想戰線』 1992년 5호에 발표하여, 위의 문제에 대해 전문적으로 논하였다.)

셋째, 미학적 본질과 이론적 특징 및 구현된 예술 정신까지도 다르다는 점이다. 요컨대, 중화미는 철학에서 유래하여 예술을 거쳐 미학으로 발전된 것으로, 각종 예술적 요소 간의 조화[동적動的 조화와 전체 조화 관계 구조를 추구하는 보편 예술의 조화관이다. 시교는 윤리정치적 교화에서 유래하여 예술을 거쳐 미학으로 발전된 것으로, 특정한 사회정치적 내용과 효과를 의도적으로 추구하며, 온화하고 조화로운 예술 풍격을 강조하는 특정 예술의 풍격론이다. 이로 인한 이론적 특징의 구체적 차이점은 이미 위의 각 장에서 살펴보았으므로 더는 설명하지 않겠다. 다만 중화미에는 예술의 변증법적 정신이 상당히 갖추어져 있지만, 시교에는 이 중요한 예술 정신이 상당히 결여되어 있다는 것을 말해 두고자 한다.

마지막으로, 이 둘이 후대 문예에 미친 영향과 그들이 처한 운명 또한 다르다는 점이다. 중화미는 후대 문예에 미친 영향이 깊고 넓었으며, 시대가 발전하고 예술의 영역이 확대됨에 따라 그 영향력 역시 지속적으로 깊어지고 확장되었다. 반면에 시교는 중국문예에 미친 영향은 매우 심원하였으나, 그 영향력의 범위는 상대적으로 좁았다.[시와 음악 등에 집중되어 있다.] 또한 중국문학사에서 의도적으로 지존의 자리를 주었던 시교의 지위는 점차 무너지게 되었는데, 중화미에서는 이러한 현상을 찾아볼 수 없었다.

이상의 몇 가지는 '보편 예술의 조화관으로서의 중화미'와 '특정 예술의 풍격론으로서의 중화미'의 중요한 차이점들이다. 그렇다면 이 둘 사이에는 어떠한 연관성도 존재하지 않는 것인가? 필자는 존재한다고 생각한다. 그 연관성을 요약하면 다음과 같다.

먼저 문예 활동의 측면이다. 우리는 어떠한 예술 풍격도 단일 요소로는 구성될 수 없으며, 여러 예술적 요소로 이루어져 있음을 잘 알고 있다. 이때 이러한 요소들 사이에는 조화와 부조화의 문제가 발생하게 된다. 온유돈후는 조화롭고 온화한 유형의 예술 풍격으로, 그 내부의 여러 예술적 요소는 조화를 이루어야 한다. 만약 부조화의 상황이 현저하게 나타난다면 온화하고 조화로운 전체적 분위기는 반드시 혼란스러워지고 파괴될 것이기 때문이다. 이렇게 보면, 중화미에 있어서 온유돈후는 보편 예술의 조화 관계로서 매우 폭넓게 적용될 수 있으며 예술의 모든 방면에서 구현될 수 있다.

온유돈후가 음유陰柔한 풍격으로 구현되면 이 풍격 내의 각 예술적 요소 간에는 조화로운 관계가 나타날 것이며, 전체적인 풍격도 내부의 조화롭고 부드러운 풍격으로 표현될 것이다. 이렇게 되면 두 가지 중화미가 뚜렷이 겹치게 된다. 아마도 이것이 두 중화미가 근본적으로 연관되는 그 지점일 것이다. 그러나 반드시 유의해야 할 점이 있다. 온유돈후에서의 조화롭고 온화함이란 그 고유의 본질적 특징이지만, 중화미에서의 조화롭고 온화함이란 본질적 특징[조화 관계] 중 한 특정 부분에서의 구체적 표현에 불과하다는 점이다. 다시 말하면 온유돈후의 예술 풍격이란 어떤 특정 부분에서 중화미가 구체적으로 표현된 형식이라는 것이다. 그러나 결국 이처럼 특정하게 겹치는 현상에서 온유돈후[특정 예술 풍격]와 중화미[보편적인 조화 관계] 사이에 어느 정도의 본질적인 연관성이 존재하는지는 설명할 수 없다.

이제 문예 이론의 측면을 살펴보자. 문예의 이론에서도 중화 정신을 구현하고 있을 뿐만 아니라, 조화롭고 온화한 풍격을 긍정하는 이론적 관점이 나타나곤 한다. 그렇다면 이러한 관점과 시교의 관계는 어떠한가? 여기에서 "즐거우면서도 지나치지 않고 슬프면서도 조화로움을 해치지 않는다"3)는 공자의 말을 예로 들어 이 문제에 대해 간략히 이야기해 보자. 전체적으로 볼 때 공자는 뛰어난 중화사상을 가지고 있으며 예술 풍격에서는 음유와 양강의 풍격을 겸하

---

3) 『論語』, 「八佾」, "關雎, 樂而不淫, 哀而不傷."

고 있다. "낙이불음樂而不淫, 애이불상哀而不傷"이라는 표현에서 그가 긍정하는 예술 풍격은 조화롭고 온화함에 가까우며, 물론 시교에서 긍정하는 온유돈후와도 비슷하다. 그러나 사유의 형태로 볼 때, "낙이불음, 애이불상"은 두 가지를 긍정한다는 전제하에 일종의 조화로운 관계를 추구하는 것으로 분명히 중화 정신을 지니고 있다. 그러나 시교는 이질적 요소를 배척하는 기초 위에서 한 면만을 부각시키고 이를 일관되게 유지하므로 중화 정신이 현저히 부족하다.

이처럼 이 두 중화미는 대체로 비슷한 예술 풍격을 인정하고 있지만, 이론적 본질에는 여전히 큰 차이가 있다. 그러므로 우리는 어떠한 특정 상황에서의 유사성 때문에, 시교를 중화미 가운데 어떤 구체적인 이론적 표현[예를 들어 "낙이불음, 애이불상"]과 완전히 동일시해서는 안 된다. 나아가 시교[특정 예술의 풍격론]와 중화미[보편 예술의 조화관]를 완전히 동일시해서도 안 될 것이다.


## 2. 중화미의 역사적 의의와 현실적 의의


후대 각종 예술에 지대한 영향을 주고 그 정신으로 자리 잡은 중화를 예술의 영역에서 보면 분명 음악 정신의 일종이라고 할 수 있다. 선진先秦시기는 음악적 분위기가 매우 농후하였고 다른 예술에 비해 음악의 흥성興盛과 발전이 탁월했기 때문에, 학자들로부터 '음악의 시대'[4]로 불렸다. 이에 상응하여 당시의 음악 미학사상 역시 매우 발달하였다. 유가儒家·도가道家·음양오행가陰陽五行家 등의 총체적인 음악미학사상의 수준은 음악미학사 전체를 보더라도 매우 높은 수준이었다.

---

4) 예컨대 周來祥은 다음과 같이 말하였다. "미학의 관점에서 보면 先秦시기도 음악의 시대라고 할 수 있다."(周來祥, 『美學問題論稿』, 陝西人民出版社, 1984, p.452)

매우 풍부해진 음악의 예술 활동과 상당한 발전을 이룬 음악의 미학사상이 서로를 지지하고 촉진함으로써, 중화미는 지극히 훌륭하고 중요한 미학 이론으로 승화된 것이다. 이 이론이 상당히 완전한 형태로 「악기」에 등장했을 때, 고대 시가 이론은 그다지 발달한 편이 아니었을 뿐만 아니라 기타의 많은 예술 이론서에 이론 포함은 아직 윤곽조차 드러나지 않았었다. 그래서 예술과 예술 이론에 있어서 중화 정신을 음악 정신의 일종이라고 한 것이다.

그러나 더 깊이 들여다보면 이러한 음악 정신은 결국 중화민족의 매우 중요한 민족문화 정신이라고 할 수 있다. 이 민족문화 정신의 핵심은 대립양자兩者하거나 서로 다른다자多者 사물과 요인들이 보편적으로 존재한다고 보는 것이다. 그들 상호 간에 스며들고 교대하는 운동이 바로 우주의 큰 법칙이며, 이는 우주만물을 끊임없이 생장하게 하는 내적 메커니즘"한번 음陰이 되고 한번 양陽이 되는 것을 도라고 한다."[5]을 구성한다. 그러므로 사람들은 반드시 자기가 직면한 각 분야에서 다양한 양자兩者와 다자多者로 구성된 관계망을 잘 파악하여 전체적 조화를 이루기 위해 최대한 노력한다.

이러한 조화에 도달하면 사물의 끊임없는 생장 법칙에 부합하게 되는데"조화가 실현되면 만물을 낳는 것이다."[6], 이는 어느 정도 신비로운 측면이 있으면서도 사람에게 매우 유익한 우주의 정신과도 부합한다.["건도乾道가 변하여 화함에 각각 성명性命을 바루니, 대화大和를 온전히 보전하여 이에 이롭고 정貞하다"[7], "위대한 악은 천지와 조화를 함께 하고,…… 조화를 이루기에 만물이 본성을 잃지 않는다"[8], "악은 천지의 조화이다. …… 조화를 이루기에 만물이 모두 따라서 변화한다."[9]]

---

5) 『周易』, 「繫辭上」, "一陰一陽之謂道."
6) 『國語』, 「鄭語」, "夫和實生物."
7) 『周易』, 乾卦 「彖傳」, "乾道變化, 各正性命, 保合大和, 乃利貞."
8) 『禮記』, 「樂記」, "大樂與天地同和,……和故百物不失."
9) 『禮記』, 「樂記」, "樂者, 天地之和也,……和故百物皆化."

이처럼 당시 사람들 사이에는 세상의 다양한 사물과 그 상호 관계, 그리고 이러한 사물 및 관계에 직면했을 때 사람이 취해야 할 태도에 관한 깊은 공감대가 형성되어 있었다. 이러한 인식은 사회생활의 모든 방면에 스며들어 매우 영향력 있는 사상과 문화 정신이 되었다. 그것은 철학사상과 음악예술뿐만 아니라 정치 문제10), 인격 수양11), 요리12), 심지어 다른 시스템13) 등과 같은 많은 분야에서도 나타났다.

이러한 문화 정신은 특히 음악에서 집중적으로 나타났는데, 이것은 당시의 음악이 매우 번성했다는 이유에서뿐만 아니라 음악 자체의 고유한 본질적 특징과도 관계가 있다. 대립하거나 서로 다른 다양한 요소들은14) 선율의 진행과 전개에 따라 시간의 흐름 속에서 가장 선명하고 감각적인 방식으로 사람의 청각에 직접 호소하게 되며 나아가 전체 생리학적生理學的, 즉 심리적心理的 감각 체계에까지 이르게 된다. 따라서 그들 간의 대립과 차이, 상호 침투, 조화 여부 등은 사람의 직감만으로도 매우 분명하게 느낄 수 있다. 바로 이러한 음악의 본질적 특징 때문에 위에서 언급했던 것처럼 민족문화 정신은 먼저 음악을

---

10) 晏嬰이 말한 "和는 국을 끓이는 것과 같다.······ 군신 간도 또한 그러하니, 임금이 옳다고 하더라도 옳지 않은 점이 있으면 신하는 그 옳지 못한 점을 아뢰어 그 옳음을 이루게 해야 하며, 임금이 옳지 않다고 하더라도 옳은 점이 있으면 신하는 그 옳은 점을 아뢰어 그 옳지 못함을 버리게 해야 한다. 이렇게 하면 정치가 화평해지고 서로 침범하지 않아서 백성들은 다투는 마음이 없어질 것이다"라는 것을 예로 들 수 있다. (『春秋左氏傳』, 昭公 20年條, "和如羹焉.······君臣亦然, 君所謂可而有否焉, 臣獻其否以成其可, 君所謂否而有可焉, 臣獻其可以去其否, 是以政平而不干, 民無爭心.")

11) 공자의 "아름다운 외관과 본바탕이 적절히 조화를 이루어야 한다"는 말을 예로 들 수 있다.(『論語』, 「雍也」, "文質彬彬.")

12) 晏嬰의 "和는 국을 끓이는 것과 같다"라는 말을 예로 들 수 있다.(『春秋左氏傳』, 昭公 20年條, "和如羹.")

13) 州鳩가 제시한 음악의 조화 → 자연계의 조화 → 인류사회 조화에 이르는 방법을 예로 들 수 있다.(본 책 제2장)

14) 예를 들어 맑고 탁함(淸濁), 크고 작음(大小), 길고 짧음(短長), 빠르고 느림(疾徐), 슬프고 즐거움(哀樂), 강하고 부드러움(剛柔), 높고 낮음(高下), 나가고 들어옴(出入), 조밀하고 성김(周疏) 등을 말한다.

통해 완전하고 집중적으로 나타나게 된 것이다. 이러한 뿌리 깊은 민족문화 정신은 음악과 희곡, 서예와 회화로부터 시가詩歌와 문장, 원림園林과 건축, 심지어는 요리, 바둑[예를 들면 바둑 전체 판국의 균형을 중시하는 것], 의학[예를 들면 의사가 약의 배합을 중시하는 것] 등 중국의 수많은 전통 예술과 기예에 이르기까지 그 영향이 매우 심원하였다.

구체적인 예술의 문제에서 보더라도 중화中和 정신의 영향은 매우 깊고 광범위했음을 알 수 있다. 모든 예술 풍격 · 장법章法 배치 · 성률 조화에 관한 이론, 그리고 훨씬 더 구체적이고 중요한 예술 이론인 문질론文質論 · 형신론形神論 · 허실론虛實論 · 정경론情景論[의경론意境論] 등에도 그 흔적이 선명하게 남아 있다. 물론 이러한 영향은 예술의 이론에만 국한된 것이 아니라 전통 예술의 다양한 활동 양식에도 뚜렷하게 반영되었다.[본 책 제4장의 서예 · 회화 · 시가에 관한 논의에서 다양한 예시를 들어 언급하였다.]

요컨대 중화中和라는 문화 정신은 중국예술에 줄곧 변함없는 심미적 이상[조화를 아름다움으로 여기는 것]을 가져다주었고, 폭넓은 예술적 품성["악은 천지의 조화이다."]을 포용하였으며, 중국 예술의 변증법적 정신을 크게 강화하였다. 다시 말해 예술의 조화를 적극적으로 추구하여 예술적 변증 정신이 풍부할 뿐만 아니라 생기발랄하고 다채로운 중국 예술의 민족적 특성에 중화 정신의 힘이 크게 작용했다는 것이다. 아마도 이것이 예술 분야[즉 중화미]에서 중국문화 정신의 주요한 역사적 의의가 아닐까?!

다음으로 중화미의 현실적 의의를 세 가지 측면에서 간략히 살펴보자.

첫째, 중국문화의 전통은 뿌리가 깊어 다양한 예술 분야와 양식이 수천 년 동안 면면히 이어져 오늘에 이르렀다. 유려하고 아름다운 음악, 정교하고 뛰어난 시사詩詞, 용이 날고 봉황이 춤추는 듯한 서예, 풍운이 감도는 회화, 다채롭고 매혹적인 희곡, 그윽하고 우아한 원림園林 등은 모두 오랜 세월을 거치며 날로 새로워졌다. 그리고 지금까지도 사람들에게 두루 사랑받고 있으며, 여전히 오늘날의 일상 가운데 생생한 생동감과 거대한 예술적 매력을 간직하고 있다. 그렇다면 각종 전통 예술에 공통으로 내재하는 이러한 중화미는 예술과 더불어 현재 우리의 삶 속으로 활기차고 역동적으로 스며들어야 한다. 이렇게 할 때 중화미는 그 존재의 현실적 가치와 의미가 있는 것이다.

둘째, 근세 이래로 서양의 문화와 그 문화사상이 유입되면서, 중국문예에 여러 형태의 새로운 예술예를 들어 유화, 교향악, 각종 현대주의 문학 등이 더해졌을 뿐만 아니라, 중국 전통문화와 문화사상에도 큰 충격을 주었다. 각종 예술적 요소가 난무하고 더욱 복잡해진 현대의 중국문예 무대에서, 무작정 서구와 외세를 신봉하여 전면적으로 서구화할 것인가? 서구와 외세를 모두 배척하고 국수國粹를 고집할 것인가? 단순하고 어색하게 중국과 서양을 억지로 한데 묶어 모둠을 만들 것인가? 아니면 중국과 서양을 자세히 연구하여 취사선택하고 융합하여, 조화 내지는 대화합의 경지진정한 동서의 조화에 이르게 하여 신중국의 문예 사업을 더욱 왕성하게 발전시킬 것인가?

만약 그 답이 마지막 후자라고 한다면, 다음과 같은 질문이 뒤따르게 된다. 각각의 구체적인 예술 양식과 예술 작품에서 우리는 과연 중국과 서양의 예술적 요소들을 어떻게 취사선택하고 융합하여 새로운 예술적 조화를 이룸으로써, 참신한 예술적 창조를 성공적으로 이루어 낼 것인가? 이러한 이론적이고 실천적인 문제를 해결하는 과정 가운데, 중화의 심미 준칙은 명확한 현실적 효과와 긍정적 의미를 지니게 될 것이다.

마지막으로, 미학의 본질로 볼 때 중화미는 보편 예술의 조화관이다. 중화미가 비록 고대의 문화예술에서 발생하여 성숙했다고 하더라도, 그것은 본질적으로 역사와 구체성을 초월한 보편적 예술 정신 혹은 예술 법칙이다. 중화미의 주요 정신은 다른 시대의 다른 예술 양식이나 다른 예술 작품 속에서도 충분히

구현될 수 있으며, 여러 구체적 요소로 이루어진 다양한 예술 관계 구조 속에서
도 온전히 구현될 수 있다. 다시 말해 오늘날 그리고 미래의 예술 세계에 대립적
이거나 혹은 서로 다른 예술적 요소들이 존재하는 한 그들 사이에는 항상 조화
의 문제가 있을 것이며, 따라서 중화미의 존재 가치와 의의 또한 영원할 것이다.


## 3. 시교의 역사적 의의와 현실적 의의

  시교 고유의 몇몇 근본적인 한계[예를 들어 예의禮義와 교화를 지나치게 강조하여
문예를 절제한 것]들은 분명 중국문예에 부정적 영향을 주었다. 주체의 다양한
예술적 감정 표현을 제한하고 예술 풍격의 다양화에 반대하며, 문학비평에서
위대한 애국주의 시인인 굴원屈原과 그의 시를 부정하는 등등의 영향을 그 예로
들 수 있다. 그러나 다른 한편으로 보면 시교에는 여전히 중요하면서도 긍정적
인 역사적 의의가 있다. 일본 학자 아오키 마사루(靑木正兒)는 『중국문학개설中國
文學槪說』에서 다음과 같이 말하였다.

  유학儒學은 문학을 이끄는 위력이 있어서 때로는 지나치게 간섭하는 경향이
  있지만, 종종 문학이 방종의 길로 접어들려고 할 때 궤도를 벗어나지 않도록
  인도하기도 한다. 예를 들어 유가에서는 『시경』의 가르침을 말할 때 "온유돈
  후는 시의 가르침이다"라고 하였다.…… 이러한 관념은 후대 시론을 선도하
  였으며 때로는 시를 짓는 사람을 경계하기도 하였다. 즉 시인이 공연히 흥분
  하여 격앙된 글을 쓰거나 혹은 지나치게 문장의 수식만을 일삼아 진실한 감
  정을 토로하지 못하는 잘못을 억제하도록 한 것이다. 바른길로 인도하는 매
  우 효과적인 방법으로, 시를 논하는 사람들은 걸핏하면 '시인의 충후忠厚한
  뜻'15)을 말하였다. 이때 '충후'는 온유돈후를 요약한 말이고 '시안'은 『시경』

의 작자이다. 이것이 바로 유가의 가르침이 후대의 시인에게 주는 가장 귀한 선물일 것이다. 그 뜻을 가장 잘 체득한 걸출한 작가가 바로 당唐의 두보杜甫로, 그는 유가사상이 낳은 최고의 시인이다.[16]

위 문장은 시교에서 으뜸이 되는 가장 중요한 역사적 의의를 대략 서술한 것이다. 유학이 봉건시대 전반에 걸쳐 누렸던 정통적 지위, 때로는 지존적이었던 위상에 힘입어 시교의 몇몇 중요한 이론적 특징들은 중국문학에 큰 영향을 미쳤다. 그 이론적 특징으로, 문학의 윤리적·정치 교화적 의미와 현실적 의미를 중시하고, 시詩가 뜻을 말하고 감정을 표현하는 것을 주로 하며, 나아가 주체의 주관적 수양을 중시하는 등을 예로 들 수 있다.

중국문학사를 보면 현리玄理를 고차원적으로 논한 현언시玄言詩[17], 음란한 소리와 색채를 띤 궁체시宮體詩[18], 오묘하고 화려하여 오직 형식만을 중시하는 창작 사조 혹은 유파가 있었지만, 이 모두가 실제로 큰 영향력을 발휘하지는 못했다. 사회 현실을 반영하고 삶의 감정을 표현하며, 내용이 풍부하면서도 형식에 치우치지 않는 건전하고 진취적인 문학은 늘 주도적인 자리를 차지하였다. 이러한 상황은 고대 중국문학의 전반적인 흐름, 그리고 유가의 문예사상이 담당한 중요한 역할과 밀접한 관련이 있다. 그 가운데 시교의 영향은 상당히 두드러지기도 하고 뚜렷하기도 하였다.

시교시교의 많은 이론적 특징는 문학이 현실·사회·인생과 밀착되어 주체의

---

15) 중요 표시는 인용한 사람의 판단이다.
16) 靑木正兒, 隋樹森 譯, 『中國文學槪說』(重慶出版社, 1982).
17) *玄言詩: 현학의 영향 속에 지어진 시를 말한다. 현학은 유학과 노장이 섞인 사상 체계로, 넓은 의미에서는 形而上學을 가리키는 말로도 쓰인다. 현언시 대부분은 지나 치게 공허한 방향으로 흘러 현실감각을 잃었고 따라서 후인들에게 환영받지 못한다 는 지적을 받았다.
18) *宮體詩: 東晉 때부터 남녀의 相悅을 그렸던 南朝의 민가와 宋·齊 양대에 흥성했던 詠物詩의 영향으로 이루어진 艶情詩를 말한다.

*명明 문가文嘉, 「두보시의도
杜甫詩意圖」, 타이베이 고궁박
물관 소장

진실하고 풍부한 감정을 잘 표현하도록 요구하고 이끌어 주기 때문에, 작품이 깊고 진실한 사회 현실적 내용과 주체의 감정을 잘 담아 표현해 낼 수 있게 한다. 예를 들어 두보杜甫와 백거이白居易 같은 위대한 시인들의 시와 심지어 그들의 시론19)조차도 모두 시교와 깊은 내적 관계가 있다. 그들 작품의 위대한 성공은 앞에서 언급한 시교의 긍정적 의의를 잘 반영하여 증명한 것이다. 주둥룬(朱東潤)20)은 『중국문학비평사대강中國文學批評史大綱』에서 다음과 같이 말하였다.

후세 사람들은 시를 짓는데 「모시서毛詩序」에 나오는 풍자의 말들을 사용하여 의탁한 것이 많았으니, 말은 여기에 있으나 의미는 저기에 있었다.……그래서 시의 취지가 희미할수록 그 의경意境21)은 더욱 심오해져 마침내 중국 시사詩詞의 특징이 되었다.22)

위 문장은 시교의 또 다른 긍정적 의미를 제시한 것이다. 우리는 중국 예술이 본래 함축을 중시하여, 말(言) 너머의 의미(意)·현弦 너머의 음音·상象 너머의 상象을 중시하고, 가득 참(實) 너머의 텅 빔(虛)·드러남(顯) 너머의 숨겨짐(隱)·형상(形) 너머의 정신(神)을 중요하게 여김을 알고 있다. 이러한 예술 전통의

---

19) 예를 들어 白居易의 시론서 중에서 『與元九書』가 알려져 있다.
20) *朱東潤(1896~1988): 중국의 문학가이자 문예비평가이다. 그가 저술한 『中國文學批評史大綱』은 중국문학비평사 분야의 고전으로 불린다.
21) *意境: 작자의 주관적인 사상과 감정이 객관적인 사물이나 대상을 만나 융합하면서 생성되는 의미 또는 형상을 의미한다.
22) 朱東潤, 『中國文學批評史大綱』(上海古籍出版社, 1944).

형성은 유儒·도道·현玄·불佛 등 제자백가의 학설 모두와 관련이 있다. 각 학설이 이러한 예술 전통의 형성에 영향을 주고 이를 촉진한 것이다. 즉 유가의 시교는 예의禮義의 제약 아래에서 예술 전통에 영향을 주었는데, 특정한 표현 방식["풍자諷刺", "문장을 위주로 하여 완곡하게 돌려서 간함"[23], "간언과 풍자를 완곡하게 함"[24]] 으로 특정한 정치 교화의 목적을 달성할 수 있었다. 결론적으로 말해서, 유가의 시교는 자신만의 독특한 방식과 경로를 통해 위와 같은 우수한 전통 형성에 큰 영향을 끼쳤으며 탁월한 공헌을 한 것이다.

시교의 또 다른 역사적 의의는 시교가 중국예술을 중시하여 부드럽고 조화로운 예술 풍격을 선호하는 데에 큰 영향을 끼쳤다는 것이다. 시의 분야에서 시교가 이러한 풍격을 중시한다는 것은 이미 앞에서 서술하였으므로, 여기서는 음악에서의 상황을 살펴보고자 한다.

온화하고 부드러우며 고요하고 은은한 음악 풍격은 중국 고전음악에서 독보적인 지위를 차지하고 있다. 그래서 오늘날 사람들은 흔히 그러한 풍격을 중국 고전음악의 종합적 특징 혹은 대표적 특징으로 인식한다. 그러나 중국음악사와 음악미학사를 간략히 살펴보면, 중국음악이 원래부터 이렇지 않았다는 것을 쉽게 알 수 있다. 예를 들어 공자가 "지극히 아름답다"라고 칭송한 무왕武王의 음악[25]과 당대唐代의 유명한 '진왕파진악秦王破陣樂'[26]은 모두 양강陽剛의 풍격이 두드러진다. 중국 음악미학사에서 가장 체계적이고 중요한 논거인 「악기」가 칭송받은 것은 음양과 강유를 겸하고 있어서이지, 단지 온화하고 조화롭기

---

23) 『詩經』, 「毛詩序」, "主文而譎諫."
24) 孔穎達, 『禮記正義』, 「經解」, "詩依違諷諫."
25) *『論語』, 「八佾」, "謂武, 盡美矣."
26) *秦王破陣樂: 唐나라 궁정 가무극의 이름으로 七德舞라고도 한다. 李世民(太宗)이 秦王의 신분으로 劉武周를 평정할 때 군중의 병사들이 집단으로 창작하였다. 전쟁터에서 적을 정벌하는 武가 궁정 무용 속에 녹아들어 있어 陽剛한 기운이 넘친다.

때문만이 아니다.

그렇다면 언제 어떤 이유로 중국음악의 전반적인 풍격에 크나큰 변화가 생긴 것인가? 먼저 송대宋代의 상황을 살펴보자. 송나라는 예술 분야에서 모두 '담淡'27)['평담平淡', '담화淡和']을 매우 중시하였다. 그 원인은 매우 복잡하여 여기에서 자세히 논하기는 어렵다. 다만 송대의 음악예술에서 '담淡'이 중시된 데에는 시교의 영향이 강하게 작용했다는 점을 짚고자 한다. 송대 리학理學의 문을 연 주돈이周敦頤28)의 글을 살펴보자.

*조선 정선鄭歚, 「염계상련도濂溪賞蓮圖」, 개인 소장

옛 성왕이 예법禮法을 만들고 교화를 닦으니 삼강三綱이 바르게 되고 구주九疇가 펼쳐져서 백성이 크게 화합하고 만물이 모두 순해졌다. 이에 음악을 만들어 팔풍八風의 기氣를 펴고 천하 사람들의 마음을 화평하게 하였다. 그러므로 음악의 소리가 담박하면서도 조화로움을 해치지 않았고 조화로우면서도 지나치지 않았다. 귀에 들어가고 마음을 감동시킴에 담박하고도 조화롭지 않음

27) *淡: 宋代에는 도시의 출현과 상업의 발달로 문화가 무르익어 畵院과 書院이 발달하면서 예술을 '즐긴다'(玩)는 개념이 생겨났다. 그러나 화려함이 아닌 '平淡'을 추구하였다. 간결함과 예스러움 속에 섬세함과 화려함을 담고 있고, 담백함 속에 지극한 맛이 깃들어 있는 '평담'은 송대 예술의 키워드였다.
28) *周敦頤(1017~1073): 北宋의 저명한 철학가로서, 자는 茂叔, 호는 濂溪이다. 성리학의 기초를 닦았으며, 유가사상에 陰陽五行 이론을 융합하여 天理와 人性에 대해 설파하는 『太極圖說』과 『通書』 등을 지음으로써 理學의 창시자로 일컬어지고 있다.

이 없었다. 담박하면 탐하는 마음이 평온해지고, 조화로우면 조급한 마음이
풀어진다. 부드럽고 화평하고 알맞음은 덕이 성대한 것이다.[29]

『주자통서周子通書』

위 문장에서 언급한 "옛 성왕"의 모든 행위는 한대漢代의 제왕[30]에 더 가까
운 듯하다. 주돈이는 분명 선성先聖이라는 명분 아래 공자의 정신을 왜곡하였으
며, 시교와 유사한 자기의 생각을 내세우고 있다. 예를 들면, 예술의 목적에
관하여 공자는 "시詩에서 흥기시키며 예禮에 서며 악樂에서 완성한다"[31]고 하였
는데, 이것은 시·예·악을 학습하고 도야함으로써 점차 개인의 인격 수양을
완성하는 것이다. 그러나 주돈이는 음악예술로 "천하 사람들의 마음을 화평하
게" 하고, 음악의 풍화風化교화教化를 통해 천하 사람들의 감정을 평정하고 가지
런히 하려는 경향이 있었다. 그의 이러한 관점은 공자의 정신과는 분명히 다르
지만, 시교가 시로써 백성을 교화하여 민심을 온유돈후로 귀결시킨다는 점에서
는 매우 유사하다.

나아가 주돈이는 공자가 긍정한 '즐거움'(樂)과 '슬픔'(哀) 두 감정이 온화하고
조화로움에 비해 너무 강하여 교화의 요구에 적합하지 않다고 판단하였기에,
공자의 말을[32] 사용하면서 공자의 정신을 버젓이 왜곡하였다. 공자가 인정한
'즐거워해야 할 것에 즐거워하고 슬퍼해야 할 것에 슬퍼하는' 정상적인 관점과
비교하면, 실로 주돈이의 "담박하고 조화로움"(淡和)·"부드럽고 화평하고 알맞
음"이라는 견해가 좀 더 온유돈후에 가까워 보이기도 한다.

---

29) 周敦頤, 『周子通書』, "古者聖王制禮法, 修教化, 三綱正, 九疇敍, 百姓太和, 萬物咸若. 乃
作樂, 以宣八風之氣, 以平天下之情. 故樂聲, 淡而不傷, 和而不淫. 入其耳, 感其心, 莫不
淡且和焉. 淡則欲心平, 和則躁心釋. 優柔平中, 德之盛也."
30) 漢代 제왕들이 禮義와 教化를 고취하고 추앙함이 "옛 성왕"보다 훨씬 심했다.
31) 『論語』, 「泰伯」, "興於詩, 立於禮, 成於樂."
32) 『論語』, 「八佾」, "樂而不淫, 哀而不傷."

명明 사문史文, 「송음무금도축松蔭撫琴圖軸」

주돈이는 송나라 초기의 대유大儒로 송명리학宋明理學에 큰 영향을 미쳤는데, 송명리학은 중국 봉건사회 후기에 관방官方철학으로 추앙되어 지배적인 지위를 차지하는 정통 사상이 되었다. 이에 따라 주돈이의 "담박하고 조화롭다"(淡和)는 관점 또한 적지 않은 영향을 미쳤던 것이다. 예를 들어 청대淸代 왕불汪紱[왕훤汪烜]33)은 『악경율려통해樂經律呂通解』에서 다음과 같이 말하였다.

악樂은 조화일 뿐인데 주돈이가 '담淡'이라는 한 마디를 덧붙인 것은 '선진先進의 야인野人34)'을 말한 것과 같다. 조절함에 절도가 있고 지킴에 질서가 있으며, 운韻을 재촉하거나 복잡한 소리가 없으며 귀를 즐겁게 할 만한 것이 없다면 진실로 담박한 것이다. 지극히 담박하다는 것은 더욱 오래되어도 오로지 담박하다는 뜻으로, 조화로움 또한 지극해진다.

---

33) *汪紱(1692~1759): 淸代의 학자로, 초명이 汪烜이다. 六經 및 천문 · 지리 · 악률 등을 연구하여 『易經詮義』, 『尙書詮義』 등을 저술하였다.

34) *출처: 『論語』, 「先進」, "선배들이 예악을 행함에 야인 같았으며, 후배들이 예악을 행함에 군자답다고들 한다."(先進, 於禮樂, 野人也. 後進, 於禮樂, 君子也.) 이 말 뒤에 공자는 "만약 예악을 쓴다면 나는 선배들을 따르겠다"(如用之則吾從先進)라고 하였다. 공자 당시의 사람들은 文과 質이 알맞게 조화를 이룬 선진의 예악을 도리어 촌스럽게 여기고, 質보다 文에 치우친 후진의 예악을 수준 높게 여겼기 때문에 한 말이다.

선왕先王은 성색聲色의 감흥에 끝이 없음을 알아, 이에 담박하고 조화로우며 중정中正한 성음과 용태를 정립하였다. 이로써 사람들의 눈과 귀를 길러 그 마음을 감동시키고 노래하고 춤추게 함으로써 더불어 교화되었다.35)

또 왕불은 『입설재금보立雪齋琴譜』의 「소인小引」에서 "선왕의 악樂은 오직 담박함으로써 조화를 이룬다"36)고 하였다. 이러한 주장을 통해 우리는 송宋 이후의 음악의 예술 풍격이 확실히 '담화淡和'에 한결 가까워졌음을 알 수 있다.

다음으로 거문고 연주의 풍격을 예로 들어 보자. 명대明代의 유명한 금파琴派인 우산파虞山派는 '청아하고 은미하며 담박하고 심원함'(淸微淡遠)을 그 풍격의 특징으로 삼았으며, 청대에 유명했던 또 다른 금파인 광릉파廣陵派 역시 '순후하고 예스러우며 담박한'(淳古淡泊) 특징을 보인다. 그러나 송대 이전, 예를 들어 위진魏晉시대 혜강嵇康37)의 『금부琴賦』에서는 완전히 다른 모습의 금풍琴風을 볼 수 있다.

바른 소리를 다스려 아름다운 곡조를 연주하니,…… 높은 산인 듯 흐르는 물결인 듯, 세차게 흐르며 높고 울창하다.

운韻을 고쳐 곡조를 바꾸니, 기발함이 드러난다.…… 빠르고 힘차게 일어나니 바람이 놀라고 구름이 흩어지는 듯하다.…… 꽃다운 소리 울려 퍼지고 오색 찬란하다.38)

---

35) 汪紱, 『樂經律呂通解』, "樂, 和而已, 而周子加以淡之一言, 猶先進野人云也. 然而節有度, 守有序, 無促韻, 無繁聲, 無足以悅耳, 則誠淡也. 至淡之旨, 其旨愈長, 惟其淡也, 而和亦至焉矣."; "先王知聲色之迭感爲無窮也. 於是定淡和中正之聲容, 以養人之耳目而感其心, 使歌詠舞蹈之, 以與之俱化."

36) 汪紱, 『立雪齋琴譜』, "先王之樂, 惟淡以和."

37) *嵇康(224~263): 三國시대 魏나라의 문학가이자 사상가로, 노장학술을 좋아했으며 竹林七賢의 한 사람이다. 저서로 『嵇中散集』이 있다.

38) 嵇康, 『琴賦』, "爾乃理正聲, 奏妙曲,……狀若高山, 又像流波, 浩兮湯湯, 鬱兮峨峨."; "改

이 글은 분명 명청明淸시대의 금풍琴風과는 매우 다르다. 이에 우리는 다음과 같은 견해를 제시할 수 있을 것이다. 중국 고전음악이 풍부하고 다양하나 개성이 뚜렷하지 않았던 풍격에서 비교적 순수하고 단일하나 개성이 뚜렷한 풍격즉 담화淡和와 전아典雅으로 변화하였으며, 이는 대략 송대와 그 후기에 발생했다는 것이다. 이 변화에 관한 보다 심층적인 원인 분석이 필요하겠지만, 송나라 사람들이 예술 분야에서 담淡과 담화淡和를 보편적으로 중시했던 것이 변화의 주요 원인 중 하나라는 점은 의심할 여지가 없다.

이상으로 우리는 시교가 예의禮義와 교화敎化·온화함과 조화로움을 중시하여, 송나라는 물론 명청 사람들까지도 담淡과 담화淡和를 중시하게 된 데에 확실한 영향을 주었음을 살펴보았다. 즉 특정 예술의 풍격론으로서의 중화미는 중국시가詩歌의 예술 풍격에 큰 영향을 미쳤을 뿐만 아니라 중국 고전음악의 전반적인 예술 풍격의 전환과 재형성을 촉진하는 데에도 크게 이바지한 것이다.

이제 시교의 현실적 의의를 살펴보자. 우선 현대 중국에서 시교가 문예에 미친 부정적인 영향을 눈여겨볼 만하다. '4인방39)'이 타도되기 전 수십 년 동안 중국에서는, 여러 이유로 "문예는 계급투쟁의 도구이며", "문예는 반드시 정치에 봉사해야 한다"는 문구를 모든 문예 사업과 문예가들이라면 누구나 반드시 따르고 지켜야 할 최고의 신조로 여겼다. 역사적으로 볼 때 어떤 상황에서는[예를 들면 계급투쟁, 민족투쟁이 매우 첨예했던 시기] 문예가 계급투쟁의 도구로 사용될 수도 있고 심지어는 그 기능을 마땅히 수행해야만 했다.

일반적으로 볼 때 정치에 봉사하는 것 역시 문예의 중요한 기능이 아니라고 말할 수는 없다. 그러나 특정한 경우에서 나타날 수 있는 상황을 문예의 진정한

---

韻易調, 奇弄乃發,……闥爾奮逸, 風駭雲亂,……英聲發越, 采采燦燦."
39) *4인방: 문화대혁명 기간에 毛澤東 주위에서 권력을 장악한 王洪文, 張春橋, 江靑, 姚文元 네 사람을 가리킨다.

본질로 여겨, 문예가 가질 수 있는 하나의 기능을 문예 전체의 기능으로 간주한다면, 문예의 진정한 본질적 특징과 다양한 예술적 기능은 반드시 말살되고 말 것이다. 이러한 상황이 가장 심각하고 황당하게 발전했던 시기는 문화혁명기로, 중화민족의 문화예술은 유례없는 재난을 겪었다. 근래 들어 이러한 재난 및 '계급투쟁의 도구', '반드시 정치에 봉사해야 한다'라는 등의 사상적 이론과 연원에 대한 논의가 여러 차례 진행되었다.

일부 이론가들은 중국 전통문화에서 유가의 "글은 도를 싣는 것"[40]이라는 관념과 시교 등을 통해 문예의 교화 기능 및 재도載道 기능이 극단적으로 강조되었으며, 문예가 반드시 윤리와 정치를 위해 봉사해야 한다는 사상적 경향이 두드러지게 되었음을 지적하였다. 이것이 바로 현대 중국문예가 정치에 의해 강하게 제한받은 이유이며, 특정한 시기에 문화 전통이 더욱 위축되고 해를 입게 된 주요한 원인이라는 것이다. 이는 매우 일리 있는 분석으로, 이것이 바로 시교가 낳은 부정적 측면에서의 현실적 의의임을 알 수 있다.

그러나 시교의 긍정적 의의 역시 무시해서는 안 된다. 시교는 문예가 사회와 현실에 밀착되어 주체의 진실한 정서를 표출하도록 하며, '남을 이기려 하지 않고 감동을 주는' 교육적 기능을 강조하는데, 모두 강한 현실적 의의가 있다. 현대 문예에서 이러한 요구에 부합되는 작품들은, 깊이 있는 객관적 내용도 부족하면서 진지한 주관적 감정까지 결여된 작품들보다 더 진한 감동을 주지 않겠는가? 또한, 헛되고 현묘하며 '높고 깊어' 누구도 알 수 없는 작품들보다 더 사실적이고 친근하게 느껴지지 않겠는가? 지면 가득 '나라를 욕하거나' 심지어는 더 저급한[예를 들어 살인과 색정을 즐거움으로 삼던 '예술 작품'에 비해 훨씬 고상하지 않겠는가? 최근 10여 년 동안의 문단을 예로 들면, 많은 새로운 사조의

---

40) *周敦頤, 『通書』, 「文辭」, "文以載道."

작품들이 이따금 채색 구름과 같이 눈부시게 빛나곤 했지만, 순식간에 연기처럼 사라져 버렸다.

그 원인은 아마도 이러한 작품들이 현실 생활과 괴리되고 진실한 자아를 멀리하였을 뿐만 아니라 동시에 중국의 우수한 문화 전통과도 멀어져, 결국 자신이 상제上帝로 여기는 오늘날 절대다수의 문예 감상자와 소원해졌기 때문일 것이다. 뿌리도 없는 부평초가 어떻게 오래갈 수 있겠는가? 돌이켜보면 역시 현실의 삶에 가깝고 주체의 진실한 감정을 토로한 작품들이 사람들에게 지속적인 환영을 받을 수 있다. 비록 이러한 작품들이 기본적으로 시교의 규범이나 계시 아래 생겨난 것은 아니지만, 내적 정신에서는 분명히 시교와 중요한 일치점이 있다. 다시 말해서 시교의 내적 정신은 오늘날에도 상당히 긍정적 의의를 지닌다는 것이다.

둘째, 시교의 영향으로 형성된 '완곡과 함축' 그리고 '말 너머에 숨은 뜻이 담긴'(意在言外) 전통적 예술 표현 방법 역시 시교의 긍정적 의의라 할 수 있다. 이러한 표현법은 중국 전통의 시사詩詞, 회화, 희곡, 원림園林 등의 예술 형식에는 말할 것도 없이 오늘날의 생활 속에도 여전히 존재하고 심지어는 매우 활발하게 사용되고 있다. 이러한 예술 기법을 활용하여 다양하고 참신한 작품들을 끊임없이 창조해 나가야 한다. 수천 년에 걸쳐 이러한 문화 전통을 지속해 온 중국에서, 비록 어떤 새로운 예술 양식[예를 들어 신시新詩, 소설, 산문, 가극, 연극 등]이라 할지라도, 각각의 예술 세계에서 이러한 표현 방법을 적절히 사용하여 그 예술을 창조하지 못할 이유가 무엇이겠는가?

마지막으로 시교가 특정한 풍격을 요구하는 것 역시 당대 예술, 특히 음악예술에서 매우 긍정적인 의의가 있다. 일반적으로 온화하고 조화로운 풍격이란 일종의 우아미優雅美/웅장미壯美와 반대의 유형으로서, 예술에 있어 영원한 생명력을 향유할 것이며 이것이 현실적 의의가 있음은 두말할 필요도 없다. 여기서는 중국의 전통음악과 연관 지어 이 문제를 이야기해 보자.

오랫동안 중국 전통음악은 조화로움과 우아함을 풍격의 종합적인 특징으로
여겼다. 웅장한 서양의 교향곡과 비교하면 그 특징이 더욱 분명해진다. 신중국
건국 이래로 중국의 전통음악은 전방위적으로(예를 들어 악기 제작, 악단 배치, 화성和
聲과 악기 배정, 곡의 제목과 형식, 연주기법과 기교 등) 급속한 발전을 이루었다. 예술
풍격으로 말하자면, 비교적 단순하면서도 조화롭고 우아한 풍격에서 다양한
풍격이 공존하여 전체적인 아름다움을 추구하는 방향으로 발전하고 변화하였
다. 이러한 변화는 틀림없이 중국 전통음악의 예술 풍격 방면에서 큰 해방과
진보라고 할 수 있으며, 이것은 중국 전통음악을 더욱 풍부하고 다채롭게 만들
었다. 그러나 이러한 변화 속에서도 조화롭고 우아한 예술 풍격은 여전히 중요
한 지위와 가치를 지니고 있다.

오늘날 세계적으로 중국 전통문화의 많은 영향을 받아온 감상자들은 여전
히 중국음악의 전통적인 풍격을 매우 사랑하고 있으며, 이러한 풍격은 동양
음악예술 풍격의 전형으로서 점점 더 세계인들에게 주목받고 있다. 얼마 전
'춘강화월야春工花月夜'[41] 등 중국 전통의 대표 악곡들이 유럽과 미국을 휩쓸었다
는 보도가 있었다. 청아한 대나무 피리, 은은한 퉁소, 옥구슬 구르는 듯한 비파,
순후하고 은근한 호금胡琴 등의 마음을 울리는 한 가락의 악곡, 소수와 상수瀟湘
의 물기 머금은 구름, 모래톱에 내려앉은 기러기, 석양 아래 비파 연주, 푸른
물에 비친 달빛(이른바 「소상팔경도瀟湘八景圖」[42]의 일부분) 등 한 폭의 아름다운 음악

---

41) *春工花月夜: 初唐의 시인 張若虛(660~720)의 대표작으로서, 꽃피는 봄날 달 밝은 강
가의 아름다운 풍경을 묘사하고 있다. 이 시는 중국 고전 민속 악곡으로 지금까지
많은 사람에게 회자되고 있다.

42) *瀟湘八景圖: 湖南省 洞庭湖의 水原인 瀟水와 湘工이 합류하는 지역의 아름다운 경
관을 여덟 개의 화제로 그린 산수화를 말한다. 최초로 그린 사람은 중국 북송의 문인
화가 宋迪으로 알려져 있으며, 고려시대에 우리나라에 전해진 후 조선 말기까지 유행
했다. 平沙落雁・遠浦歸帆・山市晴嵐・江天暮雪・洞庭秋月・瀟湘夜雨・煙寺晩鐘・漁

\*원元 장원張遠, 「소상팔경도瀟湘八景圖」 부분

\*조선 안견安堅, 「소상팔경도瀟湘八景圖」 중 「평사낙안平沙落雁」, 국립중앙박물관 소장

적 정취는 동양을 매료시켰을 뿐만 아니라 점점 더 감미롭고 끝없는 감흥을 서양에 전하고 있다.

비록 세계의 문학과 예술은 진기한 꽃들로 가득하지만, 중국 전통음악은 여전히 그 조화롭고 우아한 예술 풍격으로 세계의 예술계에서 조금도 손색없이 아름다운 빛을 발하고 있다. 어떤 이는 "예술의 분야에서는 민족적일수록 더욱 세계적이다"라고 하였는데, 이 말은 일리가 있다. 나라마다 민족마다 각각의 뚜렷한 개성을 가진 예술이 있어야만, 세계의 문화예술계가 활짝 핀 온갖 꽃들로 비단처럼 아름답게 펼쳐질 것이다. 이러한 시각에서 보면, 중국이 오랜 세월 동안 육성하고 형성해 온 온화하고 조화로운 전통음악의 풍격은 그 거대하고 장구한 예술적 생명력을 앞으로도 계속 유지하게 될 것이다. 이는 온화하고 조화로운 풍격에 그 존재의 합리성과 긍정적인 의의가 있음을 잘 보여 주는 것이다.

村夕照 등 8개의 화제로 되어 있다.

결론적으로, 보편 예술의 조화관으로서의 중화미와 특정 예술의 풍격론으로서의 중화미는 모두 수천 년에 걸친 중국문화의 미학적 결정체이며, 또한 중국 고대 미학이 세계 미학에 이바지한 중요한 공헌이라고 할 수 있다. 이 두 중화미는 일찍이 중국 고대 문예에 크고 심원한 영향을 미쳤다.

　　"움직임과 고요함이 때를 잃지 않으니, 그 도가 광명하다"[43]라는 옛말이 있다. 필자는 오늘날의 사람들이 두 중화미에 관해 끊임없이 연구하고 심도 있게 발굴하는 과정을 통해, 지금까지 여전히 간직하고 있는 긍정적 요소들을 의식적으로 적용하고 발휘하고 발전시켜야 한다고 생각한다. 이로써 중국문화의 보배인 중화미가 더욱 화려하고 눈부신 아름다움의 본질과 멋을 우리뿐 아니라 세계인의 눈앞에 반드시 펼쳐 보이게 될 것이다. 또한, 오늘날 중국문예에 더욱 중대하고도 긍정적인 영향을 줄 것이라고 확신한다.

---

43) *『周易』, 艮卦 「象傳」, "動靜不失其時, 其道光明."

# 후기

이 책은 필자의 첫 번째 학술 전문 저서로, 원고는 1990년에 완성되었다. 그러나 이 책이 세상에 나온 것은 1993년에 탈고한 필자의 첫 번째 논문집 『중국고대미학요제신론中國古代美學要題新論』(중국사회과학출판사, 1994년 11월 출판)보다 꼬박 1년 후의 일이다. 마침내 이 책을 출판할 수 있게 되어 더없이 기쁘다. 그러나 동시에 출판 과정의 우여곡절과 어려움으로 인해 중국 현대 학자들이 흔히 겪어야 하는 너무 많은 쓴맛을 충분히 경험하기도 했다.

다행스럽게도 이 책은 깊은 역사와 이론이 함축되어 있으면서도 분명한 현실적 의의를 지닌 중요한 미학·예술적 문제를 다루고 있을 뿐만 아니라, 이 문제에 대해 필자가 오랜 기간 진지하게 연구하여 체득한 내용을 담고 있기에, 출판의 지연으로 이 책 본래의 학문적 가치가 줄어들지는 않았을 것이다.

필자의 은사이자 저명한 문예이론가인 장원쉰(張文勛) 교수께서 이 책의 집필에 세심한 지도를 해 주셨다. 초고가 완성된 후 장 교수님은 자세히 검토하여 여러 가지 구체적인 수정 의견을 제시해 주셨고, 교수님의 엄격한 요구로 인해 이 책의 품격이 한층 더 높아졌다. 이에 진심으로 감사드린다.

이 책의 집필 과정에서, 시교·중용·중화·중화미에 관해 연구한 현대의 많은 학자(예를 들어 주쯔칭(朱自淸), 펑유란(馮友蘭), 팡푸(龐樸), 위민(于民) 등)의 연구 성과는 나에게 큰 깨달음과 도움을 주었다. 이 책에서 언급했던 분과 미처 언급하지 못한 분, 그리고 연구 성과로 깨달음과 도움을 주신 모든 전문가와 학자들께

진심으로 감사를 표하는 바이다.

이 책의 출판을 위해 파촉서사巴蜀書社의 전임 사장인 돤원꿰이(段文桂) 선생, 부사장 덩난(鄧南) 선생, 편집자 저우톈칭(周田靑) 선생과 황탄탄(黃坦坦) 선생이 기초를 다져 주셨다. 그리고 현직 사장인 린완칭(林萬淸) 선생과 부사장 양쭝이(楊宗義) 선생이 적극적이고 열정적으로 지원해 주셨으며, 책임 편집자인 웨이쭝쩌(魏宗澤) 선생은 더욱 섬세하고 효과적인 작업을 해 주셨다. 이 외에 쓰촨성(四川省) 신문출판그룹 본사의 우야오(伍堯) 선생, 윈난(雲南) 교육출판사의 저우밍치(周鳴錡) 여사께서도 지대한 관심과 도움을 아끼지 않으셨다. 이 지면을 빌려 삼가 심심한 감사의 마음을 전한다.

저자

1995년 9월 14일 윈난(雲南)대학에서

# 찾아보기

지은이 ▪

## 장궈칭(張國慶)

윈난(雲南)대학 중문학과를 졸업하고, 윈난대학 중문학과 교수로 재직하였다. 주요
연구 방향은 중국 고대문학이론과 문예미학이다. 윈난성 교육위원회가 수여하는
사회과학성과상과 윈난성 정부가 수여하는 윈난성 사회과학우수성과상 등을 수상
하였다. 저서로는 『중국고대미학요제신론中國古代美學要題新論』, 『「이십사시품」시
가미학「二十四詩品」詩歌美學』 등이 있으며, 주요 논문으로는 「근체시 성률결구체현
적 미학문화정신近體詩聲律結構體現的美學文化精神」(『社會科學戰線』, 1997(6))과 「중화미
를 다시 논함」(再論中和之美, 『文藝硏究』, 1999(6)) 등이 있다.


옮긴이 ▪

## 조민환曹玟煥

성균관대 유학과를 졸업하고 동 대학교 대학원에서 석사 및 박사(철학박사) 학위
를 받았다. 성균관대 동아시아학과 교수 겸 유학대학원장, 풍수명리철학회, 동양
예술학회, 도가철학회, 도교문화학회, 간재학회, 서예학회 회장, 한국연구재단 책
임전문위원(인문학) 등을 역임하였다. 철학연구회 논문상과 원곡 서예학술상을
수상하였다. 저서로는 『동양 문인의 예술적 삶과 철학』, 『조선조 서예미학』, 『동
양의 광기와 예술』, 『동양 예술 미학 산책』, 『노장철학으로 동아시아문화를 읽는
다』, 『유학자들이 보는 노장철학』, 『중국철학과 예술정신』 등이 있다. 공저로는
『강좌 한국철학』 등 20여 권이 있으며, 역서로는 『도덕지귀道德指歸』, 『이서李漵「필
결筆訣」 역주譯註』, 『태현경太玄經』 등이 있다. 학술논문 160여 편과 서화잡지에 실
린 100여 편의 서화평론글이 있다. 동양의 그림과 글씨 및 유물에는 유가철학과
도가철학이 담겨 있다는 점에 착안하여 동양철학과 동양예술의 경계 허물기에 주
력하면서 예술작품을 철학적으로 이해하는 새로운 눈을 제시하고 있다.

### 차민경車敏卿

성균관대 유학대학원에서 석사(문학) 및 동 대학교 대학원에서 박사(철학) 학위를 받았다. 성균관대학교 유교철학·콘텐츠 연구소의 연구원으로 재직 중이며, 평생학습기관에서 유가 철학 및 경전을 강의하고 있다. 「『논어』에 나타난 공자의 '화和'의 세계관과 상생에 관한 소고」, 「『주역』 리履괘를 통해 본 예禮의 실천과 화和의 구현」 등의 학술논문을 발표하며 유가 경전에 담긴 화和사상을 연구하고 있다.

### 최미숙崔美淑

성균관대 유학대학원에서 석사(문학) 및 동 대학교 대학원에서 박사(철학) 학위를 받았다. 성균관대 유학대학원에서 서예학·동양미학 강사를 지냈으며, 평생학습기관에서 서예를 가르치고 있다. 주요 논문으로는 「조선조 16세기 처사형 사림 미학사상 연구」, 「호연지기浩然之氣의 미학적 해석」 등이 있으며, 주로 조선조의 미학사상을 연구하고 있다.

### 황인옥黃仁玉

성균관대 유학대학원에서 석사(문학) 및 동 대학교 대학원에서 박사(철학) 학위를 받았다. 성균관대학교 유교철학·콘텐츠 연구소에서 연구원으로 재직하며 보물 국역사업에 참여하고 있으며, 한국방송통신대학교와 평생교육원에서 한문 및 사서四書를 강의하고 있다. 「조선후기 『중용』 해석의 독창성 연구」로 박사 학위를 받았으며, 이후 『중용』에 관한 학술논문 10여 편을 발표하며 『중용』에 관한 연구를 계속하고 있다.